NICOLA SCHMIDT

Trennung ohne Drama

NICOLA SCHMIDT

Trennung ohne Drama

Wie wir Kinder beschützt durch familiäre Veränderungen begleiten

Ein artgerecht-Buch

BELTZ

MIX
Papier aus verantwortungsvollen Quellen
FSC® C089473
www.fsc.org

Klimaneutral
Papier
ClimatePartner.com/13732-1910-1001

Dieses Buch ist erhältlich als:
ISBN 978-3-407-86658-5 Print
ISBN 978-3-407-86780-3 E-Book (EPUB)

1. Auflage 2023

Illustration S. 39: gutentag-hamburg.de
Lektorat: Silke Foos, München
Umschlaggestaltung: FAVORITBUERO, München
Bildnachweis: ©Dina Giangregorio 2008/stocksy.com

Layout und Herstellung: Sonja Droste
Satz: Publikations Atelier, Dreieich
Druck und Bindung: Beltz Grafische Betriebe, Bad Langensalza
Beltz Grafische Betriebe ist ein klimaneutrales Unternehmen (ID 15985-2104-100).
Printed in Germany

Weitere Informationen zu unseren Autor:innen und Titeln
finden Sie unter: www.beltz.de

Für alle, die auf der Reise sind

Gebet

Gib mir die Kraft, weiterzugehen,
gib mir die Kraft, Wahrheit zu lieben,
gib mir die Kraft, Schönheit zu sehen,
gib mir die Kraft, Frieden zu suchen,
gib mir die Kraft, zu reparieren, was zerbrochen ist,
und zu heilen, was schmerzt.

Nicola Schmidt 2010

Inhalt

Und die Kinder? – Wie wir sie beschützt begleiten 65

Ich kann nicht mehr, ich will nicht mehr! – Krise und Change-Management 97

Lass uns das klären – Wie wir so reden, dass andere zuhören 129

Erst mal tief durchatmen!

Dein Weg in dein neues Leben

Mal ehrlich: Was wäre, wenn wir eine langjährige oder intensive Beziehung in Frieden beenden könnten – wenn wir uns trennen würden ohne Drama? Wie wäre es, wenn wir bindungsorientiert durch diese Zeit kommen könnten, und zwar auch dann, wenn alle Umstände dagegensprechen und die emotionalen Wellen über uns zusammenschlagen?

Es mag jetzt unwahrscheinlich klingen, aber: Wir können das. Wir können alle daran wachsen und Kinder gesund durch diesen Prozess bringen, die hinterher stärker sind als vorher. Es mag streckenweise sehr schwer sein. Es kann sich gänzlich unmöglich anfühlen. Es werden Rückschläge kommen. Aber es geht. Ich zeige euch, was wir dafür tun können.

Wenn wir es schaffen, uns gut um unsere mentale Gesundheit zu kümmern, bleiben wir handlungsfähig und holen das Beste für uns und unsere Nach-Trennungs-Familie heraus. Denn das ist das erklärte Ziel. Das soll gelingen, das ist mit »Trennung ohne Drama« gemeint. Es gibt auch andere Zielsetzungen in Trennungsprozessen. Rache. Eine scheinbar objektive Gerechtigkeit. Ein Ausgleich »für all das, was du mir jemals angetan hast«. Möglichst viel Geld herausschlagen. Oder möglichst wenig Verantwortung … Um all das geht es hier nicht. Denn all das beschreibt Wege ins Drama, in jahrelangen Kummer, hin zu Verletzung, Scherbenhaufen, nie mehr miteinander sprechen. Manches davon klingt auf den ersten Blick verlockend. Aber um unser selbst willen, mit Blick auf die Kinder und den Respekt für eine andere Person, die wir uns einmal ausgesucht haben: Nein. Wir können es ohne all das schaffen.

Und wir dürfen lernen, dass der Ex-Partner oder die frühere Partnerin nicht zu verändern ist und wie wir damit leben und weitergehen können. Dafür gibt es Techniken. Dafür gibt es Wege – dieses Buch wird dir mit vielen Tipps aus der Praxis, Checklisten und Einblicken in die Funktionsweise des Systems »Trennung« dabei helfen.

Dieses Buch setzt sich wie alle artgerecht-Bücher zusammen aus meiner eigenen praktischen Erfahrung, den Tipps von anderen Eltern, viel Recherche, Studien, Hintergrundwissen und Gesprächen.[1] Der Anthropologe Barry Hewlett hat mir erklärt, was eine Trennung eigentlich evolutionär gesehen bedeutet – und wie andere Kulturen damit umgehen. Mit Anne Dittmann habe ich über Care-Arbeit, Geld und Betreuungsmodelle diskutiert. Von der Rechtsanwältin Karola Rosenberg habe ich gelernt, wie Eltern einen Rechtsbeistand finden und wie dieser uns helfen kann, Konflikte zu lösen. Für Situationen, wo das nicht mehr möglich ist, habe ich von der Expertin für Kinderschutz Sonja Howard und dem Verein MIA (Mütterinitiative für Alleinerziehende e.V. i.G.) Einblicke in eine völlig andere Welt bekommen, eine Welt, in der wir auch im Falle einer strittigen oder hochstrittigen Trennung unsere Kinder gut begleiten müssen – so weit, wie es noch möglich ist. Der Universitätsprofessor und Diplom-Psychologe Prof. Dr. Uwe Tewes gab mir einen Blick hinter die Kulissen des Familienrechts, und auch er hat immer wieder betont, dass die beste Trennung eine friedliche Trennung ist.

Viele Eltern haben mir ihre Trennungsgeschichten erzählt oder zugesandt und einiges davon hat mich zutiefst berührt und bisweilen auch erschüttert. Ich selbst habe Dinge gesehen, die ich in Deutschland nicht für möglich gehalten und erst Jahre später verstanden habe. Dieses Buch ist daher keine wissenschaftliche Arbeit und erhebt keinen Anspruch auf Objektivität. Es will dazu beitragen, dass wir besser durch unsere Trennungen kommen, dass wir handlungsfähig bleiben und es für unsere Kinder so gut wie möglich machen – als Mütter, als Väter und als soziale Eltern gleich welcher Ausrichtung.

Und was dabei immer hilft:
kurz stehen bleiben und tief durchatmen.

Die Gebrauchsanweisung – bitte unbedingt beachten!

Von Trennungsprozessen gibt es so viele Varianten, wie es Paare gibt, und noch dazu gibt es unterschiedliche Phasen. Je nachdem, wo du gerade stehst und was dich und deine – nennen wir sie mal: »Trennungsperson« – gerade beschäftigt, kann dir dieses Buch unterschiedliche Erste Hilfe anbieten.

Wenn du total im Stress bist und die Wogen hochkochen, blättere bitte erst mal ein Stück vor und lies zunächst den Abschnitt *Das Wichtigste zum Schluss: Sachlichkeit siegt* am Ende des Kapitels *Wir sehen uns vor Gericht.*

Solltest du und dein zukünftiger, deine zukünftige Ex zu den 85 Prozent aller Paare gehören, die sich mehr oder weniger friedlich trennen – wundervoll. Dann lies die ersten Kapitel und schau, dass du in eine gute mentale Verfassung kommst, um empathische, zielführende Verhandlungen zu führen. Die Kapitel *Die »Trennung ohne Drama«-Methode, Und die Kinder?, Krise und Change-Management* sowie für die Verhandlungen *Lass uns das klären* werden euch dabei helfen.

Wenn ihr euch weiter informieren wollt, wie ihr die faire Betreuung der Kinder regelt, kann euch das Kapitel *Dieses Wochenende sind sie bei mir!* wichtige Einblicke geben.

Solltest du dich in einer Trennung befinden, die ihr ohne Hilfe von außen nicht mehr meistern könnt, springe erst mal zu den Kapiteln *Ich geh zum Anwalt!* und *Wir sehen uns vor Gericht* – sie helfen dir, jetzt keine Fehler zu machen, die dich hinterher viel Zeit und Nerven kosten.

Wenn du dich wie fünf bis 15 Prozent aller Trennungsfamilien in einer Situation befindest, die dir Angst macht, in der du Gewalt erfährst oder befürchtest, dann lies bitte direkt das Kapitel *Ich habe Angst!* – hier erfährst du, wie du dich jetzt am besten verhältst, im Idealfall schon bevor du dich »offiziell« trennst.

Damit du weißt, dass du weder dein Leben noch das deiner Kinder zerstört hast und wie es jetzt weitergehen kann, habe ich in den Kapiteln *Habe ich unser Leben ruiniert?* und *Das Leben geht weiter* einen Ausblick für dich geschrieben. Er hilft dir, dich auf deine Zukunft auszurichten – dann, wenn du so weit bist, das sprichwörtliche Dorf aufzubauen, das du jetzt brauchst, und eventuell eine neue Partnerschaft gut zu beginnen.

Ein Wort zu Geschlechterfragen

Dieses Buch ist für Eltern geschrieben. Es geht davon aus, dass alle Eltern ihre Kinder gut durch Trennungen begleiten wollen. Es richtet sich an binäre und nicht binäre Personen, an normative und nicht normative Familien. Wir haben im Text, wo immer es der Lesefluss zulässt, beide Geschlechter genannt und, wo möglich, ein geschlechtsneutrales Wort (zum Beispiel Rechtsbeistand statt Anwält:in) gewählt.

Wenn wir Trennungen friedlich bewältigen wollen, müssen beide Elternteile an einem Strang ziehen. Je nachdem, wer sich getrennt hat, wie sehr es uns schmerzt und wie wir selbst die Welt sehen, wird mal die eine und mal die andere Person an der Reihe sein, nach einem Streit wieder Frieden anzubieten.

Meine Bitte an alle: Legt die Waffen nieder.

Waffen helfen uns nicht weiter. Ich weiß, wie weh es tut. Ich weiß, wie viel Schmerz und Wut und Trauer und Hilflosigkeit in einer Trennung stecken können. Es wird in diesem Buch auch darum gehen, wo wir all das unterbringen. Gleichzeitig profitieren unsere Kinder ein Leben lang davon, wenn wir es schaffen, als Eltern friedlich miteinander umzugehen. Gebt euch Zeit dafür. Gebt niemals auf.

Bei hochkonflikthaften Trennungen treten Väter häufig – auch in der Berichterstattung – als Täter auf: Sie klagen, kämpfen, verbünden sich mit den professionell Beteiligten, versuchen mit allen Mitteln, wieder Kontrolle zu bekommen. Es ist für die Beteiligten eine unerträgliche Situation, gleichzeitig ist es ein Symptom, das uns darauf hinweist, dass diese Familien oft viel zu spät Hilfe zur Konfliktlösung bekommen.

Nicht zuletzt würde ich mir wünschen, dass Geschlechtergerechtigkeit in diesem Buch kein Thema sein müsste – de facto leben wir aber in einem System, das darauf hinwirkt, die Rollen bei einer Trennung klar zu verteilen: Er hat das Geld, sie die Kinder. Dies muss nicht so sein. Lasst uns unsere Trennungen anders gestalten, lasst uns Care-Arbeit gerecht verteilen und dabei gleichzeitig die Bindungsbedürfnisse unserer Kinder beachten. Lasst uns frühzeitig – am besten schon in der Beziehung – fair über Aufgaben, Rollen, Zeit und Geld sprechen.

Gesellschaft verändert sich, wenn wir uns verändern. Dieses Buch will helfen, ein Teil der Veränderung zu sein.

Frisch getrennt? Hände weg von Google!

Was wir jetzt tun können und unbedingt lassen sollten

Willkommen in der Welt der frisch Getrennten – wer jetzt eine Google-Suche »Trennungskinder + Folgen« anwirft, sollte gleich »Psychologische Akutberatung« in einem zweiten Tab öffnen. Es scheint, als gäbe es im Netz nur die eine Seite der Trennung: das Drama.

Warum Trennung nicht gleich Trauma ist

Es fängt damit an, dass es in der Berichterstattung keine Trennungskinder gibt, sondern fast nur Scheidungskinder. Zudem gibt es auf den dazugehörigen Bildern nur Scheidungskinder aus weißen Cis-Partnerschaften. Drittens sind alle – wirklich alle! – Trennungskinder traumatisiert (Ironie off).

»Wenn Eltern sich trennen, treffen sie für sich eine Entscheidung, die ihren Kindern weh tut«, schreibt Gast-Autor Claus Koch auf Focus.de.[1] Ab hier geht es nur noch bergab. »Mögliche Folgen: Depressionen, Anpassungs- oder Abgrenzungsstörungen, Ängste, Panik oder auch körperliche Beschwerden«, fasst ein Beitrag des Deutschlandfunk Kultur zusammen.[2]

Die Folgen der Trennung von uns Eltern sind eine »lebenslange Aufgabe«[3] und noch »Jahrzehnte nach der Scheidung spürbar«[4] – wer will da nicht zum Hörer greifen und kleinlaut zurückrudern?

Aber es kommt noch dicker: Scheidungskindern fehlt die andere Geschlechterrolle – schließlich gibt es nur den einen Mann oder die eine Frau im gesamten sozialen Umfeld, an dem oder der sie sich orientieren können, und es wird nie, nie, nie wieder jemand anderen geben, der diesen Job übernehmen kann. Die Kinder leiden allesamt unter geringem Selbstwert und suchen sich später auf jeden Fall selbst den falschen Partner.

Mario Förster schreibt auf netpapa.de völlig ungeniert: »Im Vorschulalter entwickeln sich Schuldgefühle, Schulkinder bilden Zorn auf ein Elternteil aus. Bei Jugendlichen und Erwachsenen bleibt das Gefühl, sich als Kind falsch verhalten zu haben. Zu den Spätfolgen bei Scheidungskindern zählt, dass sie sich davor fürchten, einen falschen Partner zu wählen.«[5] So steht es da wortwörtlich – als wäre es grundsätzlich, immer und bei allen Trennungskindern genau so der Fall.

Und jetzt die gute Nachricht.

Nichts davon muss für uns zutreffen. Diese »Bad news is good news«-Berichterstattung übersieht ein wichtiges und wissenschaftlich belegtes Detail: »Die Stärke der Spätfolgen ist sehr unterschiedlich und auch die biologische Basis dafür ist bisher wenig erforscht. Zudem deuten Studien darauf hin, dass weniger die Scheidung selbst als vielmehr das damit verbundene Ausmaß der Konflikte und familiären Zerrüttung für die langfristigen Auswirkungen entscheidend sein könnten. ›Demnach wirken sich nicht alle Formen der elterlichen Trennung auf Kinder gleichermaßen schädigend aus‹, erklären Michael Murphy von der Carnegie Mellon University und seine Kollegen.«[6]

Selbst der oben zitierte Claus Koch muss weiter unten in seinem Gast-Artikel zugeben: Es gibt »viele wissenschaftliche Studien, die zeigen, dass die meisten Kinder nach sechs Monaten bis zu einem Jahr mit der Trennung ihrer Eltern ganz gut fertig werden. Und sich später als Erwachsene kaum noch von denen, die in traditionellen Familien aufgewachsen sind, unterscheiden.«[7]

Wir kommen später im Buch noch ausführlich auf die umfassendste Forschungsarbeit dazu zu sprechen, die sogenannte Hetherington-Studie: eine Langzeitstudie über 30 Jahre unter 1400 Familien mit über 2500 Scheidungskindern. Sie kommt zu erstaunlich positiven und differenzierten Ergebnissen.[8]

Aber gute Nachrichten generieren keine Panik, keinen Aufschrei, keine Klickzahlen – und daher ist es viel aufregender, die Studienergebnisse zu ungünstigen Trennungsfolgen, die durchaus zu finden sind, auf alle Kinder zu verallgemeinern.

Es ist also Zeit, mit der artgerecht-Brille auf dieses Thema zu schauen: wissenschaftsbasiert, differenziert und lösungsorientiert.[9]

Denn eine Trennung geht auch ohne Drama – das meine ich ernst. Also konzentrieren wir uns zunächst einmal auf die ersten Schritte, die wir jetzt ganz praktisch gehen müssen, und dann auf die Mythen, die es rund um eine Trennung zu entlarven gilt. Beides kann unser Stresssystem beruhigen – wenn wir wissen, was wir jetzt tun müssen. Das konkrete Tun bewahrt uns davor, ins Grübeln zu geraten, und das wird in den nächsten Monaten noch sehr wichtig sein.

Erste Hilfe: Das Wichtigste vorab

Eine Trennung ist neben dem Schmerz, den wir fühlen, auch und vor allem eine organisatorische Herausforderung. Das ist nicht das, was wir jetzt brauchen – ich weiß. Das Letzte, was wir in unserem Schmerz bearbeiten wollen, sind Checklisten. Aber wir sollten ein paar Minuten auf den Gedanken verwenden, wie wir unsere Existenzgrundlagen absichern, bevor uns die Luft und möglicherweise auch einfach das Geld ausgeht. Wer wissen will, was jetzt zu tun ist, für den gibt es hier jetzt eine kurze Liste konkreter erster Schritte. Wenn du erst einmal wissen willst, wie du dich und die Kinder emotional stabilisieren kannst, überspringe diesen Teil und komm später auf ihn zurück (oder gib ihn an einen lieben Menschen, der sich für dich kümmern kann).

Finde mit deinem Bauchgefühl deine eigene Reihenfolge für die folgenden wichtigen Schritte. Du musst nicht alles auf einmal angehen, sonst gerätst du nur in Stress. Was verschafft dir am meisten Sicherheit? Was hat noch Zeit?

Allein der erste Schritt sollte immer der erste bleiben:

1. Mach dir bewusst, dass es erst mal darum gehen muss, einen klaren Kopf zu kriegen. Sorge dafür, dass du ein wenig zur Ruhe kommst, bevor du irgendwelche wichtigen Entscheidungen triffst. Am Ende des Kapitels *Die »Trennung-ohne-Drama«-Methode* findest du Hinweise, wie du schon jetzt Eskalationen vorbeugen oder sie beenden kannst.
2. Such dir eine Auszeit und Hilfe – jemand zum Reden, Freund:innen, Beratungsstellen, Haushaltshilfe, vielleicht nützt auch eine Krankschreibung, um erst mal wieder klarzusehen.
3. Schau, ob es den Kindern gut geht oder ob sie noch Hilfe von außen brauchen – Lehrkräfte, Patentanten, Lieblingserwachsene, Nachbar:innen, Schulsozialarbeit, Hausarztpraxis … Wenn wir die Kinder vergessen, sind sie nur mit Starksein und Kooperieren beschäftigt. Dann sind sie zwar erst mal unauffällig, aber wir überfordern sie damit.
4. Finde heraus, wie viel du mit der anderen Person in Trennung verhandeln kannst. Das beste Argument ist immer: »Wenn wir es schaffen, uns zu einigen, behalten die Kinder beide Eltern. Sie können nichts für diese Situation und sie brauchen uns beide.« Häufig kann dieser Gedanke eine friedliche Entwicklung unterstützen. Hilfreich ist es, dort, wo wir es können, dem anderen einen Wohlwollensvorschuss zu geben. Denn wer sich si-

cher fühlen darf, dass ihm oder ihr nicht alles genommen wird, ist eher verhandlungsbereit. Das gilt natürlich für euch beide.

5. Denk an anwaltliche Hilfe – selbst wenn du den Beistand später vielleicht gar nicht brauchst, fühlt es sich viel besser an, zu wissen, dass du nicht mitten in der Krise nach einer vertrauenswürdigen Person zu suchen brauchst.
6. Fang an, Ordnung in deine Unterlagen zu bringen, zum Beispiel in Geburtsurkunden, Heiratsurkunde, Versicherungsunterlagen etc., du wirst sie demnächst brauchen.
7. Check, ob deine Wohnsituation zunächst sicher ist – wer steht im Mietvertrag, kannst du die Vermietenden ins Boot holen und über die neue Situation informieren, gibt es eine Staffelmiete oder andere Umstände, die du kurzfristig mitbedenken musst? Wohin kannst du oder kann dein:e Ex ausweichen, und wenn es nur für ein paar Wochen ist?
8. Prüfe, ob dein Geld reicht – wie ist dein aktueller Kontostand? Hast du Rücklagen und kannst in Ruhe verhandeln oder brauchst du sofort Unterhalt? Wer kann dir im Notfall weiterhelfen?
9. Sind die Kinder ausreichend betreut? Wer kann helfen? Sind Betreuungszeiten ausdehnbar? Können sie einen Tag die Woche nachmittags mit zum Kindergarten- oder Schulfreund heimgehen?
10. Hast du genügend Ausgleich für dein gestresstes Nervensystem? Jemanden zum Schimpfen, Weinen oder Umarmen? Kennst du schnelle Entspannungstechniken? Helfen dir Spaziergänge in der Natur? Wenn wir daran denken, uns frühzeitig um unser auf Hochtouren arbeitendes Stresssystem zu kümmern, helfen wir uns selbst. Sonst liegen später Schlafprobleme, eskalierende Streits und Suchtmittelmissbrauch oft näher, als uns lieb ist. Wir sind selbst unser wichtigstes Krisenwerkzeug, und nur wenn es uns gut geht, können wir gut für unsere Kinder sorgen und klug für unsere Zukunft vorbauen.

Wut und Tränen

Eine Trennung ist in der Regel die Veränderung einer Bindung, das gilt für Eltern und Kinder. Im Gefüge der Familie verändert sich etwas. Das kann ein kleiner Ruck sein oder eine tektonische Plattenverschiebung. Da wir Menschen dafür konzipiert sind, bei unserer Gruppe zu bleiben (siehe das Kapitel *Liebeskummer bei Eltern und Kindern*), geht eine Trennung aber an keinem von uns spurlos vorüber. Vielleicht springen uns Gefühle völlig unerwartet an und Tränen fließen »aus dem Nichts heraus«, vielleicht sind wir wie taub und können nichts mehr tun, vielleicht sind wir mal wütend und dann wieder befreit und voller Tatendrang – oder voller Zweifel, Gewissensbisse und Unsicherheit.

Und die Kinder? Je nach Temperament und Alter drehen Kinder völlig am Rad, sind anhänglich, unausgeglichen und leicht reizbar, andere werden ganz still, wieder andere funktionieren und kooperieren, bis sie nicht mehr können, manche werden ganz taub und wollen mit niemandem reden, nur um ebenfalls »aus dem Nichts« auszuflippen, wenn wir es am wenigsten erwarten.

All das ist völlig in Ordnung, darf sein, braucht seinen Raum. Dieses Buch hilft dir, den Überblick zu behalten, deine Gefühle und die deiner Kinder zu verstehen und zu bewältigen. Fangen wir damit an, wie wir unseren Kindern die Trennung erklären. Auch wenn wir glauben oder wissen, dass sie es schon »mitgekriegt« haben, gibt es ein paar Dinge, die sie unbedingt jetzt von uns hören sollten.

Wie wir unseren Kindern die Trennung erklären

Wenn wir unseren Kindern von der Trennung erzählen oder sie erklären, dann lassen wir auf jeden Fall unseren klugen Verstand ans Steuer und bleiben in unserem ruhigen Erwachsenen-Ich. Es kann tatsächlich helfen, sich zu fragen: »Was würde ein ruhiger, gesunder erwachsener Mensch jetzt tun?« Wenn wir ruhig sind, ist es auch das Kind.

Dann erklären wir die Dinge je nach Alter des Kindes kindgerecht, sachlich, möglichst neutral.

Die Grundsätze eines solchen Gesprächs

- Wenn es möglich ist, dann erklären wir dem Kind die Trennung gemeinsam. Das bringt mehr Ruhe ins System, als wenn einer der Elternteile schon »weg« ist.
- Wir erklären das, was ist, nicht das, was verloren geht: »Wir haben uns entschieden, dass wir ab jetzt jeder in einer eigenen Wohnung leben, weil es dann allen besser gehen wird«, statt: »Wir leben nicht mehr zusammen, Papa (oder Mama) zieht aus, wir sind jetzt nicht mehr eine Familie« oder Ähnliches.
- Fragt uns ein älteres Kind, warum das so ist, dann erklären wir sachlich: »Du hast sicher gesehen, dass wir derzeit viel streiten/nicht mehr die gleichen Dinge wollen/sehr unterschiedliche Vorstellungen vom Leben haben …«
- Wir können auch unsere Gefühle teilen, ohne das Kind zu belasten: »Wir wissen auch noch nicht, wie das genau wird, und wir sind auch traurig, aber wir werden einen guten Weg finden. Du musst nichts tun, wir bekommen Hilfe von anderen Erwachsenen, damit es wieder gut wird.«
- Wir enthalten uns aller Anschuldigungen, Schuldzuweisungen und Anklagen: »Wir gehen jetzt einen neuen Weg und haben das gemeinsam entschieden.«
- Kinder fühlen sich schnell verantwortlich – je älter sie sind, desto eher – und manche Kinder denken sogar: »Wenn ich brav gewesen wäre, wäre das nicht passiert«, daher ist es wichtig, dass wir immer deutlich machen: Es liegt nicht an dir. Wir lieben dich.

* Wir geben unseren Kindern eine sichere Basis, und zwar egal, ob wir es alleine besprechen oder zu zweit: »Manches verändert sich, aber was immer so bleibt, ist, dass wir beide für dich da sind, dass wir dich lieben, dass …« Wir machen klar, dass es Dinge gibt, die sich nie, niemals verändern werden: »Du hast zwei Eltern, die dich lieben und immer, immer für dich da sind« – das können Kinder gar nicht oft genug hören.
* Wenn ein Elternteil ausgezogen ist und für das Gespräch nicht zur Verfügung steht, dann können die Kinder Sorge haben, dass sie auch den bleibenden Elternteil »verlieren«. Wir müssen also immer wieder laut und deutlich sagen, dass wir die Kinder nie, nie verlassen und immer, immer für sie da sind – und zwar egal, was es tut, wie es sich fühlt, ob es traurig oder wütend auf uns ist, und natürlich auch dann, wenn es den anderen Elternteil lieb hat und vermisst. So beugen wir Loyalitätskonflikten vor, die Kinder sehr in Not bringen können.
* Besonders kleine Kinder brauchen diese Versicherung, dass wir immer für sie da sein werden, weil sie Zeit und Raum noch viel weniger überblicken können. Dazu gehört auch, dass wir räumliche Trennungen, die ein Kind nicht aushalten kann, egal ob tags oder nachts, nicht forcieren.

Wie wir uns gegen die Mythen rund um die Trennung wehren

Mythen zum Thema Trennung gibt es viele. Sie können uns sehr viel Kraft kosten – auch wenn wir sie »nur« unbewusst im Hinterkopf tragen. Was wir davon jetzt abschütteln können, belastet uns nicht mehr. Also misten wir jetzt erst mal aus.

1. Sieh zu, dass du die Oberhand kriegst! – Bei jeder Trennung gibt es Gewinner und Verlierer

So einfach ist es nicht, besonders nicht für die Kinder. Wenn wir uns dessen bewusst werden, können wir auch aufhören, miteinander um Geld, Rechte und Macht zu kämpfen, als ginge es wie in einem Boxkampf darum, der Stärkere zu sein oder unsere Interessen auf jeden Fall durchzusetzen. Eine Trennung ist ein langer, komplexer Prozess, der eigentlich nach 18 bis 24 Monaten erst so richtig losgeht.

Die bisherige Literatur zum Thema streicht oft die negativen Effekte hervor und lässt die – unstrittig vorhandenen – positiven unter den Tisch fallen. Lassen wir uns also nicht verrückt machen. Wie im Kapitel *Die »artgerecht«-Sicht auf Trennungen* beschrieben, ist eine Trennung eigentlich kein dramatischer Prozess, er wird es erst durch unser kulturelles Umfeld. Und es ist keine Win-lose-Situation: Jeder hat Punkte, die er durchbringen wird, und andere, bei denen er oder sie Kompromisse eingehen wird. Das ist nicht spezifisch für eine Trennung. Das nennt man Leben.

2. Was tust du deinen Kindern nur an? – Trennungskinder bleiben ein Leben lang gestört

Schon der gesunde Menschenverstand sagt uns, dass das nicht stimmen kann. Kinder in einer hochkonflikthaften Beziehung, in der ständig gestritten wird, haben deutlich mehr Stress als Kinder von einem getrennten, aber auf Elternebene gut funktionierenden Paar. Die angeblich negativen Langzeiteffekte werden oft viel zu stark dargestellt, und auch dass eine Trennung »immer ein traumatisches Ereignis« wäre, ist nirgendwo belegt. Die meisten Trennungskinder würden wahrscheinlich sagen, dass es ein trauriges Ereignis war, aber viele erzählen mir in Interviews auch, dass sie froh waren, als der ständige Streit endlich vorbei war. Und auch Kinder aus vermeintlich »intakten« Beziehungen sagen mir oft als Erwachsene:

»Ich hätte mir gewünscht, sie hätten sich getrennt. Sie waren und sind miteinander unglücklich – keine guten Vorbilder.«

Darüber hinaus will ich nicht unterschlagen, dass in der Studie von Hetherington (a. a. O.) einige Kinder sogar gestärkt aus einer Trennung hervorgingen und sich ihr Wohlbefinden und ihre Lebensumstände durch die Trennung deutlich verbesserten.[10]

3. Das hätte ich dir gleich sagen können! – Jede Trennung läuft genau gleich ab

Jedes Kind ist anders, jede Trennung ist anders. Und es kommt noch besser: Wenn der Prozess am Anfang nicht gut läuft, heißt es nicht, dass er nicht besser werden kann. Umgekehrt gilt es natürlich auch – ein friedlicher Start ist keine Garantie, auch um eine Trennung und um eine Beziehung als getrennte Eltern müssen wir uns kümmern. Wir haben gemeinsame Kinder, wir haben diese Beziehung ein Leben lang und wir können sie ein Leben lang gestalten.

4. Klar, die Männer haben es leichter! – Frauen sind immer die Verlierer einer Trennung

In einer klassischen Cis-Hetero-Ehe oder -Beziehung sind zu fast zwei Dritteln die Frauen und Mütter diejenigen, die sich trennen, obwohl sie eher von Armut und den großen Herausforderungen eines Lebens als Alleinerziehende bedroht sind als die Väter. Sie sind es, die unter der ungleich verteilten Care-Arbeit und dem Gender-Pay-Gap leiden, und sie sind es auch, die sich oft fragen müssen, ob sie sich eine Trennung überhaupt finanziell leisten können. In einer Gesellschaft mit Ehegatten-Splitting, das Frauen in schlechter bezahlte Tätigkeiten drängt oder von Frauen bevorzugte Jobs schlechter bezahlt, haben es Mütter nach einer Trennung häufig deutlich schwerer.

Alleinerziehende Väter, die in erster Linie ältere Kinder betreuen und weiterhin Vollzeit arbeiten, stehen häufig finanziell besser da – aber nicht immer. Wenn die Mutter plötzlich vollkommen wegbricht, sind sie alleine mit der Care-Arbeit, was für sie genauso hart ist wie für die Mütter. Gleichzeitig geht es ihnen oft seelisch schlechter, sie haben schlechtere Kinderbetreuungsnetzwerke und ein höheres Risiko, langfristig vor allem psychisch schlechter mit der Situation klarzukommen. Auch Väter können Verlierer sein, wenn sie ihre Kinder weniger sehen, wenn ihr Arbeitgeber wenig Verständnis für den Anteil der Care-Arbeit hat, der jetzt auf sie zukommt, oder wenn sie ihren Kindern gegenüber unterhaltspflichtig sind, in der klassischen Ernährerrolle bleiben wollen und sich somit keine neue Familie »leisten« können.

Frauen sind, vor allem in der klassischen Cis-Hetero-Konstellation, statistisch gesehen eher diejenigen, die nach einer Trennung neue Netzwerke bilden und ihren Schmerz gut bewältigen. Sie haben es finanziell oft schwer und werden von der Gesellschaft an vielen Punkten alleinegelassen.[11] Aber selbst unter diesen Umständen kann eine motivierte alleinerziehende Mutter für ihre Kinder wie ein Gegengift gegen Armut, Stress und sogar Vaterlosigkeit wirken. Sie kann ihre Kinder stärken und dafür sorgen, dass sie auch in dieser Situation sozial sicher und geborgen aufwachsen.

Und manchmal gewinnen auch alle: Immer mehr Eltern finden zu einem funktionierenden Co-Parenting und ziehen ihre Kinder in einer kreativen, individuellen Familienform groß. Manche Eltern haben nach einer Trennung plötzlich Zeit für ihre Kinder, die sie sich vorher nicht genommen haben, und fangen an, Dinge mitzudenken, die sie vorher nicht gesehen haben – sodass die Care-Arbeit deutlich gerechter verteilt ist als vorher.

5. Das verfolgt dich ein Leben lang – Eine Trennung bringt uns auf einen vorgezeichneten Weg

Was nur wenige wissen: Die Effekte einer Trennung sind bei den meisten auf die Lebenszeit gesehen kurzfristig und ihr Leben pendelt sich nach einigen Jahren wieder ein. Das heißt aber auch: Es wird weder von alleine besser noch schlechter. Aus Studien wissen wir, dass alle Menschen eine Tendenz haben, ihren »vertrauten« Lebenszustand und ihr gewohntes Niveau an Zufriedenheit wiederherzustellen. Dies gilt für die meisten einschneidenden Ereignisse – wie Trennung, Behinderung oder Tod eines geliebten Menschen –, aber auch für positive Erlebnisse wie zum Beispiel einen Lottogewinn. Und manchmal sind es die ganz kleinen Dinge, die einen Unterschied machen: auf welche Schule wir die Kinder schicken, mit welchen Freunden wir uns umgeben, wann wir wieder eine:n Partner:in in unser Leben einladen oder in welchem sozialen Umfeld wir nach der Trennung wohnen.

6. Man kann doch gut Eltern bleiben, auch wenn man kein Paar mehr ist! – Trennung ist für Eltern reine Formsache

Diese Aussage mag nicht grundsätzlich falsch sein, aber es gibt einen entscheidenden Unterschied: Manche Menschen trennen sich, weil sie den Partner oder die Partnerin auf der Paarebene nicht mehr im eigenen Leben wollen. Sie sehen im anderen immer noch einen liebenden Elternteil, aber eben nicht mehr den Menschen, mit dem sie die intimen Teile ihres Alltags teilen möchten.

Andere Menschen trennen sich wegen partnerschaftlicher Gewalt – es sind vor allem Frauen, weiblich gelesene und nicht binäre Menschen. Sie trennen sich wegen psychischer oder physischer Gewalt, die in der Familie herrscht, und wollen sie sich und den Kindern nicht weiter zumuten. Oft wollen sie sogar in erster Linie die Kinder schützen, weil sie nie gelernt haben, sich selbst zu schützen, aber die Kinder eine Kraft mobilisieren, die vorher nicht da war.

Es macht einen riesigen Unterschied, warum wir uns trennen. Wenn wir eine Trennung auf der Paarebene haben, dann ist das eine Sache. Eine Trennung, hinter der Gewalt steht, ist etwas völlig anderes. In diesem Buch wird es um beide Fälle gehen.

Checkliste: Die nächsten Schritte

Wenn wir uns und die Kinder einigermaßen stabilisiert haben, müssen wir unbedingt ein paar Dinge in Angriff nehmen. Wenn du das Gefühl hast, dass dir das jetzt noch zu viel ist, blättere weiter zum Kapitel *Die »Trennung ohne Drama«-Methode*, sie wird dir helfen, wieder handlungsfähig zu werden. Und denk immer daran: Du musst nicht alles selbst machen. Es kann auch Menschen geben, die dich unterstützen. Es kann schon helfen, wenn dir jemand Tee kocht und gut zuredet, während du Papiere sichtest.

1. Prüfe deine Finanzen

Neue Steuerklasse: Wenn du verheiratet warst, ändere deine Steuerklasse. Dies sorgt dafür, dass du am Ende des Monats automatisch mehr Geld zur Verfügung hast – ganz von alleine! Für denjenigen Elternteil, der die Kinder hauptsächlich betreut und das Kindergeld erhält (in Ausnahmefällen können das auch beide sein), gelten höhere Kinderfreibeträge, die in der Steuerklassse II bereits auf die Auszahlung des Nettolohns angerechnet werden. Ruf einfach direkt bei deinem Finanzamt oder deiner Steuerberatung an, sie helfen dir meist unkompliziert und schnell.

Die Pari-Aufteilung: Eine Ausnahme von der obigen Regel: Dein:e Ex hat dasselbe Gerechtigkeitsverständnis wie du. Dann könnte man auch, solange man die Steuer noch gemeinsam veranlagt, das aufsummierte Einkommen in einen Topf werfen, davon den Bedarf für die Kinder abziehen, beiseitelegen und den Rest durch zwei teilen – und dann auch die Steuerrückzahlung 50:50 teilen.

Das ist eine Spielregel für Fortgeschrittene. Wenn man aber schafft, sie anzuwenden, wird sich das in einem vertrauensvolleren und gleichwürdigen Umgang mit den Post-Trennungs-Finanzen auswirken.[12]

Kinderzuschlag und -grundsicherung: Stelle einen Antrag auf Kinderzuschlag bei deiner Familienkasse, er kann nochmals einen Betrag in Höhe des Kindergeldes jeden Monat auf dein Konto spülen. Ab 2025 ist die die Kindergrundsicherung geplant, konkrete Infos dazu findest du hier:
https://www.arbeitsagentur.de/familie-und-kinder/kinderzuschlag-verstehen/kiz-lotse
https://www.arbeitsagentur.de/familie-und-kinder/kinderzuschlag-verstehen/videoberatung

Bildungspaket: Beantrage ein Bildungspaket, das dich dabei unterstützt, dass dein Kind an Ausflügen, Klassenfahrten, Schulmaterialien, Fahrten zur Schule, Nachhilfe sowie Sport, Musik oder Spiel in Vereinen und Gruppen teilhaben kann. Außerdem werden auch Kosten für das Mittagessen in Kindergarten und Schule unterstützt. Infos gibt es hier:
https://www.bmas.de/DE/Arbeit/Grundsicherung-Buergergeld/Bildungspaket/Anlaufstellen/anlaufstellen.html

Erstattung von Betreuungskosten: Das Jugendamt übernimmt Kosten für Tagesmutter oder Kindergarten ganz oder teilweise; wenn das Geld knapp ist, stelle einen entsprechenden Antrag.

2. Unterhalt für Eltern und Kinder

Berechnungsgrundlage: Was dir an Unterhalt zusteht oder du zahlen musst, ist über die Düsseldorfer Tabelle geregelt. Lass dich hierbei im Zweifelsfall von deinem Jugendamt oder einer Famili-

enrechtsanwältin beraten und den Unterhalt titulieren (also rechtskräftig festlegen), damit ihr eine rechtlich bindende Vereinbarung habt. Dieser Titel sorgt dafür, dass sofort die Zwangsvollstreckung drohen kann, sollte der Unterhalt nicht gezahlt werden. Infos findest du hier:
https://www.olg-duesseldorf.nrw.de/infos

Unterhaltsvorschuss: Solltest du im Moment keinen Unterhalt bekommen, kannst du einen Unterhaltsvorschuss beim Amt beantragen. Dieser steht dir so lange zu, bis du wieder heiratest – also auch noch dann, wenn du mit einem neuen Partner zusammenlebst. Alle Kinder bis zum 12. Lebensjahr bekommen ungeachtet deines Einkommens Unterhaltsvorschuss, danach weiter bis zum 18. Lebensjahr, außer wenn sie Sozialleistungen beziehen (nach SGB II). Der Betrag ist allerdings gering. Daher lohnt es sich meistens eher, den unterhaltspflichtigen Elternteil zur Zahlung zu bringen.

Die Höhe des Unterhaltsvorschusses richtet sich nach dem Alter der Kinder und beträgt zum 1. Januar 2023 monatlich:

für Kinder von 0 bis 5 Jahren bis zu 187 Euro,
für Kinder von 6 bis 11 Jahren bis zu 252 Euro,
für Kinder von 12 bis 17 Jahren bis zu 338 Euro.

Betreuungsunterhalt: Nicht nur das Kind hat Anspruch auf Unterhalt, auch derjenige von uns, der hauptsächlich für das Kind da ist – unabhängig davon, ob wir verheiratet waren. Der Unterhalt wird grundsätzlich bis zum dritten Geburtstag des Kindes fällig, kann darüber hinaus aber im Einzelfall verlängert werden. Dies ist gar nicht selten der Fall, zum Beispiel dann, wenn die Verteilung der Erwerbsarbeit vorher über längere Zeit stark asymmetrisch war. Häufig wird dann das Gericht davon ausgehen, dass eine Einigkeit darüber bestand, dass der mehr arbeitende Elternteil den anderen mitversorgt – und diese Versorgung darf laut Gesetzgeber nicht von jetzt auf gleich wegbrechen. Es lohnt sich in jedem Fall, hier juristische Beratung einzuholen, auch wenn die Kinder zum Zeitpunkt der Trennung schon älter sind als drei.

Kaum zu glauben: Unterhaltsvorschuss

Der aktuell festgesetzte Unterhaltsvorschuss ist nicht nur lächerlich niedrig, die Regelung hat auch noch verschiedene Haken:

Unterhaltsvorschuss gibt es nur bis zum Ende des 18. Lebensjahres der Kinder, obwohl unterhaltspflichtige Eltern ihr Kind bis zum Abschluss der ersten Berufsausbildung unterstützen müssen.

Außerdem kann der Bezug nur unter der Bedingung erfolgen, dass der alleinerziehende Elternteil monatlich mindestens 600 Euro brutto erwirtschaftet und nicht von Sozialtransfers abhängig ist.

Zudem wird beim Unterhaltsvorschuss das Kindergeld vollständig auf den Mindestunterhalt angerechnet und nicht zur Hälfte wie im Unterhaltsrecht.

Das alles führt dazu, dass besonders Mütter mit wenig Einkommen nicht davon profitieren – aber vor allem sie sind es, die Unterhaltsvorschuss beantragen müssen, weil der zweite Elternteil nicht zahlt.[13]

3. Unterstützung im Alltag

Haushaltshilfe: Es ist dir alles zu viel? Das ist verständlich. Alleine mit Kind sind wir ohnehin chronisch überfordert, wenn wir »nebenbei« noch eine Trennung bewältigen müssen, bricht das System schnell zusammen und nichts geht mehr. Bitte denk daran: Wenn du krank bist und unfähig, deinen Haushalt zu führen, dann kannst du über die Krankenkasse eine sogenannte Familienhilfe beantragen (und das nicht nur bei einem gebrochenen Bein!). Dasselbe gilt für eine Haushaltshilfe für alleinerziehende Mütter oder Väter nach der Geburt. Sprich direkt mit deinem Hausarzt oder deiner Hausärztin.

Beim Jugendamt können wir zudem für drei Monate Kostenerstattung für einen Babysitter beantragen, der uns durch die erste Zeit hilft.

Kind-Krank-Tage pro Monat: Wenn dein Kind jetzt krank wird – bleib zu Hause, wann immer es geht. Als alleinerziehender Elternteil hast du pro Jahr Anspruch auf 60 Tage (Stand 2021), an denen du dich um dein krankes Kind kümmern kannst, bei mehreren Kindern sind es maximal 130 Tage. Dieser Anspruch kann auch auf zwei getrennte Elternteile aufgeteilt werden. Die Ausgleichszahlung beträgt durchschnittlich 75 Prozent bis 90 Prozent des entfallenen Nettoarbeitslohnes – also einen Großteil des Geldes, das du sonst verdient hättest. Der Anspruch besteht auch dann, wenn du weiter im Homeoffice arbeiten könntest. Du kannst das Kinderkrankengeld bei deiner Krankenkasse beantragen, denke an die Bestätigung deiner Kinderarztpraxis!

Elternteams: Wir können auch mit anderen Elternpaaren ein Team bilden und die Kinder gegenseitig betreuen, wenn wir mal Luft brauchen. Dabei sollten die Kinder die jeweils anderen Eltern gut kennenlernen, um dann gerne dort zu bleiben. Das kann uns als getrenntem Paar auch den Raum verschaffen, miteinander zu sprechen oder auch miteinander zu trauern.

Eltern-Kind-Kur: Du bist völlig erschöpft von den vergangenen Monaten? Dann kannst du eine drei Wochen lange Mutter- oder Vater-Kind-Kur beantragen, die dir nicht vom Jahresurlaub abgezogen werden darf, wenn du angestellt bist. Der erste Schritt dafür geht zum Haus- oder Frauenarzt. Allerdings Vorsicht: Wenn deine Kinder noch sehr klein sind, kann die Kur für sie sehr stressig werden, da hier nicht auf die Bindungsbedürfnisse von Kleinkindern eingegangen wird und die Kinder sofort in eine für sie fremde Betreuung müssen. Wäge daher ab, ob es für euch infrage kommt.

Alternativ gibt es spezielle Mütter- und Väterkuren, die du allein in Anspruch nehmen kannst, wenn die Kinder in dieser Zeit von ihrem anderen Elternteil oder anderweitig gut betreut werden können. Infos findest du hier:
https://www.muki-kurberatung.de/muetterkur-vaeterkur

Informelle Kinderbetreuung: Schließe dich mit anderen Eltern und Alleinerziehenden zusammen und bildet Banden. Es gibt Apps und Online-Foren, in denen du Gleichgesinnte treffen kannst. Es gibt außerdem viele Möglichkeiten, zum Beispiel Leih-Großeltern zu finden (Suche: Großelterndienste und deinen Ort) oder Hilfe nach der Geburt zu erhalten (Suche: Familienhebamme, Familienpaten, Wellcome). Oder du machst einen Plan für deine Freunde, in dem ihr festlegt, dass mindestens einmal pro Woche jemand für zwei Stunden für dich oder die Kinder da ist.

Erste Priorität: Selbstfürsorge

Wir hatten es schon: Du selbst bist deine wichtigste Ressource und der wichtigste Halt für deine Kinder. Wenn du es jetzt nicht schaffst, dich um dich selbst so vorrangig und gut zu kümmern wie um die wichtigste Person in deinem Leben (und dem deiner Kinder), wird dir zwangsläufig irgendwann die Luft ausgehen – und das wäre für niemanden gut. Etabliere schon jetzt hilfreiche Routinen und Gewohnheiten, um dein Leben radikal zu vereinfachen:

* Trinke jeden Morgen ein Glas Wasser direkt nach dem Aufstehen, am besten noch im Bett (abends eine 0,5-l-Flasche hinstellen).
* Gehe jeden Tag zur gleichen Zeit ins Bett, dann, wenn du müde bist und gerne auch am Anfang direkt mit den Kindern.
* Nutze jede kleine Pause – am Wasserkocher, beim Warten vor der Kita, auf Toilette –, um deine Körperwahrnehmung zu schulen: Lockere die Schultern, atme tief aus und wieder ein, bewege deine Zehen, wippe auf den Füßen vor und zurück. Das aktiviert den beruhigenden Teil deines Nervensystems.
* Etabliere ein Unterstützungsritual: Telefoniere jeden Tag um 16 Uhr mit deiner oder deinem besten Freund:in, triff dich jeden Mittwoch mit deinen Eltern, skype jeden letzten Freitag im Monat mit deinen alten Studienkameraden.
* Entlaste dich mit Haushaltsroutinen: Wirf jeden Abend den Geschirrspüler an, egal ob er voll ist (Alleinerziehende dürfen das!), checke jedes Wochenende dein Fahrrad oder tanke das Auto, wasche jeden Samstagnachmittag Wäsche, gehe jeden Samstagvormittag mit den Kindern in den Wald (auch das beruhigt eure Stresssysteme nach der aufregenden Woche) oder picknicke mit ihnen im Park oder auf der Wiese vor eurem Haus. So musst du weniger nachdenken, wann du was in deiner vollen Woche unterbringst.
* Vermeide toxische Menschen, wo immer du kannst – blockiere sie in deinem Telefon, lies nicht ihre Mails, lass sie nicht zur Tür herein, berate niemanden, der dir keinen Auftrag gegeben hat. Das spart Energie, die du für deine Familie brauchst.
* Gib alle Aufgaben ab, die du abgeben kannst und die dich belasten.

* Sollte es zu einem Umzug kommen: Checke, ob du wirklich jetzt den Keller ausmisten musst oder ob du einfach mit allem Sack und Pack umziehst und in zwei Jahren entrümpelst. Es spart Zeit und Energie und du konfrontierst dich nicht mit deinem gesamten alten Leben.
* Schreib dir alles auf, was an deinem oder deiner Ex als Elternteil gut ist und was er oder sie gut kann – du wirst diese Liste noch brauchen.
* Wenn du sehr starken Liebeskummer hast, schreibe dir eine zweite Liste: Was hast du verloren? Was hast du gewonnen? Was wünschst du dir für die Zukunft? Was möchtest du beibehalten, was soll anders werden? Diese Liste hängen wir uns an den Kühlschrank, damit wir immer auf sie schauen können, wenn uns der Liebeskummer erwischt.
* Sichere dir und deinen Kindern einen Therapieplatz oder einen Platz in einer Trennungskindergruppe und einem Seminar »Kinder im Blick« – wenn die Trennung eskalieren sollte, wirst du froh darum sein, wenn ihr es nicht braucht, umso besser.

Die »Trennung ohne Drama«-Methode

Wie wir in heftigen Zeiten einen kühlen Kopf bewahren

Es gibt jede Menge Bücher darüber, was Eltern bei einer Trennung beachten sollen. Aber nichts davon funktioniert, wenn wir nicht die Grundlage schaffen, um überhaupt handlungsfähig zu bleiben. Meine »Trennung ohne Drama«-Methode hilft dir, deine Reaktionen und Gefühle zu verstehen und so zu bewältigen und zu steuern, dass du in Ruhe überlegen und handeln kannst. So kannst du auch besser für dein Kind oder deine Kinder da sein und die vielen praktischen Tipps in diesem Buch mit Ruhe und Besonnenheit umsetzen.

Mit »Trennung ohne Drama« kannst du ruhig und konzentriert an diese große Veränderung herangehen. Wenn du weniger gestresst bist, läufst du nämlich weniger Gefahr, vorschnelle Entscheidungen zu treffen. Du wirst aber auch eher die Kraft haben, wichtige Entschlüsse umzusetzen, statt sie hinauszuzögern. Ein ruhiger Geist kann auch eher empathisch mit anderen sein – mit uns selbst, mit den Kindern, mit dem oder der Ex-Partner:in. Das heißt nicht, dass wir in diesem Zustand eher »nachgeben«, es heißt, dass wir die Position des Gegenübers besser verstehen und so besser verhandeln. Das sollte dazu führen, dass wir uns auch zum Wohle aller besser einigen können. Es kann aber auch heißen, dass wir uns nicht einigen und durch »Trennung ohne Drama« die Kraft haben, im Gespräch zu bleiben und uns weitere Hilfe zu holen.

»Trennung ohne Drama« holt uns aus dem Alarmzustand der Krise und bringt uns ins Fahrwasser des Change-Managements. Es ist die Brücke zwischen der (gefühlten) akuten Bedrohung und dem Plan, wie wir jetzt weitermachen. Wir reagieren nicht im Affekt, nicht kopflos, nicht unter Stress, sondern überlegt, in Ruhe und mit Kraft. Damit bleibt auch mehr für uns selbst: Wir brennen nicht so stark aus, auch wenn die Situation herausfordernd ist, holen uns frühzeitiger Hilfe, können besser für uns und die Kinder sorgen.

Damit wird die Trennung keine bleibende Krise und auch kein Problem, mit dem wir ein Leben lang kämpfen, sondern wir können sie als das sehen, was sie ist – ein weiterer Stein auf unserem Weg, eine Entwicklung in unserem Leben, die wir bewältigen, meistern und an der wir wachsen werden, kurz: eine Trennung ohne Drama.

Stressbewältigung und kluge Entscheidungen: Unser inneres Team

Für Veränderungsprozesse braucht man ein Team – wir werden später noch im Detail darauf kommen –, und daher werden wir bei »Trennung ohne Drama« unser *inneres* Team aufbauen und verstehen, wie es uns am besten weiterhilft.

Dein inneres Team besteht aus deinen Persönlichkeitsanteilen und den aktiven Teilen deines Gehirns, und es hat einen unschätzbaren Vorteil: Es wird auch dann da sein, wenn das »Dorf, das es braucht, um ein Kind zu erziehen« gerade nicht verfügbar ist. Zu wissen, dass es immer für dich da ist, wird dich stark und unabhängig machen, was wieder dazu führt, dass du mehr Hilfe bekommst – du wirst sehen!

»Trennung ohne Drama« basiert auf der erfolgreichen Methode, die ich schon in meinem Bestseller *Erziehen ohne Schimpfen* dargelegt habe und die Hunderten von Eltern schon geholfen hat, besser durch den Alltag mit Kindern zu kommen. Jetzt werden wir diese Erkenntnisse aus der Neurowissenschaft erweitern und sie uns in der Trennungssituation zunutze machen.

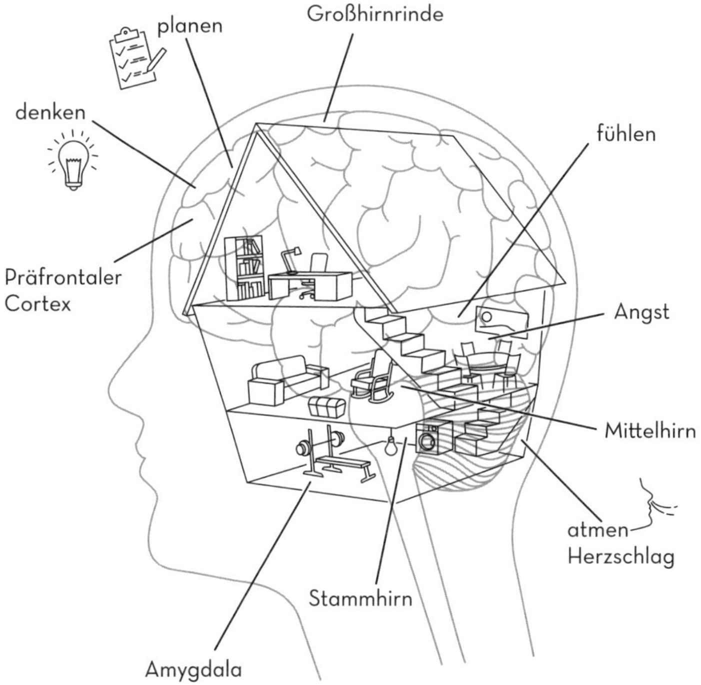

Gehirnteile und ihre Funktionen. Modifizierte Illustration nach einer Vorlage von D. Siegel und T. Payne Bryson

Das menschliche Gehirn und die menschliche Psyche sind extrem komplexe Gebilde, aber sie lassen sich auf relativ einfache Strukturen herunterbrechen. Wenn wir verstehen, wie sie funktionieren, können wir sie besser steuern, damit sie uns unterstützen können. Wir können Verantwortung für unser Gehirn übernehmen, damit es uns hilft. Denken wir immer daran: Unser Nervensystem ist dazu gebaut, uns am Leben zu erhalten, nicht dazu, uns glücklich zu machen. Dabei schießt es manchmal über das Ziel hinaus. Wenn wir aber wissen, wie es funktioniert, können wir es so nutzen, wie wir es brauchen.

Das menschliche Gehirn hat drei wichtige Einheiten, in denen wir gleich die Protagonisten unseres inneren Teams aufspüren werden: das Stammhirn, von mir Reptiliengehirn genannt, das Mittelhirn, von mir Säugetiergehirn genannt, und die Großhirnrinde, auch als Sitz des Verstandes bezeichnet. Um zu zeigen, wie diese drei Gehirnteile miteinander arbeiten, male ich oft in Workshops das Modell von Daniel Siegel und Tina Payne Bryson[1] an das Flipchart.

Die Teile unseres Gehirns sind in diesem Modell die Geschosse unseres inneren Hauses: Das Stammhirn ist der Keller, das Mittelhirn der erste Stock und der Verstand ist das Dachgeschoss. Wie in jedem Haus gibt es Ecken, in denen wir gerne chillen, und Ecken, in denen wir besser arbeiten können. Wie in jedem Haus horten wir an manchen Stellen eine Menge Unrat, den wir gar nicht brauchen, und haben an anderen Orten Reparaturen zu tun, die längst überfällig sind. Schauen wir uns mal um!

Im Keller – treffen wir unseren Bodyguard

Im Keller unseres Hauses sitzt das Stammhirn. Es ist zuständig für alles im Körper, worum wir uns nicht groß kümmern müssen: Atmung, Herzschlag, Temperatur, Verdauung, Immunsystem. Es ist der älteste Teil unseres Gehirns, in dem die Erfahrungen von Jahrmillionen der Entwicklung des Lebens gespeichert sind. Und was war Jahrmillionen lang besonders wichtig? Genau: gut aufpassen, dass man nicht gefressen wird, und, wenn es nötig ist, angreifen, flüchten oder ganz leise sein. Und genau das ist dort abgespeichert: Im Keller sitzt das Wissen, wie wir überleben, hier wohnt unser Bodyguard. Er ist darauf spezialisiert, auf uns aufzupassen, sogar wenn wir schlafen. Er regelt, dass unser Herz weiterschlägt, gibt aber auch acht, dass wir in einer fremden Umgebung nicht zu tief einschlafen, um gegebenenfalls aufwachen und wegrennen zu können – deshalb schlafen viele Menschen in Hotels in den ersten Nächten nicht so gut. Er merkt es auch, wenn wir nachts mal müssen oder frieren und schickt dafür eine Nachricht an die anderen Gehirnteile, damit wir aufwachen und zur Toilette gehen oder uns zudecken.

Im Gefahrenfall legt er schnell ein paar Hebel um: Immunsystem und Verdauungssystem runterfahren, Stresssystem hochfahren, Blutdruck und Herzschlag steigern – zack, zack! So können wir schnell reagieren, wenn wir unser Leben retten müssen.

Hier sitzt jemand, der immer aufpasst und niemals schläft. Da sich sein Büro aber im Keller befindet, ist er seinerseits auf Informationen von außen angewiesen – es gibt kein Telefon, keine Fenster, keine Internetverbindung nach draußen. Das Stammhirn kann nicht selbstständig denken oder abwägen, es reagiert einfach blitzschnell auf das, was der Körper ihm weiterleitet, und erhält uns damit am Leben.

Dieser Bodyguard hatte im Laufe der Menschheitsgeschichte ein recht einfaches Leben: Über lange Strecken hatte er nichts zu tun, stand still und wachsam an unserer Seite, regulierte hier und da ein wenig und ging dann wieder auf die Couch. Forscher gehen davon aus, dass unsere Vorfahren sich den meisten Teil ihrer Zeit in einem entspannten, achtsamen Zustand befanden und wirklich nur für Gefahrensituationen in akuten Stress verfielen – das Bild von den Höhlenmenschen, die in ständiger Angst lebten, ist eine historische Verzerrung.[2] Das hieß für unseren Bodygard, dass er ein weitgehend entspanntes Dasein hatte, und kam mal kurzfristig eine Gefahrenmeldung herein, verfiel er blitzschnell in gezielte Aktivität, bis wir wieder in Sicherheit waren. Dann organisierte er einen entspannenden Workout, wurde den Stress wieder los, duschte, ging wieder auf seine Kellercouch – fertig. Körperlich heißt das: Wir sind kurzzeitig im Stressmodus, flüchten, kämpfen oder verhalten uns ganz still und können danach wieder entspannen und in den Ruhemodus zurückfinden.

Heute sieht es leider ganz anders aus: Wir sind viel zu oft im Gefahrenmodus, obwohl gar nichts Lebensbedrohliches geschieht. Das heißt, dass unser Bodyguard ständig hellwach sein, an den Reglern drehen und durch den Keller flitzen muss. Für Workout und Chillen ist da wenig Zeit. Dementsprechend gestresst ist er und Augenringe hat er auch.

Wenn im Keller ständig der Gefahrenmodus aktiviert wird, dann treffen wir schlechtere Entscheidungen, wir vergessen wichtige Details oder Aufgaben und wir sind weniger mitfühlend mit anderen (besonders unseren Kindern), können uns schlechter in unsere:n Ex-Partner:in einfühlen und regen uns wegen jeder Kleinigkeit auf – einfach weil wir so im Stress sind. Das Ergebnis ist Erschöpfung, die zu Burn-out (also dauerhafter Kraftlosigkeit) führen kann, was wiederum die Gefahr birgt, dass wir in eine Depression abrutschen. Auch unser Körper leidet: Wir schlafen nicht mehr gut, was zu Übergewicht führen kann, weil wir mehr Appetit haben, wenn wir nicht erholt sind. Wir sind häufiger krank, weil das Immunsystem dauernd stressbedingt heruntergefahren wird. Wir bekommen Bluthochdruck, weil wir zu viel »Druck im System« haben.

Die Aufgabe dieses Gehirnteils im Trennungsprozess

Wir brauchen unseren Bodyguard im Trennungsprozess – er hilft uns, wenn es mal richtig eng wird. Aber die meiste Zeit braucht er uns: Wir müssen ihm immer wieder erklären, dass kein schlimmes Unheil droht, dass wir nicht in Lebensgefahr sind und dass er sich wieder beruhigen kann. Wenn wir ihn vernachlässigen, wird er versuchen, uns zu »helfen«, indem er ständig das System in einen

Alarmzustand versetzt, der uns nicht hilft – weil wir auf der Flucht nicht gut denken können. Wir müssen uns also um ihn kümmern.

Ich werde diesen Gehirnteil im Laufe des Buches also »Bodyguard« nennen – aber wer sich seinen persönlichen Beschützer anders vorstellen möchte, kann dies natürlich gerne tun.

Im Mittelhirn – willkommen bei Gefühlen und Erinnerungen

Im Mittelhirn sitzen unsere Gefühle und Erinnerungen. Etwas vereinfacht gesagt sitzen Gefühle im limbischen System (dazu gehören auch unser Belohnungs- und Stresssystem) und Erinnerungen im Hippocampus. Diese Einheiten sind sehr hilfreich, wenn sie gut funktionieren: Sie können uns motivieren, helfen oder beruhigen.

Unser Belohnungssystem ist grundsätzlich ein nettes Kerlchen, es benimmt sich nur manchmal wie ein kleiner Kobold, der – wenn wir nicht eingreifen – macht, was er will: Hier sitzen zum Beispiel die Triebe und Impulse, die uns voller Freude ein iPhone kaufen lassen, obwohl wir noch ein funktionierendes Smartphone besitzen. Wir denken zwar, dass wir einen guten Grund haben, aber Forschende können nachweisen, dass die elektrische Aktivität zuerst im sogenannten Nucleus accumbens stattfindet und danach erst im Verstand, der, wenn wir nicht aufpassen, im Nachhinein rechtfertigt, was unser Kobold da triebhaft und impulsgetrieben ausgeheckt hat.[3]

Der Hippocampus ist ein Segen – sehen wir in ihm unseren ordentlichen Bibliothekar, der (oder die, wenn dir das lieber ist) meistens weiß, wo das richtige Buch steht. Meistens? Ja, meistens. Denn er ist manchmal auch ein wenig schusselig, besonders wenn wir ihn hetzen und unter Stress sind. Dann findet er die Informationen einfach nicht und wir wissen nicht mehr, wo wir vor fünf Minuten den Autoschlüssel hingelegt haben. Oder er verwechselt etwas und macht aus den Erinnerungen Silber und Löffel einen Silberlöffel.

Die dritte Bewohnerin des Mittelhirns nennt die Autorin Karella Easwaran in ihrem Bestseller *Das Geheimnis ausgeglichener Mütter* »Madame Amy«[4] und das ist die schönste Bezeichnung, die ich dafür je gehört habe. Es handelt sich um unsere Amygdala, die unser Alarmzentrum ist. Dieser wissenschaftlich auch Mandelkern genannte Teil sitzt in zweifacher Ausführung in beiden Gehirnhälften und ist die Schaltzentrale für Alarmmeldungen an den Bodyguard. Wenn man bei dem Bild von Easwaran bleiben will, ist Madame Amy eine hilfreiche Bewohnerin unseres Erdgeschosses, die am Fenster nach Gefahren Ausschau hält und bei Bedarf eine Warnmeldung in den Keller schickt.

Auch Madame Amy, ich nenne sie voller Wertschätzung weiterhin so, sitzt die meiste Zeit entspannt in ihrem Schaukelstuhl und springt nur auf, wenn draußen Tumult ist. Das Problem: Wenn wir zu viel Stress haben, sie also zu oft aus ihrem Schaukelstuhl emporschnellen und den Bodyguard alarmieren muss, dann kommt sie nicht zur Ruhe. Aber je weniger sie sich wieder entspannen kann, desto nervöser wird sie und springt teilweise schon hoch, um den Bodyguard zu alarmieren, obwohl draußen nur jemand gehustet hat.

Wenn Madame Amy aber ständig aktiv ist, kommt im ganzen Haus keiner mehr richtig zur Ruhe, sie redet laut vor sich hin (wir hören das als »Brainchatter« in unserem Sprachzentrum, das ständig negative Selbstgespräche führt), macht sich Sorgen, ruft dazwischen, rennt hin und her, wühlt in den Schubladen, zerrt Sachen herum, ringt mit den Händen und ruft andauernd alarmiert nach dem Bodyguard, der jetzt auch nicht mehr zur Ruhe kommt. Sie stört mit ihrer Unruhe auch den Bibliothekar, der nichts mehr findet und alles durcheinanderbringt.

Die Aufgabe dieses Gehirnteils im Trennungsprozess

Wir müssen bei einer Trennung plötzlich an Tausende Dinge denken: Termine, Optionen, neue Routinen, Gespräche. Gleichzeitig stürzen die verschiedensten Gefühle auf uns ein: Wir trauern, sind wütend, verzweifelt, niedergeschlagen, erleichtert, ängstlich, überfordert, mutig oder angriffslustig. Unser Mittelhirn kann uns hier viele gute Dienste leisten: Es lässt uns fühlen, was wichtig ist, um die Krise und die Trauer zu bewältigen. Unser Bibliothekar hilft uns, die Eindrücke zu sortieren und unseren Alltag zu bewältigen, wenn wir den Hausschlüssel suchen. Er hilft uns auch, uns daran zu erinnern, warum wir uns getrennt haben oder, ganz alltäglich, dass wir den Kindern ihre Schulbrote mitgeben. Unser Kobold motiviert uns, ein neues Leben aufzubauen, etwas erreichen zu wollen, mal etwas auszuprobieren, etwas Verrücktes zu machen (siehe das spätere Kapitel *Das magische Fenster der Veränderung*). Mit diesem Team kommen wir schon ziemlich weit.

Madame Amy kann uns vor Gefahren warnen und im Notfall den Bodyguard aktivieren. Aber meistens ist es besser, wenn wir dafür sorgen, dass sie beruhigt im Schaukelstuhl sitzt und nicht ständig in Panik ans Fenster rennt, damit sie uns nicht den Laden aufmischt. Wir können das tun, indem wir zum Beispiel positive Gedanken denken oder unseren Bibliothekar bitten, uns zu zeigen, wie wir schon vorher Krisen bewältigt haben, damit wir wissen, dass wir das schaffen können. Dabei hilft uns die Kompetenz ganz oben im Dachgeschoss – treffen wir also die Teamleitung, die uns planvoll, strategisch und ruhig durch diese wilden Zeiten bringen kann.

In der Großhirnrinde – die kluge Führungskraft

In der Großhirnrinde, genauer: im Neocortex, sitzt kurz gesagt unser Verstand – dies ist der neueste Teil unseres Gehirns, mit dem wir denken, analysieren und planen. Für »Trennung ohne Drama« werden wir diesen Teil des Gehirns, wo unsere höchsten kognitiven und integrativen Funktionen sitzen, unsere »Führungskraft« nennen. Sie wird uns noch oft gute Dienste dabei leisten, uns zu beruhigen, unsere Ideen zu sortieren und umzusetzen. Sie wird stark und ruhig hinter uns stehen, emotionslos und unaufgeregt für uns planen, sie wird immer auf unserer Seite sein, sie wird sich informieren und auskennen und ruhige Entscheidungen treffen. Wenn wir frisch verliebt sind, dann ist sie meistens im Urlaub, und das ist auch okay. Aber jetzt brauchen wir sie auf ihrem Posten.

Unsere kluge Führungskraft braucht allerdings Ruhe im Haus – wenn Madame Amy wild herumkreischt und der Bodyguard unten an den Reglern reißt, kann sie nicht arbeiten. Denn unter Stress steht ihr der Bibliothekar nicht zur Verfügung, der Kobold macht, was er will, und im Keller wird so viel Energie verbraucht, dass an ihrem Schreibtisch die Lampe flackert.

Die Aufgabe dieses Gehirnteils im Trennungsprozess

Die Forscherin E. Mavis Hetherington nennt »soziale Reife« als einen wichtigen Schutzfaktor in einer Trennungssituation,[5] weil diese uns erlaubt, zu planen, uns selbst zu beruhigen, uns an neue Umstände anzupassen und Verantwortung zu übernehmen. Das heißt nichts anderes, als dass wir uns, wann immer es möglich ist, am besten unserer Führungskraft anvertrauen (und nicht dem unzuverlässigen Kobold oder der gestressten Madame Amy). Wenn unser Verstand gut arbeiten kann, geraten wir weniger schnell in Panik und haben unser Leben besser in der Hand. Das bewahrt uns auch davor, jemanden im Außen für unsere Misere verantwortlich zu machen, was nur dazu führen würde, dass wir passiv die Trennung erleiden, zu wenige Anstrengungen unternehmen, um unsere Probleme zu lösen, und so oft auch Hilfsangebote übersehen, die direkt vor unserer Nase sind.

Der beste Weg dorthin ist, unsere Führungskraft möglichst oft an unsere Seite zu holen, statt unserem Stress- und Angstsystem die Führung zu überlassen oder gar in alte Muster zu verfallen.

Fehlalarme durch innere Eltern- und Kindanteile

Wer jemals ein wenig tiefer in seine Psyche geschaut hat, weiß, dass dort noch andere Bewohner aktiv sind. Ich bedanke mich bei Alexandra Widmer mit ihrem Buch *Stark und alleinerziehend*, in dem sie die Schema-Therapie so alltagstauglich macht, dass wir Alleinerziehende sie nutzen können.[6] Für »Trennung ohne Drama« brauchen wir eigentlich nur kurz einen Blick auf zwei Aspekte in uns zu werfen:

* unser inneres Eltern-Ich, das mal fürsorglich, mal kritisch sein kann,
* unser inneres Kind, das mal entspannt, mal ängstlich und mal unvernünftig ist.

Wie in jeder WG gibt es natürlich auch in unserem Kopf gewisse Routinen und eingeübte Abläufe, die wie automatisch vonstattengehen. Unser Gehirn hat seine festen Funktionen, aber unsere Persönlichkeit spielt eine große Rolle dabei, wie gut wir es benutzen können.

Wenn wir zum Beispiel ein sehr starkes, kritisches Eltern-Ich haben, das gerne mal herumpoltert, weil wir »nicht gut genug« seien, fühlt sich Madame Amy unter Umständen so bedroht, dass sie eine Warnmeldung an den Bodyguard schickt. Der wiederum versetzt – weil er vom Keller aus ja nicht sehen kann, dass es »nur« das Eltern-Ich ist, das da poltert – das ganze Haus in Alarmmodus, das verängstigte innere Kind versteckt sich hinterm Sofa und unsere Führungskraft kann an ihrem Schreibtisch keinen klaren Gedanken mehr fassen.

Im Laufe dieses Buches werden wir lernen, solche Fehlalarme zu erkennen, unser verängstigtes inneres Kind aus seinem Versteck zu locken und mithilfe unserer Führungskraft wieder Ruhe ins Haus zu bringen. So übernehmen wir Kontrolle über unser Leben und sind kein Spielball unserer Ängste und Emotionen.

Wir werden vor allem unsere Führungskraft am Schreibtisch brauchen – mit ihr können wir über die aktuellen Herausforderungen nachdenken, planen und entsprechend handeln. Wir brauchen aber auch den Bibliothekar, damit er uns daran erinnert, was wir schon alles gemeistert haben. Wir brauchen den Kobold, der uns motiviert und auch mal alle fünfe gerade sein und uns einfach albern sein lässt. Das alles hilft uns selbst, aber auch dem oder der Ex-Partner:in und den Kindern, besser durch den Trennungsprozess zu kommen, kreative Lösungen zu finden und alle im Blick zu behalten.

Wie wir den Stress für die Kinder in Grenzen halten

Auch für die allermeisten Kinder bedeutet die Veränderung einer Trennung Stress. Damit auch die Kinder möglichst ihren inneren Bodyguard beruhigen können und wir bei ihnen nicht ständig Fehlalarme von Madame Amy ausbalancieren müssen, gibt es eine erste klare Empfehlung: wenig Veränderung.

Was immer wir gleich lassen können, sollten wir gleich lassen. An erster Stelle stehen für Kinder die Bindungsbeziehungen zu ihren nächsten Menschen. Wir sollten uns bewusst machen, dass es sich für die Madame Amy der Kinder lebensnotwendig anfühlt, diese Bindungsbeziehungen zu erhalten. Vielleicht können sie in Zukunft Papa oder Mama nicht mehr täglich sehen – aber die Kinder müssen wissen, dass die geliebte Person weiter für sie da sein wird und dass sich das nicht verändert, auch wenn die Eltern nicht mehr zusammen sein wollen. Natürlich gibt es Konstellationen, in denen der nahe Kontakt nicht aufrechtzuerhalten ist. Aber wenn es möglich ist, sollten wir alles daransetzen, den Kindern diese sichere Basis zu erhalten – auch wenn es für uns manchmal sehr anstrengend sein kann, unsere eigenen verletzten, verärgerten oder erschöpften Gefühle beiseitezuschieben. Die Kinder können nichts für unsere Situation und die Investition in eine friedliche Co-Elternschaft ist häufig sehr lohnend. Vielleicht aber erst nach den schon angesprochenen nervenzerfetzenden ersten Jahren.

An nächster Stelle der wichtigsten Sicherheitsfaktoren steht für Kinder oft der Wohnort, die Wohnung, in der sie leben. Als Nächstes kommen Kindergarten und Schule. Manchmal ist es möglich, diese gewohnte Basis unverändert zu lassen, manchmal nicht. Auch andere gewohnte Menschen sind wichtig – wer aus meinem Dorf kommt regelmäßig zu uns und kann das zum Beispiel am neuen Wohnort so bleiben?

Wenn sich alles ändert, was kann ich stabil halten? Es kann vielleicht sein, dass ich während des Trennungsprozesses zu mir selbst finde, eine neue Frisur haben will und mich endlich vegan ernähren kann. Für die Kinder ist das nicht optimal. Für sie ist es besser, wenn es erst mal so bleibt, wie es war. Auch wenn ein:e neue:r Partner:in relativ schnell in unser Leben kommt, ist es nicht klug, die Zimmerordnung zu ändern, plötzlich anders zu kochen oder die Abläufe zu ändern.

In meiner eigenen Geschichte von Veränderungen im Leben bin ich so weit gegangen, dass ich bei großen Veränderungen, zum Beispiel einem Umzug ins Ausland, bis runter zur Gemüsebrühe dafür gesorgt habe, dass die Kinder erst mal so viel Kontinuität hatten wie irgend möglich. Wo immer ich war, habe ich mich gefragt: Wie kann ich den Veränderungsstress für die Kinder reduzieren? Ich habe weiter die gleichen Kuchen gebacken, unsere Wochenendroutine beibehalten, die alten Bücher noch mal vorgelesen. Es hat den Kindern in verschiedenen Altersstufen Sicherheit gegeben. Erst langsam habe ich neue Dinge eingeführt – und mit »langsam« meine ich tatsächlich Jahre. Sehr kleine Kinder hängen oft an sehr kleinen Dingen. Es kann also hilfreich sein, absolut nichts wegzuwerfen, auch wenn der Umzug in ein neues Leben nach Ausmisten schreit. Vertagen wir das auf in fünf Jahren – die Kinder werden es uns danken.

Manchen Kindern hilft auch eine Trennungskindergruppe: Sie können dort erleben, dass auch andere Kinder diese Erfahrung machen, sie können sie altersgerecht verarbeiten und werden von ausgebildeten Profis dabei begleitet. Wenn wir einen guten Ort finden, um den Kindern diese Begleitung zu ermöglichen, zum Beispiel in einer Familienberatungsstelle, sollte uns kein Weg zu weit sein – auch wenn die wöchentliche Fahrt mit der S-Bahn lang und mühselig ist und eigentlich das Letzte, was wir in unserem erschöpften Zustand brauchen. Wir legen jetzt einen Grundstein für die nächsten Jahre – was wir jetzt säen, werden wir vielfach ernten.

Trennungstipps für empfindsame, reizoffene und hochsensible Menschen

Es gibt Menschen, die nehmen äußere Reize – angenehme wie unangenehme – stärker wahr und brauchen mehr Rückzugsmöglichkeiten als andere. Sie sind von großen Gruppen oder hektischen Situationen oft überfordert: Ihre Madame Amy ist extrem aktiv und wachsam und meldet alles, was sie sieht, sofort. Landläufig werden sie hochsensibel genannt, auch das Wort reizoffen kann man öfter hören. Die gute Nachricht: Diese besondere Empfindsamkeit ist weder eine Krankheit noch eine Diagnose, es ist ein Persönlichkeitsmerkmal, erstmals 1997 »Hochsensibilität« genannt von der US-Forscherin Elaine N. Aron und wahrscheinlich erblich bedingt.[7]

Ob man hochsensibel ist, lässt sich mit unterschiedlichen Fragebögen testen.[8] Man schätzt, dass 20 bis 30 Prozent der Bevölkerung eine so aktive Madame Amy und dadurch ein schnell reizüberlastetes Gehirn haben.

Eine Trennung löst bei allen Persönlichkeitstypen (außer Soziopathen) Stress im Körper aus, schon allein wegen des Hormonabfalls, wenn der andere plötzlich nicht mehr da ist (siehe das Kapitel *Liebeskummer bei Eltern und Kindern*). Das betrifft unsere Kinder ganz genauso wie uns selbst. Da bei hochsensiblen oder sehr reizoffenen Menschen die Madame Amy dazu neigt, bei der kleinsten Gelegenheit aus ihrem Schaukelstuhl aufzuspringen und Alarm zu melden, fällt es ihnen schwerer, emotionale und körperliche Schmerzen zu verarbeiten. Sie brauchen länger, bis sie in ihrem Haus wieder Ruhe einkehren lassen können.

Sehr empfindsame Menschen müssen also sehr gut auf ihr Gehirn achten und sich gut darum kümmern. Betrifft es die Kinder, müssen wir ihnen dabei helfen. Am besten geht das mit Zeit und Ruhe sowie den richtigen Beruhigungstechniken (zum Beispiel Körperwahrnehmung, Massagen, Spaziergänge oder Sport in der Natur, Meditation, Bewegung), um den Schmerz zu verarbeiten.

Diese Ruhe und Abgrenzung ist besonders für Eltern kleiner Kinder schwer zu verwirklichen, daher brauchen sehr empfindsame Trennungseltern einen guten Plan, viel Hilfe und Kinderbetreuung – oft genau das, was unsere Gesellschaft gerade nicht im Angebot hat. Wir selbst können aber schon helfen, indem wir zum Beispiel gut darauf achten, wie wir unsere Nachmittage verbringen, dass wir genug Schlaf bekommen und uns gegebenenfalls krankschreiben lassen. Denn wenn die Kinder da sind, brauchen sie jemanden, der mit ihnen durch ihren Schmerz geht, was mithilfe von Weinen, Schreien oder Wüten passieren kann, sodass wir als hochsensible Eltern hier gut vorbereitet sein sollten.

Ohrstöpsel können uns helfen, Geräusche nicht mehr so intensiv wahrzunehmen und unsere Kinder zu begleiten, ohne selbst ständig unter Stress zu geraten. Es kann auch sehr hilfreich sein, mit unseren Kindern regelmäßig in die Natur zu gehen, zum Beispiel wenn sie direkt vom anderen Elternteil kommen, damit wir alle unsere Zentralnervensysteme im Park oder im Wald erst einmal beruhigen können, bevor wir in einem geschlossenen Raum sind, der Geräusche und Unruhe viel schlechter wegpuffern kann.

Besonders der Aufenthalt in grüner Natur beruhigt nachweislich Körper und Geist – auch der Kinder (Stichwort »Waldbaden«). Schon der Anblick von grüner Natur, auch wenn es nur ein Wandbild ist, hat positive Auswirkungen auf unseren Körper.[9]

Besonders hochsensible Menschen sollten alles vermeiden, was den Trennungsschmerz erneut auslöst: Fotos, Musik, alte Chat-Verläufe und so weiter. Es hilft, wenn wir unseren Fokus auf etwas legen, das unser Gehirn anderweitig »belohnt«: mit den Kindern spielen, gemeinsam Musik machen, malen oder schreiben, Yoga, Tanzen oder Wandern. Genügend Bewegung zum Abbau der Stresshormone, Schlaf und das Trinken von ausreichend Wasser (damit das Gehirn nachts seine Stoffwechsel-Abbauprodukte vom vielen Stress ausspülen kann) sollten außerdem selbstverständlich sein.

Liebeskummer bei Eltern und Kindern – So bewältigen wir ihn

Eine Trennungskrise ist in der Regel, wenn auch nicht immer, begleitet von Liebeskummer, der unser System in einen dauernden Alarmzustand schaltet – Madame Amy macht sich große Sorgen.

Psychologen teilen auch Liebeskummer in verschiedene Phasen ein. Zunächst wird Madame Amy aktiv, aktiviert unseren Bodyguard und schaltet uns auf Alarmstufe Rot: Wir wollen nicht wahrhaben, dass es vorbei ist – selbst wenn wir es selbst entschieden haben, bleibt das Gefühl, in einen Ausnahmezustand zu rutschen.

Verantwortlich sind die Botenstoffe Dopamin und Noradrenalin, die im Laufe der Evolution eigentlich dazu dienten, ebenso verzweifelt wie energisch ein verlorenes Muttertier zurückzurufen. Mit der gleichen existenziellen Wucht können verlassene Menschen versuchen, den oder die Partner:in zurückzuerobern, oder wir fühlen, dass sich jetzt etwas Großes verändert hat. Madame Amy rennt im Haus herum, macht einen Höllenlärm und ruft: »Wie soll das nur werden? Verdammt!«

Können wir das Ende unserer Liebe nicht mehr leugnen, fällt unser Dopaminspiegel drastisch ab, das Ergebnis ist ein Gehirn in einem Zustand ähnlich einer Depression. Sehr unpraktisch, wenn man täglich mehrere kleine Kinder zu versorgen hat. Gleichzeitig schützt manche:n die tägliche Aufgabe auch davor, vollends in die Melancholie abzurutschen. Jetzt ist es wichtig, dass wir unsere täglichen Routinen erhalten und uns gleichzeitig Räume schaffen, in denen das Gehirn die Situation verarbeiten kann. Kann jemand ein Wochenende auf die Kinder aufpassen, ggf. auch bei uns zu Hause, damit wir einfach im Bett liegen und weinen können? Das könnte sehr hilfreich sein. Betrachten wir es wie eine Grippe: Wir müssen das jetzt auskurieren und brauchen dafür wirklich Hilfe.

Am Ende dieser zweiten Phase kommen die Wut und Rachegefühle – was immer hier gerade passiert, das ist unfair! Erst wenn wir diese kritische Zeit überstanden haben, werden wir langsam wieder zuversichtlich, sehen Licht am Ende des Tunnels und können anfangen, Pläne für die Zukunft zu entwickeln – unsere Führungskraft kehrt an ihren Schreibtisch zurück, Madame Amy hat sich ausgetobt und sitzt erschöpft in ihrem Schaukelstuhl. Hurra, wir leben noch – packen wir es an.

Woran liegt es, dass dieser Prozess so extrem sein kann? Die Anthropologin Helen Fisher an der Rutgers University und Lucy

Brown, Neurowissenschaftlerin am Albert Einstein College of Medicine in New York, untersuchten in einer Studie, wie das Gehirn von frisch Getrennten auf Fotos ihrer Verflossenen reagierte. Ihr Ergebnis: »Liebe wirkt im Gehirn nicht wie ein bestimmtes Gefühl, sondern eher wie eine Droge (…) und entsprechend zeigten unsere Probanden mit Liebeskummer ähnliche Aktivitätsmuster wie beim Drogenentzug.« Liebe macht süchtig – und Liebesentzug macht krank.[10]

Die Aktivität im für Schmerz und sozialen Stress zuständigen Bereich der Großhirnrinde, dem anterioren cingulären Cortex, kurz ACC, beschäftigt auch Naomi Eisenberger und ihre Kollegen am Psychologischen Institut der Universität in Los Angeles. In ihren Studien lässt sie Teilnehmende glauben, sie spielten ein Computer-Ballspiel mit anderen. Plötzlich spielen diese ihnen den Ball nicht mehr zu, die Proband:innen werden ausgeschlossen. Schon in diesem Fall eher sanfter Ausgrenzung zeigten die Untersuchten starke Aktivität im ACC und im rechten Frontallappen. Beide waren bisher vor allem dafür bekannt, bei körperlichen Schmerzen regulierend einzugreifen.

»Unsere Studien weisen darauf hin, dass sozialer Schmerz vom Gehirn ähnlich wie physischer Schmerz wahrgenommen wird«, sagt Eisenberger.[11] Das eröffne neue Perspektiven darauf, warum es geradezu körperlich schmerzt, einen geliebten Menschen zu verlieren. Das evolutionäre Ziel dahinter: Wir Menschen sollen bei unserer Gruppe bleiben.

Das Gemeine ist, dass wir bei einer Trennung mit Kindern nicht auf »kalten Entzug« gehen können – wir sehen unsere:n Ex unter Umständen mehrmals pro Woche. Daher kann die emotionale Trennung deutlich länger dauern – übrigens für beide Beziehungspartner.

Die gute Nachricht: In Eisenbergers und Browns Studie zeigte sich, dass auch Entlieben ein Lernprozess des Gehirns ist. Je länger die Trennung bei ihren Probanden zurücklag, desto weniger sprachen die für Paarbindung zuständigen Gehirnregionen auf den Anblick der Ex-Partner an.

Was wir natürlich nicht vergessen dürfen: Dieselbe Wucht der Gefühle schlägt jetzt auch über unserem oder unserer Ex zusammen – und ganz genauso über unserem Kind. Selbst dann, wenn die Bindungsbeziehung der Kinder eher von Angst oder anderen unangenehmen Gefühlen geprägt war – die Evolution hat die soziale Bindung an die versorgenden Erwachsenen so stark ausgeprägt, um auf alle Fälle das Überleben der Kleinsten zu sichern. Wir können uns vorstellen, dass es sich umso härter anfühlt, wenn der die Familie verlassende Elternteil liebevoll und verlässlich war.

Ein Kind hat keine Vorstellung von Zeit, die irgendwelche Wunden heilen könnte. Bis zum Alter von zwei Jahren hat ein Kleinkind nicht einmal ein stabiles Verständnis davon, dass ein Elternteil, der die Wohnung verlässt, immer noch da ist und zurückkehrt. Das kann bei kleinen Kindern einerseits dazu führen, dass sie eine Trennung von dem Elternteil, zu dem die weniger starke Bindung besteht, schneller verarbeiten. Andererseits macht sie das sehr anfällig für großen Stress, wenn eine stabile Bindungsbeziehung sich stark verändert. Insbesondere Kinder im Kindergartenalter haben noch nicht die Fähigkeit, sich vorzustellen, dass eine wichtige Beziehung halten könnte, wenn der andere Mensch plötzlich viel weniger an ihrem Leben teilnimmt. Und auch ältere Kinder haben oft die Sorge: »Kommt er/sie wieder? Oder gehst du jetzt auch?«

Je nachdem, wie stark also die Bindung zwischen unseren Kindern und ihrem zweiten Elternteil ist, brauchen sie unendlich viel Geduld, Liebe und Verständnis, wenn sie jeden Abend nach Papa oder Mama weinen. Das kann für uns sehr hart sein. Aber es ist wichtig, dass wir diese Gefühle begleiten, statt sie zu unterdrücken: »Du vermisst Mama/Papa … ich verstehe das. Komm in meine Arme, ich tröste dich. Er/Sie kommt wieder. Wir beide schaffen das hier. Ich bin für dich da.«

Und ja, manchmal kullern dann auch bei uns die Tränen, und das darf sein. Die Kinder spüren unseren Schmerz sowieso. Schaffen wir für diese Gefühle keinen Platz, werden die Kinder sie unterdrücken und dauerhaft wegpacken – denn sie spüren ganz genau, wenn ihre Emotionen uns zu viel sind. Wenn es uns tatsächlich überfordert, dann müssen wir uns mehr Unterstützung holen – kann vielleicht jemand abends eine Stunde bei uns sein? Und wir dürfen auch sagen: »Ja, ich verstehe dich. Ich bin auch sehr, sehr traurig. Es geht nicht anders. Aber ich sehe, dass du dir wünschst, es könnte anders sein.«

Gesehenwerden hilft. Immer.

Kein Stress: Fehler, die wir von Anfang an vermeiden sollten

Wenn wir gut für uns sorgen, unseren Stress in Schach halten und unseren Liebeskummer Stück für Stück bewältigen, kann unsere innere Führungskraft für uns in Aktion gehen. Deshalb geben wir ihr jetzt noch ein paar Informationen an die Hand, mit denen sie arbeiten kann. Denn es gibt Fehler, die wir unbedingt vermeiden sollten, um gut durch die nächsten Monate zu kommen, und zwar …

… in Bezug auf den oder die Partner:in

Geld: Viele getrennte Eltern sprechen nicht rechtzeitig über Kindesunterhalt und scheuen sich, beim Jugendamt einen sogenannten Titel zu erstellen. Im Prinzip ist ein solcher Titel ein Blatt Papier, auf dem wir den Unterhalt für unsere Kinder vereinbaren und amtlich festhalten. Das Dokument kann nur durch das Jugendamt oder ein Gericht ausgestellt werden und sagt im Prinzip: »So viel Geld steht diesem Kind zu. Darauf haben wir uns geeinigt. Sollte der Zahlungspflichtige nicht zahlen, dürfen wir zum Beispiel das Arbeitseinkommen oder Konto des Zahlungspflichtigen pfänden, damit das Kind sein Geld bekommt.«

Besonders Mütter sagten mir oft, dass sie »die Situation nicht verschärfen« wollen und daher lieber auf den Titel oder gar auf das Geld verzichten. Aber rechtlich dürfen wir das gar nicht, es ist nämlich nicht unser Geld. Es ist das Geld unseres Kindes. Daher sollten wir auch dem oder der Zahlungspflichtigen immer vor Augen halten: Das Geld ist nicht für uns, den getrennten Elternteil. Das Geld gehört dem oder den Kindern. Es gibt also keinen Grund, den Kindern ihr Recht daran zu verwirken, egal wie sehr wir uns zerstritten haben. Im Zweifelsfall muss ein Familiengericht den Titel erwirken.

Zeit: Viele getrennte Eltern wollen möglichst schnell »Nägel mit Köpfen« machen. Vielleicht haben sie schon lange auf die Trennung gewartet oder sind gerade extrem zerstritten. Es ist nicht klug, dann in der Hitze des Gefechtes schwerwiegende Entscheidungen zu treffen. Leider gilt: Je zerstrittener Eltern sind, desto eher versuchen sie, ihre Positionen festzuzurren. Die Forschung zeigt, dass sich die allermeisten Situationen nach 18 bis 24 Monaten beruhigen und dann vor allem für die Kinder viel bessere Bedingungen geschaffen werden können.[12] Wenn es irgend möglich ist, sollten wir also erst einmal Ruhe einkehren lassen, bevor wir uns vor Gericht um Dinge streiten, die wir nach ein wenig Abkühlung problemlos in einer Mediation klären können.

Puffer: Solltet ihr euch so stark zerstritten haben, dass ihr euch bei jeder Kinderübergabe in die Haare kriegt, dann baut einen Puffer ein: Kann jemand dabei sein? Kann jemand anderes die Kinder »rüberbringen«? So senkt ihr das Risiko, dass es vor den Kindern eskaliert, und damit auch, dass langfristige Schäden für euch und sie entstehen.

... in Bezug auf die Kinder

Frieden: Wir sind verletzt, sauer, gestresst? Alles erlaubt. Aber nicht vor den Kindern. Wir brauchen Freunde und eine Notfall-Hotline zu einem Menschen unseres Vertrauens, den wir anrufen können (24/7), wenn wir kurz davor sind, über unsere:n Ex vor den Kindern zu schimpfen. Es verletzt sie und sie verstehen es nicht. Wir bereuen es später. Natürlich kommt ein solcher Impuls, wenn wir am Ende sind. Wir dürfen auch sagen: »Ich bin richtig sauer auf den anderen Elternteil, wir sind uns in wichtigen Fragen nicht einig und ich wünschte, wir könnten uns besser verstehen. Aber du musst dich nicht kümmern, wir sind schon groß und finden eine Lösung – ich rufe jetzt mal XY an, wir kriegen das schon geregelt.« Wenn wir wissen, wo wir unseren Stress hintragen können, können wir anders damit umgehen. Wer könnte dein Stress-Buddy sein?

Korrekte Konsequenz: Wir dürfen jetzt sehr, sehr nachsichtig mit den Kindern sein. Machen wir nicht den Fehler, in der aktuellen Situation die Zügel zu scharf anzuziehen (vielleicht aus einem Impuls heraus, Ordnung im Chaos herzustellen), sondern seien wir extra geduldig und tolerieren wir viel. Gleichzeitig dürfen wir die Kinder – vor allem die großen! – jetzt nicht sich selbst überlassen, weil wir zu sehr mit uns beschäftigt sind. Wenn wir merken, dass wir den Kontakt nicht (aus-)halten können – wer könnte es überbrücken, bis wir wieder auf dem Damm sind? Auch eine andere Bezugsperson kann für die Kinder da sein. Wir wissen aus der Forschung, dass wir das nicht selbst sein müssen, aber *jemand* sollte verlässlich für die Kinder da sein.[13]

… in Bezug auf das Jugendamt

Beratungsangebote: Das »Jugendamt« unterhält oft auch Erziehungsberatungsstellen, Trennungs- und Paarberatung – das kann alles an den Einrichtungen der Jugendhilfe angegliedert sein, deren Träger landläufig »Jugendamt« genannt wird. Die Familienberater:innen dort sind zugewandt, gut ausgebildet, sie können uns zuhören und unsere Madame Amy erst einmal beruhigen helfen. Häufig haben die Mitarbeitenden auch Erfahrung in Mediation und werden von Gerichten oft empfohlen, um die Kommunikation innerhalb der Trennungsbeziehung zu verbessern. Dies kann sehr hilfreich sein, das Gelingen hängt aber von der noch verbliebenen Gesprächsbereitschaft im Ex-Paar und von verschiedenen anderen Faktoren ab – wie bei jeder anderen Paarberatung auch.

Wir müssen jedoch von Anfang an eine klare Unterscheidung machen: Befinden wir uns in einer normalen Trennung, dann sind diese Beratungsstellen oft sehr hilfreich. Erleben wir eine Trennung mit häuslicher Gewalt oder Nachtrennungsgewalt, dann brauchen wir Angebote, bei denen die Beratenden entsprechend ausgebildet sind. Dies sollten wir im Fall einer Trennung mit Gewalt bei unserem Gegenüber prüfen. Dabei dürfen wir skeptisch sein und genau nachfragen – statt zu hoffen: »Jetzt sehen mal die anderen, wie sie/er ist, die unterstützen mich jetzt.« Ein:e kompetente:r Familienberater:in wird uns an spezialisierte Stellen weiterverweisen, wenn er oder sie nicht selbst für die Begleitung von Gewaltvorfällen ausgebildet ist. Wenn Zweifel bleiben, sollten wir lieber gezielt nach Unterstützung für einen solchen Fall suchen (siehe das Kapitel *Ich habe Angst!*).

Es gibt auch Beratungsstellen anderer (freier) Träger, die speziell auf Trennungskonflikte ausgerichtet sind. Dort kannst du ganz sicher sein, dass sich die Vorgänge im Beratungsprozess nicht später ungewollt in gerichtliche Verfahren einschleichen. Dies soll nicht heißen, dass das bei kommunalen Beratungsstellen oder Einrichtungen der Jugendhilfe grundsätzlich passiert. Es gibt dort sehr gute Angebote und vertrauenswürdige und kompetente Mitarbeitende. Es ist nur wichtig, sich mit bestimmten Themen an genau die richtigen Ansprechpartner:innen zu wenden, allein schon für dein eigenes Sicherheitsgefühl – das bei hochkonflikthaften Beziehungen vermutlich im Laufe deiner Trennung und vielleicht auch schon während der Beziehung massiven Schaden erlitten hat.

Kontakt: Juristische Fachleute, Aktivist:innen und Coaches empfahlen mir in jedem meiner Interviews, wo immer möglich das Jugendamt aus der Trennung herauszuhalten. Entweder wir gehören zu den 85 Prozent der Paare mit friedlichen Trennungen, bei denen das Jugendamt keinen Auftrag hat. Würden wir in einer bestehenden Beziehung beim Jugendamt anrufen, weil die Kinder beim anderen Elternteil immer bis spätabends Filme gucken und Fast Food bekommen? Nein, würden wir nicht.

Oder aber unsere gehört zu den Trennungen, bei denen häusliche Gewalt oder Nachtrennungsgewalt geschieht. Dann kann uns das Jugendamt leider oft mangels entsprechend geschulter Anlaufstellen ebenfalls nicht helfen. Es wird früher oder später involviert, aber dann nicht als Beratung: Bei häuslicher Gewalt müssen wir sofort die Polizei holen, die dann automatisch das Jugendamt über eine mögliche Kindeswohlgefährdung informiert (gegebenenfalls daran erinnern, damit die Beamten es nicht vergessen). Auch bei einem familienrechtlichen Verfahren wird das Jugendamt eingebunden. Dennoch sind unsere Sachbearbeitenden im Jugendamt nicht die richtigen Ansprechpartner für Beratung, Psychotherapie oder Fragen nach dem richtigen Vorgehen. Dafür bist du in einer Beratungsstelle, einem Betroffenenverein oder in psychotherapeutischer Begleitung besser aufgehoben.

Vorsicht: Wir sollten grundsätzlich niemals etwas unterschreiben, wenn wir nicht vorher mit einem juristischen Beistand darüber gesprochen haben (zum Beispiel eine Sorgerechtsteilung oder Ähnliches). Was das Jugendamt als gut befindet, muss nicht aus unserer Sicht ebenfalls gut für uns sein. Daher sollten wir bei aller Kooperation hier immer freundlich sagen, dass wir das noch mal überdenken müssen.

Realismus: Das Jugendamt wird die Alltagsprobleme mit deinem oder deiner Ex-Partner:in nicht für dich lösen – das kann es gar nicht. Halte dich also mit Anfragen oder Klagen hierzu zurück. Auch wenn dein:e Ex unverantwortlich, unpünktlich und unzuverlässig ist, fällt das nicht in den Aufgabenbereich des Jugendamtes. Das wird erst aktiv bei einer möglichen Kindeswohlgefährdung.

Auszug: Wenn du ausziehen willst und dein:e Ex-Partner:in mit diesem Auszug nicht einverstanden ist, dann solltest du unbedingt Rücksprache mit einem juristischen Beistand halten und gegebenenfalls das Jugendamt vorher informieren. Das ist wichtig, damit man dir keinen Kindesentzug vorwerfen kann.

Neutralität: Wende dich niemals an das Jugendamt mit wertenden Aussagen über die Persönlichkeit (oder von dir vermutete oder diagnostizierte Persönlichkeitsstile) deines oder deiner Ex und spreche möglichst niemals über die Probleme in eurer Beziehung. Vermeide auch detaillierte Beschreibungen eurer Interaktionen. Bleib neutral. Die Mitarbeitenden sind für psychologische und psychiatrische Fragestellungen nicht ausgebildet und können falsch auf diese Informationen reagieren.

Kindeswohl: Jugendamtsmitarbeitende sind in erster Linie am Kindeswohl interessiert und dafür ausgebildet, es möglichst zu schützen. Nimm ihre Zeit also nur in Anspruch, wenn es absolut nötig ist, und sprich im Fall der Fälle immer davon, was gut für dein Kind oder deine Kinder wäre, nicht was gut für dich wäre. So erreichst du am ehesten Verständnis und Kooperation, weil du die Sprache sprichst, die die Sozialarbeiter:innen verstehen.

… in Bezug auf die Rechtslage

Protokolle: Wenn du befürchten musst, dass es mit deinem:deiner Ex längerfristig zu einer hochkonflikthaften Situation kommt, zum Beispiel nach häuslicher Gewalt, führe über alles Protokoll: Umgang, Verhalten des Kindes, Unterhaltszahlungen, aber auch Gedächtnisprotokolle von Gesprächen mit dem getrennten Elternteil oder dem Jugendamt. Wenn du später etwas gerichtlich durchsetzen musst, werden dir deine Aufzeichnungen helfen.

Gewaltschutz: Wenn es zu häuslicher Gewalt kam oder kommt, alarmiere sofort die Polizei und sorge dafür, dass diese an das Jugendamt berichtet. Wenn es zu Verletzungen an dir oder dem Kind kommt, gehe in die Rechtsmedizin einer Klinik und lasse sie dort dokumentieren, nicht in der hausärztlichen Praxis.

Dokumente: Sichere deine Unterlagen – Geburtsurkunden, Versicherungen, Kontoauszüge, Zeugnisse, alles, was du eventuell später brauchst. Fertige ggf. Kopien an.

… in Bezug auf die Finanzen

Tu es jetzt: Alleinerziehende haben ein massives Armutsrisiko und gleichzeitig so viel Stress, dass sie es oft nicht durch den Ämterdschungel schaffen. Suche dir einen Antrags-Buddy, mit dem oder der du diesen Weg trotzdem gehen kannst. Du musst Anträge stellen, Widersprüche einlegen und die Prozesse nachverfolgen können, damit du dein Geld bekommst. Wer könnte dir helfen? Kümmere dich frühzeitig darum, bevor die Lage eventuell eskaliert und du noch weniger Energie dafür hast.

Unterhaltshöhe: Einigt euch jetzt auf Unterhalt, lasst diesen möglichst noch vor der Trennung titulieren, damit du ihn ggf. durchsetzen kannst. Programme, die den Anspruch nach Düsseldorfer Tabelle berechnen, gibt es auch online.

Ehevertrag: Seid ihr verheiratet und hattet keinen Ehevertrag? Dann macht jetzt noch einen mit einem Profi, ihr spart euch hinterher viel Ärger.

… in Bezug auf das Umfeld

Frieden wahren: Such dir eine oder zwei Personen, bei denen du dich ausweinen kannst – aber mach es nicht bei allen Menschen, die du triffst. Manchmal muss man die negativen Emotionen und Gedanken ablassen, das ist okay. Aber wenn du jetzt anfängst, alle gegen deine:n Ex zu imprägnieren, wird es auf lange Sicht schwieriger für alle. Deine Gefühle sind berechtigt und brauchen einen Platz, aber verstreue sie nicht über dein gesamtes Umfeld.

Abgrenzung: Verwahre dich gegen Fragen wie »Wie konntest du den Kindern das nur antun?« oder so motivierende Sätze wie »Es ist finanziell klamm und du bist überfordert? Bist doch selbst schuld!« in all ihrer Form. Ihr habt eine Entscheidung getroffen und das ist okay. Es ist oft für Kinder und Eltern besser, klare Verhältnisse zu haben und sich dann wieder friedlich begegnen zu können, als eine Beziehung aufrechtzuerhalten, die keinen mehr glücklich macht und den Kindern kein gutes Vorbild ist.

Hilfe: Ob du der ausziehende Elternteil bist oder derjenige, bei dem die Kinder (erst mal) die meiste Zeit verbringen: Hol dir Unterstützung. Plötzlich mit Kind alleine zu sein, kann eine große Umstellung sein. Lade Freunde ein, knüpfe Kontakte zu anderen Eltern und scheue dich nicht, zu benennen, wie es dir geht.

Und die Kinder?

Wie wir sie beschützt begleiten

Jede Forschung sagt uns: Für die Kinder spielt vor allem eine Rolle, wie wir uns trennen. Es gibt tausend Varianten: mit einem großen Knall, leise und still, mit einer fairen Auseinandersetzung, konstruktiv oder in Panik. Ich fand es wichtig, zu lernen, dass jede Trennung auf der Beziehung aufbaut, die wir hatten. Unsere Beziehung sagt voraus, worauf wir – besonders für die Kinder – achten können, wenn es auseinandergeht. Diese Perspektive erklärt auch, warum es vielleicht bei Freunden ganz anders lief, als es bei uns läuft, und dass das nicht heißt, dass wir »schlechter« sind oder es hätten »anders« oder »besser« machen sollen.

Schauen wir dazu einmal kurz auf die Beziehung, die wir jetzt beenden: Wir können uns jede Beziehung als ein gemeinsames Konto vorstellen, auf das wir jeden Tag einzahlen oder von dem wir abheben. Jede positive, liebevolle Interaktion ist eine Einzahlung, jede Kritik, hochgezogene Augenbraue oder Enttäuschung ist eine Abhebung. Im Alltag mit Kindern verlieren wir dieses Konto häufig aus den Augen, weshalb die Beziehungszufriedenheit von Eltern nach dem ersten Hoch direkt nach der Geburt häufig kontinuierlich abnimmt.

Wenn Eltern sich trennen, ist das in der Regel kein plötzlicher Entschluss, sondern das gemeinsame Konto ist schon lange Zeit im Minus. Respekt, Anerkennung, Fürsorge, Liebe und Aufregung sind schon lange erstickt unter Enttäuschungen, Stress, unterschiedlichen Lebensvorstellungen und unerfüllten Bedürfnissen.

Was mir wichtig ist: Wenn jemand sagt: »Macht das doch einfach so, wie wir das gemacht haben«, dann ist das manchmal gar nicht so einfach. Denn jede Beziehung hat ihre eigene Dynamik und beeinflusst ganz unmittelbar die Trennung. Dazu kommen Effekte von außen wie zum Beispiel ungleich verteilte Care-Arbeit oder Rollenvorstellungen, die sich auf unsere Ressourcen und Beziehungen auswirken. Also schauen wir uns die verschiedenen Formen von Beziehungsdynamik und ihre Effekte auf die Trennung einmal an.

Wie wir miteinander gelebt haben, sagt voraus, wie wir uns trennen

Die Trennungsforschung[1] unterscheidet fünf Formen von Beziehungen – wie ein Paar sich trennt und wie es damit umgeht, lässt sich häufig direkt daraus ableiten, wie es vorher zusammengelebt und kommuniziert hat.

Lass uns bitte reden – Worüber denn?
Die häufigste Form der Beziehung ist die zwischen zwei Menschen mit sehr unterschiedlichen Bedürfnissen: »Gegensätze ziehen sich an.« Sie ist die instabilste von allen Beziehungsformen.

Oft gibt es eine:n Partner:in, der oder die seit Kindheit auf Kommunikation und Nähe getrimmt ist. In unserer Kultur ist das oft die Frau. Die andere Rolle, bei uns oft der männliche Part, hat gelernt, sich von Gefühlen zu distanzieren, zu funktionieren und die Kontrolle zu behalten. Es ergibt sich das klassische Bild: Sie will reden und er sieht das Problem nicht. Wenn sie jetzt nicht lockerlässt, kann es sein, dass er sich in der klassischen Männerrolle einfach zurückzieht (in die Arbeit, zu Freunden oder den Alkohol) oder dass er zwar ganz modern auf ihr Bedürfnis eingeht, aber trotzdem nichts beitragen kann, weil er nie gelernt hat, über Gefühle zu sprechen.[2]

Der Ehe-Forscher John Gottman hat »Rückzug« als einen der fünf Todesengel in Beziehungen ausgemacht (neben Rechtfertigung, Kritik, Verachtung und Mauern).[3] In der Langzeitstudie von Hetherington[4] hatten diese Beziehungen die höchste Trennungswahrscheinlichkeit, weil das ewige Tauziehen zwischen Nähe und »es ist doch nichts« auf Dauer zu viel Energie frisst. Im Trennungsfall ist die Sprachlosigkeit zwischen den Partnern ein Hindernis für das Ausarbeiten einer gemeinsamen Vision und Strategie.

Mir gehts gut – Danke, mir auch

Eine weitere Beziehungsform, die offenbar nicht lange hält, ist die zwischen zwei Menschen, die eigentlich keine Beziehung brauchen. Sie sind sich eigentlich selbst genug, brauchen oder wollen keine Nähe für ihr Wohlbefinden und suchen auch keine echte Partnerschaft. Oft liegen die Motive eher in sozialer Sicherheit, Status oder dem Bedürfnis nach Kindern. Manchmal fühlen sich die Partner anfangs romantisch zueinander hingezogen, aber sobald die Anziehung im Alltag untergeht, bleibt nicht mehr viel, was das Paar zusammenhält, weil sie keine gemeinsamen Werte oder Bedürfnisse haben. Kurz: Sie brauchen einander eigentlich nicht, aber es ist irgendwie angenehmer, zusammen oder verheiratet zu sein. Diese Beziehungen sterben still und leise, oft über einen langen Zeitraum, »man lebt sich auseinander«. Im Trennungsfall kann es von Vorteil sein, weil sachlich und ruhig über Dinge gesprochen werden kann, ohne dass Emotionen hochkochen.

Ich hasse dich! Ich liebe dich! – Küss mich, Baby!

Sie streiten sich. Sie lieben sich. Sie streiten sich. Sie vertragen sich. Sie haben Sex. Sie streiten … zwei Rockstars in einem Haus, ständig knallt es, ständig versöhnen sie sich dramatisch. Bis es wieder knallt. Diese Beziehung besteht aus zwei Menschen, deren Emotionen schnell hochkochen und sich ebenso schnell wieder beruhigen. Sie werfen Teller und drei Minuten später stehen sie knutschend in der Küche. Abgesehen davon, dass diese Art der Beziehung für Kinder belastend sein kann, hält sie auch nicht lange. Diese Paare haben oft ein großartiges Liebesleben, aber ihre Beziehung ist sehr zeit- und energieaufwendig. Wenn einer der Partner feststellt, dass der aufregende Sex die ständigen Konflikte nicht mehr aufwiegt, fliegt das System auseinander. Oft folgen noch einige Trennungen, Versöhnungen oder sogar Modelle des »Wir sind halb zusammen«, in dem Versuch, die Beziehung zu retten. Die Trennungen werden häufig zum Rosenkrieg-Muster und können für alle Beteiligten sehr belastend sein.

Wir teilen uns die Arbeit – Und ich liebe dich

Eine der stabilsten Beziehungsformen ist die gleichberechtigte Beziehung. Die Partner sind ein Team, sie lieben sich und sind sich nahe, sie teilen die Aufgaben bezüglich Arbeit und Familie gerecht untereinander auf. Solche Paare haben ein starkes Wir-Gefühl und können einander gleichzeitig viel Eigenraum zugestehen, in dem jede:r den eigenen Neigungen nachgehen kann. Die Beziehung ist der Ort, an dem beide auftanken, an dem sie zur Ruhe kommen und zu Hause sind. Solange beide gleichermaßen in die Beziehung investieren, ist dies ein sehr tragfähiges Modell, wie Studien zeigen, da die Partner sich unterstützen, lieben, ihre gegenseitigen Bedürfnisse ernst nehmen und erfüllen. Sie gehen als Team durchs Leben und können auch im Falle einer Trennung oft auf Elternebene noch gut zusammenarbeiten. Frauen, die aus so einer Beziehung doch in eine Trennung gehen, sind oft starke Persönlichkeiten, die die Situation für sich gut bewältigen und gestärkt daraus hervorgehen können.[5]

Sie bleibt bei den Kindern – Er verdient unser Geld

Die geringste Scheidungsrate in der Langzeitstudie von Hetherington hatte tatsächlich die traditionelle Ehe: Er geht arbeiten, sie kümmert sich um Haus und Kinder. Solange die Rollen für beide Partner klar sind, ist das System offenbar sehr stabil. Probleme gibt es erst, sobald sich etwas verändert: Wenn der Mann nicht mehr alleine die finanzielle Last tragen oder sie Karriere machen will, kommen solche Beziehungen unter Druck. Dennoch zögern beide Seiten in traditionellen Beziehungen lange, bevor sie sich trennen. Sie sind bereit, über weite Strecken ihre Bedürfnisse zurückzustellen, um die Familie zu erhalten – oft auch aus finanziellen Erwägungen. Frauen wissen oft nicht, wie sie sich und ihren Kindern den Lebensunterhalt verdienen sollen, und Männer machen sich Sorgen um die finanzielle Zukunft ihrer Ex-Frauen und Kinder oder sehen sich unter Umständen mit Unterhaltszahlungen konfrontiert, die ihnen nur das Existenzminimum lassen. Wenn es zur Trennung kommt, finden vor allem die Frauen aus traditionellen Beziehungen manchmal in eine neue Rolle – plötzlich werden sie selbstständig, entdecken neue Talente und Fähigkeiten und blühen regelrecht auf. Wie die Trennung abläuft, hängt davon ab, ob das alte System noch funktioniert oder wie sich die Partner neu positionieren. Oft bleibt jedoch eine Zusammenarbeit auf Elternebene möglich, in der die alten Rollen weitergelebt werden können.

Natürlich kommen auch Mischformen dieser Beziehungsmodelle vor und Beziehungen können sich auch von der einen in die andere Form entwickeln. Dennoch gibt dir das Modell, das zum Zeitpunkt der Trennung am ehesten auf die Beziehung passt, einen Hinweis darauf, wie die Trennung ablaufen kann und worauf ihr achten solltet.

Mir reicht es einfach! – Warum wir uns trennen

Warum trennen wir uns? Haben wir es »nicht geschafft«? Hätten wir es noch länger versuchen sollen? Viele Eltern, mit denen ich gesprochen habe, stellen sich diese Fragen – und auch ich habe sie mir gestellt. Manche sagten mir auch: »Ich dachte, es trennen sich nur die anderen, die, die es nicht hinkriegen.«

Schauen wir also einmal nach, warum Menschen Paarbeziehungen beenden, denn neben allen individuellen Gründen und Beziehungsdynamiken wirft es auch ein interessantes Licht auf unsere Gesellschaft. Denn während wir unsere Trennung vielleicht als persönliche Angelegenheit betrachten, wirken auch hier (oft unsichtbar) gesellschaftliche Kräfte. Trennungen ereilen – vor allem wenn Kinder im Spiel sind – nicht nur Menschen, die »nicht mehr füreinander geschaffen« sind, sondern die Umstände, in denen wir leben, setzen gerade Familien noch einmal ganz besonders unter Druck.

Frauen und Männer wurden in der Hetherington-Studie nach den Gründen für ihre Trennung befragt. Dabei zeigten sich interessante Unterschiede und Ähnlichkeiten.

Häufigste Trennungsgründe unter den Frauen

- Mangelnde gemeinsame Interessen
- Unfaire Verteilung der Arbeit mit Haushalt und Kindern
- Mental Load[6]
- Schlechter Sex
- Alkoholismus des Mannes
- Seitensprünge (wobei Frauen hier ein einmaliges Ereignis eher verzeihen, während Männer auf Untreue häufig heftiger reagieren)
- Geldsorgen
- Gewalt, Missbrauch

Häufigste Trennungsgründe unter den Männern

* Ständige Unzufriedenheit der Frau mit dem Mann oder der Lebenssituation
* Zu wenig Sex
* Untreue
* Alkoholismus der Frau
* Zu starkes Gefälle, wenn zum Beispiel er arbeitslos war oder sie mehr verdiente als er

Interessant an dieser Auflistung finde ich, dass die Studie von Hetherington 1972 startete und damit schon über 50 Jahre alt ist. Ich dachte also zunächst: Na, heute wird das wohl anders sein. Aber nicht ganz.

Was Mütter heute am ehesten aus einer Beziehung treibt, ist immer noch besonders die traditionelle Rollenverteilung. Es ist die selbst in modernen Beziehungen als normal angesehene Jobbeschreibung der für alles zuständigen Ehefrau und Mutter. Anne Dittmann resümiert in ihrem Buch[7] die Studie des amerikanischen Soziologen Michael Rosenfeld »Who wants the Breakup?« von 2017 mit den Worten: »Erst das Leben als Ehefrau und Mutter führte zu einem nachweisbar größeren Unwohlsein für Frauen. Von ihnen werde erwartet, den größeren Teil der Hausarbeit und Kinderversorgung zu übernehmen, sogar wenn sich ihre Partner als feministisch verstehen.«[8] Das erklärt ihrer Meinung nach auch, warum sich nach aktuellen Zahlen bildungsferne und ressourcenarme Paare eher trennen: Sie können das Problem nicht auslagern. Erst wenn genug Geld da ist, um die Care-Arbeit oder Sorgearbeit wiederum an gering bezahlte Kräfte abzugeben, entfällt sie als Stressfaktor.

Dittmann fasst es zusammen: »Sorgen outgesourced!«[9] Ob die oft günstig eingekauften Reinigungskräfte, Kinderbetreuenden und

Nachhilfekräfte dann ihrerseits die Ressourcen haben, um ihre Beziehungen zu erhalten und ihre Kinder gut zu betreuen?

Dass Care-Arbeit so ein großes und gleichzeitig unsichtbares Thema in Beziehungen ist, liegt auch daran, dass man uns – Männern wie Frauen – gelehrt hat, wir würden das alles ja aus Liebe tun. Daher würden wir – Männer wie Frauen – Care-Arbeit »nebenbei« machen, und wer weniger verdient, der oder die kann dann eben mehr von dieser unbezahlten Arbeit erledigen. Das Problem: Dadurch geraten Beziehungen oft in eine Schieflage, die ihnen nicht gut bekommt. Der oder die Care-Arbeitende bekommt kein Geld, hat weniger Einfluss, trotzdem oft den härteren Job und weniger Zeit für seine oder ihre Erholung. Oft sind es die Frauen, die diese Arbeit leisten (nicht immer, aber zum großen Teil). Und dann sagt man ihnen: »Aber du wolltest doch Kinder und tust es aus Liebe!«

Ich gebe die Schlussfolgerung von Alexandra Zykunov in ihrem Bestseller *Wir sind doch alle längst gleichberechtigt* zu bedenken, dass das Argument »Tu es aus Liebe und daher nebenbei und kostenlos« bedeuten würde, »dass nur diejenigen Geld für ihre Arbeit verlangen können, die ihren Job abgrundtief hassen«.[10] Dennoch gibt es ganz klare wirtschaftliche Gründe, warum die Sorge für unsere Kinder kostenlos bleiben muss: »Denn würde man ernsthaft die politische Diskussion um bezahlte Care-Arbeit – um die sogenannte Care-Ökonomie – in Deutschland eröffnen, müssten wir unser kapitalistisches System, so wie wir es kennen, umwälzen.«[11] Die Zahlen, die Zykunov zusammengetragen hat, will ich hier noch mal zum Nachdenken mitgeben:

»Die internationale Organisation Oxfam hat 2020 errechnet, dass Frauen weltweit täglich mehr als zwölf Milliarden Stunden unbezahlte Care-Arbeit leisten. Würde man diese Stunden wenigstens mit einem Mindestlohn vergüten, wäre diese Summe 24 Mal größer als der Umsatz von Apple, Google und Facebook zusammen«, so beschreibt es die Journalistin und Autorin.[12] Für Deutschland heißt das: Für das Jahr 2016 gibt das Statistische Bundesamt den Gegenwert der – vor allem von Frauen – geleisteten unbezahlten Arbeit an mit 987 Milliarden Euro oder fast 40 Prozent des deutschen Bruttoinlandsproduktes. Frauen leisten 1,3 Mal mehr Care-Arbeit als Erwerbsarbeit und stellen Letztere dafür oft hintenan, was wiederum heißt, dass sie im Arbeitsleben weniger Geld und im Alter weniger Rente bekommen.

Warum erzähle ich das hier? Weil alles Private auch politisch ist, weil diese dürren Zahlen sich in unseren Familien niederschlagen, wie wir oben sehen: Frauen trennen sich statistisch gesehen besonders häufig wegen unfairer Verteilung der Arbeit im Haushalt und mit den Kindern, wegen zu viel Mental Load, und Männer, weil die Frauen – wie kommt das nur? – unter anderem mit dieser Situation unzufrieden, gestresst, nicht mehr erreichbar sind. All das führt zu Wut, Streit und Trennungen, zu denen unsere gesellschaftliche Situation beiträgt. Würden sich weniger Eltern trennen, wenn alles fairer verteilt wäre? Ich weiß es nicht. Wäre ihr Leben einfacher – vor, während und nach der Trennung? Ganz sicher. Müssen wir darüber sprechen? Auf jeden Fall.

Es ist wie beim Klimawandel: Die Individualisierung von Schuld schwächt uns. Sich zu trennen hat natürlich viel mit unseren individuellen Themen, Problemlagen und Konflikten zu tun. Aber wir könnten damit anders umgehen, wenn wir nicht auch noch ständig einen Kampf um Ressourcen führen müssten. Eine Trennung und der Stress, der darauf folgt, sind auch das Ergebnis gesellschaftlich wirkender Kräfte, wie Rollenverteilung, ungleich verteilte Care-Arbeit, Inflation oder das Ehegattensplitting, die den Druck auf Familien unglaublich erhöht haben.

Die andere Seite der Care-Arbeits-Medaille ist übrigens, wie oben erwähnt, dass besonders für den care-arbeitenden Teil der Familie eine Trennung auch Freiheit und Erholung bedeuten kann. Und zwar einfach deswegen, weil Care-Arbeit plötzlich gerechter aufgeteilt wird: Wenn die Kinder bei dir sind, habe ich frei – und zwar komplett frei.

Warum dieser Exkurs? Mir ist wichtig, dass wir uns klarmachen, dass eine Trennung kein persönliches Versagen ist und dass es nicht fair ist, dass wir als Familien so alleine mit dieser Situation sind. Zu Zeiten, als Care-Arbeit noch von vielen getragen wurde, lastete auf Beziehungen schlicht weniger Druck.

Eine Trennung war in der Menschheitsgeschichte im Übrigen auch weniger dramatisch, bevor wir als Spezies in die Falle der Landwirtschaft und der Kernfamilie getappt sind. Zu »artgerecht« gehört auch, dass wir einen Blick in unsere Geschichte als Menschheit werfen. Wenn wir wissen, wo wir herkommen, verstehen wir besser, wie wir aktuell mit der Situation umgehen können. Er kann uns außerdem noch eine weitere Perspektive auf »Trennung« eröffnen – uns helfen, nachsichtig mit uns selbst zu sein.

Die »artgerecht«-Sicht auf Trennungen

Der Mensch hat sich aus Vorfahren entwickelt, deren Wurzeln wahrscheinlich 4,5 Millionen Jahre bis zu den Australopithecinen zurückreichen. Der Homo sapiens sapiens erschien vor etwa 300 000 Jahren auf der Bildfläche, aber wir können davon ausgehen, dass wir schon viele Jahrtausende vorher als Jäger und Sammler lebten. Das hieß: Wir zogen in kleinen Gruppen umher, sammelten einen Großteil unseres Essens und hatten hin und wieder Glück bei der Jagd und ergatterten etwas Fleisch. Das Bild, das uns von dieser Zeit gezeichnet wird, ist häufig dies: Eine Frau war daran interessiert, den besten Jäger zu verführen, weil er am meisten Fleisch heranbrachte. Der beste Jäger war daran interessiert, sich mit möglichst vielen Frauen zu paaren, um seine Gene weiterzugeben. Dieses Muster hat sich angeblich bis heute gehalten, indem Frauen Sex gegen Ressourcen tauschen und Männer Ressourcen gegen Sex.

Die aktuelle Forschung zeichnet ein anderes Bild. Der »beste Jäger« in traditionell lebenden Gesellschaften hatte kein Stück Fleisch mehr als die anderen, denn es wurde ohnehin alles egalitär geteilt.[13]

Wir haben als Jäger und Sammler immer in Gruppen gelebt, als kooperativ aufziehende Art. Wir haben im Schnitt nicht mehr als vier Stunden pro Tag für unseren Lebensunterhalt sorgen müssen,[14] wurden von einer Gemeinschaft aufgefangen, wenn es eng wurde. Wenn wir jetzt plötzlich mit einem oder mehreren Kindern den Alltag alleine meistern müssen, sind wir in einer Notsituation – und entsprechend gestresst sind wir in der Regel auch.

Mit der Industrialisierung und Vereinzelung sind Familien endgültig in die Falle gegangen: Wir leben oft fern von unseren Herkunftsfamilien, alleine unter Fremden, isoliert und so individualisiert, dass wir uns auch nur noch schwer in eine Gemeinschaft einfügen können. Bei einer Trennung führt dies dazu, dass viele Alleinerziehende plötzlich tatsächlich »alleine« dastehen – und damit eine Aufgabe erfüllen müssen, auf die sie als Homo sapiens nicht vorbereitet sind und für die wir tatsächlich nicht »gebaut« sind.

Es ist wichtig, dass wir uns das klarmachen: Keiner von uns – egal welcher Elternteil hauptsächlich bei den Kindern ist – ist auf diese Situation vorbereitet.

Daher findet sich am Ende dieses Buches ein Kapitel »Ein neues Dorf bauen«, denn das ist existenziell wichtig für alle Alleinerziehenden.

Was ist eine Mutter?

Die leibliche Mutter eines Kindes ist klar zu bestimmen, bei einer Trennung geht es aber vor allem darum, zu wem das Kind seine primäre Bindungsbeziehung hat – wer soll es trösten, von wem soll es ins Bett gebracht werden, an wen wendet es sich, wenn es in Not ist? Das kann die Mutter – und damit eine einzelne Person – sein, muss es aber nicht.

Das Konzept von Eine-Mutter-ein-Kind war nicht immer so, wie wir es heute kennen. Die Lehrerin und Autorin Sobonfu Somé berichtete aus ihrer Heimat Burkina Faso, dass sie bis zum sechsten Lebensjahr gar nicht wusste, dass sie nur eine Mutter hatte.[15] Alle Frauen der Gruppe umsorgten sie und sie waren alle ihre Mütter und Großmütter – was hilfreich ist, wenn die eigene Mutter krank wird, verstirbt oder sonstwie nicht in der Lage ist, das Kind großzuziehen. Wir wissen, dass Babys in der Lage sind, zu einer Handvoll Menschen enge erste Bindungen einzugehen, ein Relikt aus alten Zeiten, in denen alle Menschen in solchen Strukturen lebten.

Bei uns ist die leibliche Mutter aufgrund der Arbeitsteilung in der Beziehung in der Regel die wichtigste Bindungsperson für ein Kind. Das ist nicht biologisch festgelegt, sondern ergibt sich vor allem aus unserer Lebensweise. Menschen haben keinen Mutterinstinkt[16] und auch wenn Mütter im Schnitt schneller auf ein weinendes Baby reagieren als Männer, sind sie doch nicht die Einzigen, die ein Kind großziehen können. Es kann also auch der Vater die Rolle der primären Bindungsperson übernehmen und tut es vor allem dann, wenn die Mutter faktisch oder emotional nicht verfügbar ist.

Auch Großeltern sind im Laufe der Menschheitsgeschichte immer wichtiger geworden, weil sie die Überlebenswahrscheinlichkeit ihrer Enkel erhöhen – nur wenige Spezies haben Frauen, die über die eigene Fruchtbarkeit noch lange hinaus leben, um Enkelkinder großziehen zu helfen (darunter Elefanten, Orcas und Pottwale). Sie wissen, dass dieses Kind ihr Enkelkind ist, und haben oft ein großes Interesse an seinem Wohlergehen.

Wenn jedoch die Mutter bisher die wichtigste Bindungsperson eines Kindes war, können wir diese Bindung nicht beliebig übertragen und es jetzt »gerecht aufteilen« (siehe das Kapitel *Wir sehen uns vor Gericht*). Kinder brauchen die Sicherheit ihrer primären Bindungen, besonders wenn sie noch sehr klein sind. Zu häufige oder zu lange Trennungen von ihrer primären Bindungsperson – egal ob Mutter, Vater, Großeltern oder Pflegeeltern – behindern besonders im Kleinkindalter eine mental gesunde Entwicklung.

Was aber ist zu häufig? Wir müssen aufs Kind schauen, auf sein Alter, die Phase, in der es gerade ist, die Bindung, die es zum zweiten Elternteil hat, und auf sein Temperament. Die Faustregel heißt wie bei der Betreuung: je kleiner, desto kürzer. Die gute Nachricht ist: Mit jedem Monat, den das Kind älter wird, kann es mehr, und bald schon ist auch eine Übernachtung bei einem präsenten, emotional verfügbaren zweiten Elternteil kein Problem mehr.

Was ist ein Vater?

Da es in unserer Gesellschaft oft der Vater ist, der das vom Kind »getrennt lebende Elternteil« ist, möchte ich hier auf ein paar Sorgen eingehen: Kein Vater muss fürchten, dass eine Trennung von seinem Kind im Alltag automatisch dazu führen muss, dass er den Kontakt vollkommen verliert oder es sich per se schlechter entwickelt als andere Kinder. Auch wenn in der ersten Hitze der Trennung der Kontakt etwas weniger wird, leidet nicht automatisch die Bindung. Natürlich ist es für die Kinder besser, wenn sie ihre aktiven Bindungen aufrechterhalten können – und für die Eltern auch. Aber statt sich bei jeder Übergabe zu streiten, können wir auch erst mal durchatmen, das Kind bei seiner primären Bezugsperson lassen und den Faden ein paar Tage oder Wochen später wieder aufnehmen. Die Bindung zum Kind verschwindet nicht sofort. Für getrennt lebende Mütter und Großeltern trifft das übrigens genauso zu.

Dasselbe gilt auch für soziale Väter. Machen wir uns weiter bewusst, dass Jahrmillionen der Menschheitsgeschichte gar nicht klar war, wer der leibliche Vater eines Kindes war – Vaterschaft ist also nicht an Biologie geknüpft. Individuelle Bindung und Kultur haben einen großen Anteil daran, was ein Vater für ein Kind bedeutet und welche Rolle er im Leben dieses Kindes spielt. Wie ein Vater sich verhalten soll, wann er wo wie mit den Kindern zusammen sein muss und wie es sich auf die Kinder auswirkt, ist also nicht biologisch festgeschrieben. Auch soziale Väter sind für ihre Kinder wichtig – für das Kind zählt die Bindung, nicht die Genetik. Wie Vaterschaft definiert war, bevor Menschen wussten, dass ein Kind einen spezifischen Vater hat, wissen wir nicht genau. Aber in einem Gespräch erklärte mir der renommierte Anthropologe Barry Hewlett, welche Ideen von »Vater« es unter Jäger-und-Sammler-Kulturen gibt und welche Auswirkungen es auf die Kinder hat.[17]

Als getrennt lebendes Elternpaar können wir ganz individuell aushandeln, wie wir jenseits des »Mutter-Vater-Kind«-Klassikers weiter miteinander die Kinder großziehen möchten. Wir Menschen sind sehr flexibel an diesen Stellen. Wenn man auf der Suche nach Vatermodellen weltweit schaut, findet man etwa Folgendes:

- In Jäger-und-Sammler-Gruppen gibt es beides: eher engagierte Väter wie bei den Aka in Zentralafrika und wenig in die Kleinkindpflege eingebundene Väter wie bei den Efe-Pygmäen aus dem Ituri-Regenwald in der Republik Kongo.
- Einige Kulturen kennen vor allem soziale Väter und Verwandte, der biologische Vater hat wenig Aufgaben.
- Einige Kulturen gehen davon aus, dass es mehr Sperma als nur von einem Mann braucht, damit sich ein Fötus entwickelt, zum Beispiel bei den Aché in Paraguay – und jeder dieser sozialen Väter, mit denen die Frau außer ihrem Ehemann eine sexuelle Beziehung unterhält, unterstützt sie auf verschiedene Weise.

* Im Leben der Kipsigis in Kenia kümmern sich Väter um Kinder ab dem vierten oder fünften Lebensjahr, vorher haben sie keine Aufgaben.
* Bei den im Norden von Tansania lebenden Hadza wurde beobachtet, dass sich Väter vor allem um ihre eigenen Kinder kümmerten.
* Bei indigenen Völkern ist das Investment in Kinder oft davon abhängig, wie viel Unterstützung die Mutter hat. Väter kümmern sich deutlich weniger, wenn die Großmutter oder andere Verwandten der Mutter bei ihnen wohnen. Ist keine Verwandtschaft der Mutter verfügbar, kümmern sie sich deutlich mehr.
* In Kulturen, in denen Frauen eher bei ihrer Verwandtschaft leben bleiben, die arbeitsteilig und egalitär organisiert sind (wie zum Beispiel die gemeinsame Netzjagd bei den Aka), in denen Männer wenig Kontrolle über Frauen ausüben und Besitz wenig zählt, haben Kinder oft aktive Väter.

Die gute Nachricht, die wir aus dieser anthropologischen Vielfalt herauslesen dürfen, könnte lauten: Wir sind sehr flexibel darin, wie wir als Trennungsfamilie ein gesundes Familiensystem bauen, ohne dass wir Schäden befürchten müssen. Es gibt nicht »den Vater« oder »das Familienmodell«, das gesunde Kinder garantiert. Also können wir in Ruhe nach unserem Weg suchen. Solange wir die Kinder gut begleiten, dürfen wir getrost ein paar Varianten ausprobieren. Kinder mit aktiven Eltern, die emotional verfügbar sind und zum Kind eine gute Bindung haben, entwickeln sich gut – egal ob der Kontakt zu den Eltern einem traditionellen Modell entspricht oder nicht. Was ist schon »traditionell« bei einer Spezies, die so viele Varianten kennt?

Alle Kulturen kennen übrigens Stiefväter. Studien zeigen allerdings, dass Stiefväter eher mehr in ihre biologischen Kinder investieren und ihr Investment in Stiefkinder zwar groß sein kann, aber in der Regel abebbt oder endet, sobald sie nicht mehr mit der Mutter dieser Kinder zusammen sind.[18]

»Trennung ohne Drama«-Tipp
Die kluge Führungskraft sagt: Wenn wir gestresst, überfordert und gereizt sind, denken wir daran: Wir sind als Menschen für diese Situation nicht gemacht, weder als Vater noch als Mutter. Wir haben bei der Trennung einer Familie den Trennungsschmerz an zwei Fronten: zu Partner:in *und* Kind (wenn es beim anderen Elternteil bleibt oder gerade dort ist). Dazu kommt für uns Eltern immer noch die Kinderbetreuung dazu, die uns viel abverlangt – und das ist viel für einen Homo sapiens. Wir dürfen hier nachsichtig mit uns sein und uns so viel Hilfe holen, wie wir können, um das alles zu bewältigen.

Wir sollten jetzt nicht die Kinder unsere Entscheidung für einen individualisierten Lebensstil ausbaden lassen, sondern wir finden andere Erwachsene, die uns wieder auf die Beine helfen, damit wir für unsere Kinder so da sein können, wie sie uns brauchen. Wenn wir das nicht schaffen, holen wir uns professionelle Hilfe – das ist keine Schwäche, das ist das Klügste, was wir tun können. Auch Kinderbetreuung, Coach und Therapeut:in können Teil unseres Dorfes sein.

Was heißt »alleinerziehend«?

Für viele Eltern ist die Rolle, in die sie durch Trennung oder Scheidung – erst mal – hineingeraten, die eines alleinerziehenden Elternteils. Damit ist keine Co-Elternschaft gemeint: Alleinerziehend sind wir, wenn das Kind weniger als 40 Prozent der Zeit beim getrennt lebenden Elternteil verbringt. Ist das Kind mehr als 40 Prozent beim anderen Elternteil, leben wir in Co-Elternschaft oder im Wechselmodell.

Wenn wir uns auf dem Weg zu dieser Alleinerziehend-Familienform befinden, die im Übrigen sowohl bei den Menschen in der Betreuung und der Schule als auch bei den Behörden und in der Politik grundsätzlich anerkannt ist, gibt es ein paar Dinge zu beachten.

Es gibt je nach Jahr etwa 1 bis 1,5 Millionen alleinerziehende Eltern in Deutschland, jede fünfte Familie mit minderjährigen Kindern ist eine Ein-Eltern-Familie.[19] Fast 90 Prozent dieser Kinder sind bei ihren Müttern gemeldet. Wenn Männer Alleinerziehende sind, haben sie in der Regel Kinder, die älter sind als sechs Jahre, vermutlich ein Grund dafür, dass sie häufiger in Vollzeit arbeiten gehen. Alleinerziehende mit einem oder mehreren Kleinkindern sind in der Regel Mütter. Die finanzielle Situation dieser Familien ist schwierig, die meisten leben von Sozialtransfers. »Haushalte von Alleinerziehenden weisen mit 42 Prozent das höchste Armutsrisiko aller Familienformen auf«, schreibt der Verband alleinerziehender Mütter und Väter (VAMV).[20] Dies liegt auch daran, dass eine große Zahl an Zweitelternteilen ihrer Unterhaltspflicht nicht oder nur unzureichend nachkommen. Der Ausgleich, den das Jugendamt in diesem Fall in Form des Unterhaltsvorschusses zahlt, ist mit 187 Euro pro Kind (0 bis 5 Jahre) viel zu gering.

Alleinerziehende Väter stehen nicht immer, aber häufig besser da – sie haben in der Regel aus der Zeit der Beziehung den besseren Job, bekommen mehr Gehalt, betreuen ältere Kinder, arbeiten Vollzeit und bekommen in der Regel deutlich mehr kostenlose Care-Arbeits-Unterstützung von nahestehenden weiblichen Personen.

Ledige Alleinerziehende

Als nicht verheiratete leibliche Mütter haben wir nach der Geburt zunächst das alleinige Sorgerecht für unser Kind oder unsere Kinder, solange wir keine gemeinsame Sorgerechtserklärung abgeben. Wenn wir mit dem anderen Elternteil die Sorge gemeinsam ausüben möchten, können wir dies durch eine Erklärung beim Jugendamt oder bei einem Notar beurkunden lassen.

Wenn wir uns zum Zeitpunkt der Trennung gegen eine gemeinsame Sorge – oder noch gar nicht – entschieden haben, fällt das Sorgerecht erst mal an die Mutter. Will der andere Elternteil die Sorge gegen ihren Willen teilen, muss er dies beim Familiengericht beantragen.

Rechtliches: Betreuungsunterhalt

Als ledige oder mit dem Kind alleine lebende (also getrennt lebende oder geschiedene) Alleinerziehende steht uns neben dem Unterhalt für unser Kind nach §1615 l BGB auch Betreuungsunterhalt für uns als betreuenden Elternteil mindestens bis zum vollendeten dritten Lebensjahr des Kindes zu. Wenn wir mit unserem Kind allein leben, gehören wir zu den sogenannten »echten« Alleinerziehenden, die zusätzlich Anspruch auf die Steuerklasse II haben und damit auf einen Freibetrag. In der gesetzlichen Krankenkasse sind unsere Kinder bei uns beitragsfrei mitversichert.

Getrennt lebende oder geschiedene Alleinerziehende

Getrennt lebende oder bereits geschiedene Alleinerziehende haben die Scheidung noch vor oder bereits hinter sich. Damit ist oft auch die Frage offen, wie die Sorgerechtsaufteilung für das Kind oder die Kinder in Zukunft sein soll. In der Regel haben beide Eltern das

Sorgerecht für jedes Kind, das in der Ehe geboren wurde oder für das später eine gemeinsame Sorge vereinbart wurde.

Verwitwet alleinerziehend
Verwitwete Alleinerziehende haben unter Umständen einen Anspruch auf Hinterbliebenenrente und, wenn es eine Betriebsrente gibt, auch auf diese. Leibliche minderjährige Kinder des oder der Verstorbenen, aber auch Stiefkinder und Pflegekinder, soweit sie im gemeinsamen Haushalt lebten, haben in der Regel einen Anspruch auf Halbwaisenrente. Dieser Anspruch besteht bis zum 27. Lebensjahr des Kindes, sofern eine Ausbildung oder ein Studium noch nicht abgeschlossen wurde. Erhält das Kind eine Halbwaisenrente, gilt diese Rente als Einkommen des Kindes. Das Kind hat also eigenes Geld und muss jetzt freiwillig krankenversichert werden, es sei denn, es erfüllt die Voraussetzungen für eine Familienversicherung. Das sollten wir prüfen lassen.

Die Trennung kann uns also auf viele unerwartete Wege führen – schauen wir uns an, wie wir sie am besten bewältigen, um das Beste für unsere Familie, unsere Kinder und uns daraus zu machen.

Wie Kinder die Trennung wahrnehmen

Wie Kinder eine Trennung wahrnehmen und verkraften, hängt natürlich von ihrem individuellen Entwicklungsstand und ihrer Persönlichkeit ab sowie davon, wie sicher sie an welche ihrer Bezugspersonen gebunden sind. Es macht einen riesigen Unterschied, ob eine meiner Hauptbindungspersonen plötzlich »weg« ist oder ob ich den jetzt getrennt lebenden Elternteil ohnehin nur am Wochenende ein paar Stunden gesehen habe. Außerdem hängt es davon ab, wie viel Streit und Stress die Kinder vor der Trennung zu Hause erlebt haben – für manche von ihnen ist eine Trennung auch eine Erleichterung. Dennoch gibt es grobe Richtlinien je nach Stand ihrer Entwicklung:

0 bis 3 Jahre: Kinder in diesem Alter haben kein Zeitgefühl und leben sehr stark im direkten Kontakt zu ihren Bindungspersonen. Sie nehmen den Verlust einer Bezugsperson und den daraus resultierenden Krisenstress als Bedrohung wahr und müssen sehr viel beruhigt, getröstet und ko-reguliert werden durch Tragen, Streicheln, Singen. Wir sollten – egal wie schlecht es uns geht – immer prompt und feinfühlig auf sie reagieren, damit sie sich beruhigen können und lernen, dass die Situation neu, aber nicht gefährlich ist. Kinder in diesem Alter sollten nie unter Stress von ihrer Hauptbezugsperson gelöst werden, da ihr mangelndes Zeitgefühl und ihre bedingungslose Abhängigkeit ihnen nicht erlaubt, die Situation alleine zu bewältigen.

4 bis 5 Jahre: In dieser Phase entwickeln Kinder ein Gefühl für soziale Gruppen, für Realität und Fantasie, aber sie erleben jetzt auch die magische Phase, in der sie Angst vor der Dunkelheit und vor Monstern entwickeln. Sie denken oft, wenn sie »brav« gewesen wären, hätten sich die Eltern nicht getrennt, und fühlen sich schuldig an der Trennung. Kinder in diesem Alter brauchen die Versicherung, dass wir Eltern verantwortlich sind, dass wir uns kümmern und dass sie jetzt nicht »funktionieren« müssen, weil wir in der Krise sind.

6 bis 9 Jahre: Kinder in diesem Alter können die Umstände einer Trennung schon eher verstehen und begreifen. Sie lernen jetzt, sozial, moralisch und analytisch zu denken. Dadurch werden sie aber auch anfällig für Loyalitätskonflikte. Manche Kinder in diesem Alter teilen sich selbst »gerecht« unter den Eltern auf, auch wenn sie selbst ganz andere Bedürfnisse haben. Daher sagen Forschende, man könne auch in diesem Alter den »Kindeswillen«, wo das Kind leben will, kaum ermitteln.[21] Wir müssen schauen, was diese Kinder brauchen, und dürfen ihnen nicht mehr zumuten, als sie tragen können, zum Beispiel durch ständiges Wechseln des Wohnortes oder Schimpfen über den anderen Elternteil.

10 bis 13 Jahre: In diesem Alter sind Kinder sehr damit beschäftigt, sich selbst zu finden. Sie sind weniger abhängig von ihren Bezugspersonen und können schon abstraktere Gründe und Konsequenzen einer Trennung begreifen. Ganz besonders mit ihnen sollten wir immer wieder sprechen, ihre Meinung anhören, fragen, wie es ihnen geht, und unverfängliche Gesprächssituationen (zum Beispiel im Auto) schaffen, in denen weder Radio noch Musik läuft und sie sich öffnen können.

14 bis 18 Jahre: Unsere »großen« Kinder sind zwar noch nicht groß, aber sie fühlen sich oft so. Schnell springen sie in die Rolle des zweiten Elternteils, um die Erwachsenen zu entlasten und zu helfen. Wir dürfen ihnen immer wieder versichern, dass sie Kind sein können und wir das schon hinkriegen. Sie sind sehr anfällig für unsere Sorgen und machen sich oft viele Gedanken. Auch hier helfen gemeinsame Zeit, gemeinsame Projekte (zum Beispiel die neue Wohnung gemeinsam streichen), zwanglose Gespräche und albernes Spiel, um Kontakt und Lebensfreude zu erhalten.

»Trennung ohne Drama«-Tipp

Die kluge Führungskraft sagt: Ein guter Plan ist es, einmal am Tag mit jedem Kind zu lachen. Holen wir unser eigenes inneres Kind aus seinem Versteck, schnappen wir uns den Kobold und seien wir albern. Egal, wie schwer die Zeiten sind, nimm dir vor, einmal am Tag mit deinem Kind herzhaft zu lachen – auch gerne vor dem Schlafengehen.

Dir fällt nichts ein? Kauf dir ein Witzebuch für Kinder und sei bereit, dich über Fritzchen und seine Eskapaden herzlich auszuschütten. Lachen baut Stress ab, schafft Verbindung und hilft deinem Kind, dir zu vertrauen. Erzählt euch Witze, macht eine achtsame Kitzelschlacht, seid albern, zieht den Schlafanzug falsch herum an oder hört lustige Hörspiele. Lachen hat mir und meinen Kindern immer geholfen, gut durch schwere Zeiten zu kommen – und auch die Wissenschaft bestätigt diese Wirkung.

Wie wir richtig auf unsere Kinder reagieren

Eltern kennen ihre Kinder am besten – aber es kann passieren, dass wir im Trennungsstress Seiten an ihnen erleben, mit denen wir vorher nicht konfrontiert waren. Und genauso sie an uns! Wenn wir so in der Achterbahn des Lebens sitzen, kann es helfen, sich an ein paar Grundsätzen festzuhalten.

Die Kinder sind unter Bindungsstress. Nach einer Trennung vermisst das Kind den anderen Elternteil und, wenn es einen Umzug gibt, auch seine gewohnte Umgebung, sein ganzes vorheriges Leben. Daher ist es wichtig, besonders den Kindern so viel wie möglich zu erhalten – vor allem in den ersten Monaten, auch wenn es für einen Erwachsenen vielleicht leichter wäre, »woanders ganz neu anzufangen«.

Wenn wir einen Umzug zum Beispiel nicht vermeiden können, sollten wir die neue Wohnung möglichst eng an die alte anlehnen, besonders wenn die Kinder noch sehr klein sind. Bei älteren Kindern können wir fragen, ob sie einen »Neustart« wollen und wir jetzt zum Beispiel die Zimmer in einer anderen Farbe streichen oder anders einrichten. Hören wir auf die Kinder – sie wissen oft, was sie brauchen.

Das Kind entwickelt Ängste. Viele Kinder entwickeln jetzt eine starke, unbewusste Angst, verlassen zu werden – es ist ja schon jemand gegangen, geht noch jemand? Diese Angst kann sich in Anhänglichkeit, Aggression (auch gegen die Eltern!) und geringerer Stresstoleranz (etwa in der Betreuung) zeigen. Vorsicht: Manche Kinder werden ganz still und leiden leise, daher sollten wir hier immer hinschauen. Ein Spiel, das vielen Kinder hilft, ist Verstecken – denn das heißt auch: gefunden werden, was die kleine Kinderseele entlastet.[22]

Das Kind zeigt Wut. Das Kind ist wütend auf die Eltern oder den verfügbaren Elternteil, was sich in Aggressionen, fehlender Kooperation und Abwendung zeigt. Jetzt müssen wir wirklich groß sein – das Verhalten nervt, aber es ist nur der Versuch des Kindes, sich irgendwie zu regulieren. Wir schauen auf das Bedürfnis hinter dem Verhalten, und das ist in der Regel der Wunsch nach Kontakt, Liebe und Sicherheit, die wir ihm geben können.

Das Kind hat Schuldgefühle. Auch wenn wir Erwachsenen genau wissen, dass es keinen Grund dafür gibt: Das Kind kann starke Schuldgefühle entwickeln (und das auch noch Jahre später), dass es »etwas falsch gemacht hat« und »nicht lieb genug« war. Wir sollten ab jetzt in einen Prozess mit ihm gehen, ihm immer wieder zu versichern, dass es nicht an ihm lag.

Das Kind fühlt Unsicherheit und Ablehnung. Es ist nicht selten, dass das Kind die neue Situation als bedrohlich empfindet, sich vom

Elternteil, den es jetzt weniger sieht, abgelehnt, verlassen, alleingelassen fühlt – besonders wenn der Elternteil, bei dem es bleibt, unter massiven (finanziellen, emotionalen) Stress gerät und damit seine Erziehungsressourcen gering sind.

Das Kind gerät in Loyalitätskonflikte. Auch wenn man es gar nicht beabsichtigt hat: Das Kind kann sich zerrissen fühlen zwischen beiden Eltern, besonders wenn man ihm Fragen stellt wie: »Bei wem möchtest du lieber wohnen? Von wem magst du lieber ins Bett gebracht werden?« Dies ist besonders bei strittigen Prozessen schwierig und außerdem für die kindliche Entwicklung schädlich, daher sollten wir das so gut es geht vermeiden. Ein weiterer Grund dafür, dass wir vor dem Kind nicht schlecht über unsere:n Ex sprechen.

Das Kind macht Rückschritte. Kinder können wieder anfangen, ins Bett zu machen, anhänglich zu sein, mehr auf den Arm zu wollen. Sie entwickeln manchmal Ängste, Albträume, Sorgen oder werden unkooperativ. Oft zeigen sie dieses Verhalten verstärkt, wenn sie zum Umgang beim anderen Elternteil waren oder nach einem längeren Besuch. Es ist wichtig, dass wir uns jetzt nicht stressen: Das alles gibt sich wieder, wenn die Kinder sich sicherer fühlen und in der Situation angekommen sind. Wir lassen es zu, wir geben Nähe, wir trösten, wir nehmen auf und in den Arm. Wir sollten wissen, dass das nicht unbedingt ein Zeichen dafür sein muss, dass es dem Kind beim anderen schlecht geht – es ist in erster Linie ein Zeichen für seine Verunsicherung. Gibt sich das Verhalten nach Monaten immer noch nicht, können wir uns professionelle Hilfe suchen und schauen, wie wir dem Kind mehr Sicherheit geben können.

Was wir den Kindern in keinem Fall zumuten

Egal wie sauer wir sind, wir sollten bestimmte Dinge niemals tun:

* … ein Kind drängen, sich auf eine Seite zu schlagen (»Wen hast du lieber?«). Stattdessen bitte immer sagen: »Du darfst uns beide lieben und uns beide auch mal doof finden – das ist völlig okay.«
* … ein Kind ausfragen, was der andere Elternteil gesagt oder getan hat. Stattdessen besser sagen: »Darum musst du dich nicht kümmern, das besprechen wir unter Erwachsenen.«
* … ein Kind benutzen, um den oder die Ex zu erpressen oder zurückzugewinnen. Stattdessen Fachleute finden, mit denen ich meine Muster und meinen Schmerz bearbeiten kann.
* … den anderen Elternteil vor den Kindern kritisieren. Stattdessen sollten wir neutral oder realistisch sein. Wenn es doch mal passiert (und es wird den meisten von uns passieren), dann fügen wir an: »Und ich weiß, dass er auch gute Seiten hat/ich weiß, dass sie andere Sachen echt gut kann … wir passen nur einfach nicht zusammen.«
* Wir dürfen niemals einem Kind die Rolle des anderen Partners zuweisen, etwa indem es über die Maßen im Haushalt hilft, uns tröstet, unkompliziert oder nett zu uns ist (»wenigstens du bist noch da und du hast mich immer lieb, nicht wahr?«). Stattdessen muss ich mich klar abgrenzen: Ich bin groß, du darfst klein sein, ich regle das oder hole mir erwachsene Hilfe.

Ein absolutes No-Go: Lästern über den anderen Elternteil

Was wir auf keinen Fall tun – wir schimpfen nicht über den anderen Elternteil.

Die Autorin von »Stark und alleinerziehend«, Alexandra Widmer, hat eine Liste von Sätzen auf ihrer Website, die sie von Eltern immer wieder gehört hat und die wir uns auf jeden Fall verkneifen werden. Ich zitiere hier:[23]

1. Dein Vater ist ein Idiot.
2. Deine Mutter ist eine Schlampe.
3. Wenn du jetzt zu ihm bzw. ihr gehst, brauchst du gar nicht zurückzukommen.
4. Wenn dir meine Erziehung nicht passt, dann zieh doch zu deinem Vater bzw. deiner Mutter. Wirst schon sehen, was du davon hast.
5. Wie bitte? Du hast mit der Neuen gespielt? Der neue Kerl hat dich ins Bett gebracht?
6. Hast du mittlerweile die zehnte Frau von deinem Vater kennengelernt?
7. Der neue Mann deiner Mutter ist ein Vollpfosten.
8. Ich möchte alles wissen. Komm erzähl schon. Was habt ihr gemacht? Er bekommt es doch sowieso nicht gebacken.
9. Die neue Frau hat keine Ahnung von Kindern. Die wird dich nicht mehr zu Gesicht bekommen.
10. Dein Vater hat uns hier ohne Geld sitzen lassen. Kannst dich bei ihm beschweren, dass du keine neue Jeans bekommst. Er hat Schuld.
11. Deine Mutter schmeißt das Geld aus dem Fenster. Der zahle ich doch nicht noch mehr Unterhalt. Ich bin doch nicht verrückt.
12. Du benimmst dich genau wie dein Vater. Du benimmst dich genau wie deine Mutter. So kann ja nichts aus dir werden.
13. Dein Vater macht sich ein schönes Leben, während ich mit all dem Stress hier allein dastehe.
14. Deinem Vater ist seine neue Familie wichtiger als wir, sonst würde er sich ja melden.
15. Ich habe dich so vermisst, als du bei Papa oder Mama gewesen bist. Es geht mir besser, wenn du bei mir bist. Hier ist es doch viel besser, oder?

All diese Sätze entspringen starken Gefühlen – Gefühlen von Schuld, Ohnmacht, Hilflosigkeit, Angst, Wut, Trauer, Liebe, die in Hass umgeschlagen ist. Madame Amy ist aktiv und schimpft, vielleicht hängt uns unser kritisches Eltern-Ich im Nacken, das sagt: »Nichts kriegst du hin! Und der andere ist schuld!«, und all das versetzt unser Gehirn in Stress. In unserem inneren Haus sind sicher alle davon überzeugt, dass es stimmt, was wir sagen – aber es verletzt unsere Kinder trotzdem. Wenn wir solche Dinge denken oder gar sagen, dann erleichtern wir uns auf Kosten des Kindes. Jetzt ist es an der Zeit, uns von außen Hilfe zu holen, um zu lernen, mit unseren starken Gefühlen anders umzugehen. Das Buch von Alexandra Widmer ist ein guter Anfang, aber auch ein Coach, ein:e Therapeut:in, beste:r Freund:in oder ein:e Berater:in können dir helfen. Ein Ort, an dem du dir Luft machen kannst, damit du deinem Kind gegenüber wieder ruhig sein kannst: »Ich kann mit dem Verhalten von deinem Vater/deiner Mutter gerade nicht gut umgehen, aber ich kümmere mich darum und lerne, damit klarzukommen. Denn ich bin ja der/die Große und du bist das Kind. Es hat nichts mit dir zu tun und du musst nichts machen.«

Wie erklären wir, dass wir traurig sind?

Es gibt einen Grundsatz, den wir in der Kindererziehung stets beachten sollten: »Entspanne dich, aber kollabiere nicht.«

Wenn Eltern traurig sind, dürfen Kinder das ruhig wissen und auch sehen. Was Kinder nicht gut vertragen, sind Eltern, die kollabieren – die schreiend weinen, völlig außer sich sind, die nur noch im Bett liegen oder sich anderweitig nicht mehr im Griff haben, die sich völlig verlieren. Das kann für Kinder tatsächlich beängstigend sein, denn ein Elternteil, der so aus der Balance ist, ist für ein Kind kein sicherer Hafen mehr. Was Kinder dann oft machen, ist in Ersatzvornahme gehen: Sie trösten die Eltern, sind »brav«, kooperieren und nehmen sich zurück. Das ist für ihre Entwicklung aber nicht gut, es ist nicht ihre Aufgabe. Daher lautet die Antwort: Ja, die Kinder dürfen das mitkriegen, aber sie müssen weiterhin sicher sein können. Und sie sind kein Kummerkasten für ihre Eltern, niemals. Wenn die Kinder unsere Trauer mitbekommen, sollten wir immer klarmachen: »Ja, ich bin traurig, aber ich sorge für mich und hole mir Hilfe.«

In einem artgerechten Setting hätten Eltern einen Frauen- oder Männerkreis, eine Familie oder enge Freunde, bei denen sie Raum für ihre Trauer haben. Die Kinder könnten in der Zeit bei anderen Bezugspersonen sein. Es kann daher helfen, wenn wir uns Räume suchen, in denen wir trauern können. Gleichzeitig kann es ein grober Fehler sein, ein dreijähriges Kind in der Stresssituation der Trennung ein Wochenende bei den Großeltern abzugeben, damit ich ein Trauerseminar machen kann, wenn das Kind sich gerade an mich klammert und mich dringend braucht. Daher müssen wir unsere eigenen Bedürfnisse immer an die Kleinsten anpassen und unsere Trauer so bewältigen, dass wir keinen weiteren Stress bei den Kindern auslösen (den wir hinterher ja wieder auffangen müssen).

Grundsätzlich können wir auch weinen, wenn die Kinder anwesend sind. Sie können lernen: Schwierige Gefühle sind kein Drama, wenn wir keines draus machen. Wir können den Kindern sagen, wie es uns geht, aber gleichzeitig vermitteln, dass diese Dinge vorbeigehen. Wir können ehrlich sagen: »Ich hab' die Mama lieb und ich hätte gerne gehabt, dass wir zusammenleben. Das klappt jetzt nicht und ich muss mich erst daran gewöhnen.« Erwachsene müssen keine »immer ausgeglichenen Superhelden« (danke, Silke Foos!) sein, dann lernen Kinder schon früh, dass Gefühle auch mal durchgeweint werden dürfen – die Kinder machen das ja auch – und dann vorbeigehen. Wichtig ist und bleibt dabei aber: Nicht die Kinder trösten uns, sondern wir bitten andere darum. Und wir kollabieren nicht, sondern bleiben für die Kinder emotional verfügbar.

Trennung mit Teenagern

Machen wir uns nichts vor: Teenager sind besonders verletzlich, wenn es zu einer Trennung kommt. Für neue Nach-Trennungs-Beziehungen gilt, dass sie umso stabiler sind, je jünger die Kinder bei der Trennung waren. Wenn ich einen voll erblühten Teenager zu Hause habe, ist die Wahrscheinlichkeit, dass ein:e neue:r Partner:in akzeptiert wird, am geringsten.

Einer der wichtigsten Schutzfaktoren für Teenager im Falle einer Trennung ist eine gute Beziehung zwischen Kind und Eltern. Das klingt banal, aber für Teenager ist es nicht selbstverständlich. Nur Eltern, die ihre Kinder respektieren, werden von ihren Kindern respektiert. Gerade Jugendliche brauchen noch Rat und Führung, manchmal sogar liebevolle Grenzen und Hilfestellung, um die digitalen und sozialen Untiefen zu umschiffen, die überall um sie herum lauern.

Wenn wir Eltern schon in den Kleinkind- und Grundschuljahren liebevoll, klar, verständnisvoll und stark waren, können wir darauf aufbauen. Jesper Juul hat die These aufgestellt, dass wir Kinder »erziehen« können, bis sie etwa zehn Jahre alt sind,[24] und er liegt damit nach allen Erfahrungen aus der Praxis sehr richtig. Danach werden die Kinder flügge und sinnlose Strenge führt nur zu mehr Abgrenzung – und in wenigen Jahren dazu, dass sie halt »trotzdem« oder »gerade deswegen« machen, was wir nicht wollen. Nur wenn wir noch Kontakt zu ihnen haben, wenn sie uns respektieren, sich geliebt fühlen und uns vertrauen, nur wenn sie wissen, dass wir uns wirklich für ihre Welt interessieren und nicht einfach »Weil ich es sage!«-Verbote aussprechen, werden unsere Worte noch die moralische und empathische Kraft haben, einen zunehmend selbstbestimmten Teenager zu erreichen. Kurz: Bindungsorientierte und respektvolle Erziehung, die sich wirklich für das Kind interessiert, kann enorm hilfreich sein, wenn es darum geht, mit einem oder einer Jugendlichen eine Trennung (oder einfach die Adoleszenz) zu bewältigen.

Dazu gehört auch, dass wir uns für die Welt unserer Teenager interessieren, ohne sie gutheißen zu müssen: die Websites und Social-Media-Welten, in denen sie sich bewegen, ihre Freunde, ihre Hobbys.

Was die Trennung und eventuell auch neue Partner:innen angeht, gilt immer: Positive Gefühle werden erst möglich, wenn wir negative Gefühle zulassen. Wir müssen den Kindern den Raum geben, zu schimpfen, traurig zu sein, die Situation nicht okay zu finden, wütend auf uns zu sein. Wichtig ist, dass wir hier zuhören, statt uns zu rechtfertigen: »Ich verstehe, dass du sauer bist. Ich verstehe, dass du das nicht gut findest. Ich verspreche dir, dass wir das Beste draus machen.« Auch gemeinsames Trauern hilft: »Jetzt fehlt er/sie zum Kartenspielen«, oder gemeinsames Erinnern: »Jetzt würde er/sie diesen Running Gag machen – weißt du noch? Manchmal fehlt es mir auch.« So bleibt der andere Elternteil ein Teil unserer Welt, auch wenn die Kinder nicht darüber sprechen möchten. So sehen sie, dass auch sie über den anderen Elternteil sprechen können, wenn eine Erinnerung oder die Trauer sie überkommt. Es ist besser, gemeinsam über diese Dinge zu sprechen, als dass jede:r alleine in seinem Zimmer trauert. Gleichzeitig brauchen gerade Teenager den Raum, sich zurückzuziehen, und die Einladung, immer wieder zu uns zu kommen.

Manchmal kann man den Kindern – die sie noch sind – unsere Entscheidung auch aus ihrer Sicht verständlich machen: »Wenn du mit deiner Freundin überhaupt keine Interessen mehr teilen würdest – sie interessiert sich für Online-Spiele, du willst Kampfsport machen –, würdest du weiter alle deine Nachmittage mit ihr verbringen wollen? Sie wäre immer noch ein wunderbarer Mensch, aber irgendwann würden sich eure Wege trennen, richtig?« So können wir unsere Gründe greifbar machen, ohne gegen den anderen Elternteil schießen zu müssen. Das alles können wir besser, wenn uns bewusst ist, wie eine Trennung funktioniert und was sie mit uns macht. Deshalb schauen wir uns die Mechanik von Krisen im nächsten Kapitel genau an.

Ich kann nicht mehr, ich will nicht mehr!

Krise und Change-Management

Viele Jahre nach der Trennung vom Vater meiner Kinder stolperte ich im Internet über einen Artikel zu »Change-Management« – und ich war begeistert! Was für ein großartiger Weg, um auch Veränderungen in der Familie zu begleiten. Davon hätte ich gerne vorher gewusst.

Ich habe mit vielen Menschen in Trennungssituationen gesprochen und der Schock macht mit vielen vor allem das: Er setzt uns unter Stress. Wir sind paralysiert oder panisch. Wenn wir uns die Gesetzmäßigkeiten von Krise, Change und Bewältigung ansehen, können wir ungeachtet unserer persönlichen Disposition viel besser mit der Situation umgehen.

Denn selbst wer sich nicht in einer Ausnahmesituation fühlt, wir alle profitieren davon, wenn wir uns der »Mechanik« von Veränderungen und Krisen bewusst sind – und wenn es nur dabei hilft, unser Gegenüber zu verstehen.

Veränderungen: Wo es runter geht, geht es auch wieder rauf

Eine Trennung kann eine Krise sein, muss aber nicht. Jede Veränderung in unserem Leben kann sich zu einer Krise auswachsen, muss aber nicht. Manches fühlt sich dramatisch an, ist es aber nicht. Und ein andermal stecken wir mitten in einer Krise und können sie nicht bewältigen, weil uns gar nicht klar ist, wie gefährlich die Situation gerade ist. Also sollten wir wissen:

Woran erkenne ich überhaupt, dass ich in einer Krise bin?

* Krisen setzen uns akut unter Stress,
* Krisen geben uns das Gefühl, »aus der Bahn geworfen zu sein«,
* Krisen machen uns Angst und bedrohen unser Gefühl von Sicherheit,
* Krisen machen uns ratlos.

Die gute Nachricht: Keine Krise ist ein Dauerzustand. Darin ist sich die Forschung einig.[1] Die Krise ist per Definition in diesem Buch der akute Zustand von: »Ich weiß nicht mehr weiter, das ist alles zu viel.« Wenn wir diesen Moment nicht gut bewältigen können, wächst sich die Krise zu einer Dauerbelastung aus, die wir lange mit uns herumschleppen, auch wenn die eigentliche akute Belastung längst vorbei ist. Daher ist es enorm wichtig, wie gut wir Krisen bewältigen – damit wir sie dann hinter uns lassen können.

»Trennung ohne Drama«-Tipp

Die kluge Führungskraft sagt: Singe einmal am Tag mit deinen Kindern – mit den Großen den neuesten Song aus den Charts, mit den Kleinen Kinderlieder. Gemeinsames Singen verbindet nachweislich und das tiefe Atmen beim Singen beruhigt das Zentralnervensystem von allen Beteiligten. Du singst nicht gerne? Macht nichts, »Alle meine Entchen« reicht. Und wenn du die Texte langweilig findest – tob dich aus! »Alle meine Füßchen, alle meine Popel, alle meine Hausaufgaben …«, alles ist erlaubt! Es wird eure Verbindung als kleine Familie stärken, eure

Madame Amy beruhigen und euch helfen, im Dachgeschoss eures Verstandes zu bleiben.

So kommen wir Eltern durch die Veränderung

Das klassische Change-Management, also der Umgang mit Veränderung in einem prozessorientierten Modell, kommt aus der Management-Theorie. Es hat einige interessante Aspekte für die Entwicklung von Beziehungen und Familien, die wir uns in einem Trennungsprozess zunutze machen können.

Wenn wir vor einer Trennung stehen, ist die Veränderung deutlich größer als das, was wir innerhalb der Beziehung bewältigen mussten. Die Fragen sind größer und es kann sein, dass es viel, viel länger braucht als erwartet, um sich neu zu finden, weil die Situation noch emotional aufgeladen ist.

Wir brauchen ein Modell, das auf den chaotischen, emotionalen, unberechenbaren Alltag einer Familie passt – im Fachjargon würde man das ein »VUCA-Umfeld« nennen. VUCA steht für eine Welt, die unbeständig, unsicher, komplex und mehrdeutig ist (engl. *volatility, uncertainty, complexity, ambiguity*). Der Professor für Führungsmanagement an der Harvard Business School, John P. Kotter,[2] wollte eigentlich Veränderungen in Unternehmen beschreiben, aber er hat zufällig etwas gebaut, das auch auf Beziehungen und Familien, besonders mit kleinen Kindern, passt.

Wichtig: Das alles funktioniert nur, wenn wir aus dem ersten Gefühlschaos heraus sind – und das kann ein bisschen dauern. Wenn wir hier noch massiv in Kontrollverlust, Schmerz, Ohnmacht oder Wut gefangen sind, können wir nur schwer verhandeln. Unser Gehirn wird von Madame Amy und dem Bodyguard beherrscht, es ist laut und chaotisch, der Bibliothekar findet nur die Listen mit den Fehlern des anderen und die kluge Führungskraft kommt nicht an ihren Schreibtisch. Der Kobold macht in so einer Situation, was er will, und unter Umständen zieht er alle Energie ab, »um dem anderen eins auszuwischen« – wenig hilfreich, wenn man sich einigen will.

Daher hilft es oft, wenn wir uns die Möglichkeit geben, zu trauern und Ruhe einkehren zu lassen. Das kann einige Wochen oder sogar Monate dauern. Vielleicht kann in der ersten Zeit jemand anders die Kinder von A nach B bringen, zumindest anfangs, vielleicht können wir uns zusammen in ein Coaching oder eine Therapie begeben und unsere Beziehung aufarbeiten. Erst wenn wir nicht mehr allzu akut zerstritten und verletzt sind, können wir sinnvoll die Veränderung gestalten. Wie das geht, schauen wir uns jetzt an.

Trennung als Change-Prozess – Ruhe in den Sturm bringen

Das etablierte »8-Stufen-Modell eines Veränderungsprozesses«, wie John P. Kotter es beschreibt, beinhaltet diese Schritte:[3]

1. Dringlichkeit aufzeigen – 2. Führungskoalition aufbauen – 3. Vision und Strategie entwickeln – 4. Die Vision kommunizieren – 5. Hindernisse aus dem Weg räumen – 6. Kurzfristige Erfolge anstreben – 7. Veränderung weiter antreiben – 8. Veränderungen in der Kultur verankern.

Schauen wir uns das mal im Detail an und sehen, was dieses Veränderungsmodell für Familien bedeutet.[4]

1. Es muss was passieren

In jeder Organisation muss den Mitarbeitenden und Führungskräften erst einmal klargemacht werden, dass Veränderung nötig ist – in einer Familie ist es nicht anders. Hetherington stellt in ihrer

Langzeitstudie fest, dass ein Viertel der Männer vollkommen überrascht war, dass ihre Frau die Scheidung wollte.[5] »Frauen initiieren in der Regel eine Scheidung, sie gehen die Entscheidung bewusster und methodischer an als Männer«, schreibt sie und mutmaßt, dass Männer eine größere Toleranz gegenüber »schlechten Ehen« haben. Sie sagen in Interviews: »Ich war nicht wirklich glücklich. Aber ich hätte es durchgehalten, wenn meine Frau es getan hätte.«

Es spielt also durchaus eine Rolle, wer, wie und wann wir ein Gefühl von Dringlichkeit erzeugen, das sagt: Hier muss sich grundlegend etwas ändern. Und ich ändere es jetzt.

2. Wir sind trotz allem das Team – wenn es möglich ist

Das dürfte der schwierigste Part sein: In einem Unternehmen würden wir jetzt ein Team zusammenstellen, das den gesamten Veränderungsprozess führt. In diesem Team braucht es Vertrauen und gemeinsame Ziele.

An dieser Stelle zeigt sich oft, wie der Trennungsprozess ablaufen wird. Es ist der Moment, den so viele Trennungsbücher fordern: Trennt euch als Paar, aber bleibt ein Team auf Elternebene!

Für den Moment halten wir einfach mal fest: Super, wenn das möglich ist. Wenn wir sagen können: Ich will mich trennen oder wir wollen uns trennen und nach dem ersten Schock setzen wir uns zusammen und überlegen, wie es gehen kann, welche Bedürfnisse und Ziele wir haben, wie wir das als Team gestalten können, wer was braucht. Manchmal kann hier eine Trennungsbegleitung durch eine:n Paartherapeuten oder -therapeutin oder eine Mediation helfen. Manchmal hilft Zeit (die sich Paare oft nicht geben, aber geben sollten, denn sonst bleibt der Prozess hier stecken). Wenn wir es schaffen, hier als Team zusammenzufinden, dann können wir nämlich zum nächsten Schritt weitergehen.

3. Wie stellst du dir das vor? Wie stelle ich mir das vor?

Wir erarbeiten also eine Veränderungsvision: In welche Richtung soll es gehen? Wer koordiniert was? Wie können wir die Mitwirkenden – in unserem Fall: die erweiterte Familie, Freunde und (wenn sie groß genug sind) auch die Kinder – einbinden? Wer hat welche Interessen und wie könnten wir sie berücksichtigen? An dieser Stelle könnten wir zum Beispiel über Betreuungsmodelle sprechen (kurz- und langfristige), wir könnten besprechen, wie wir das mit den Geburts- und Feiertagen regeln, wer die Termine in der Kinderarztpraxis wahrnimmt, wie wir das mit den Elternabenden regeln, Finanzen, Wohnung und so weiter. Dieser Prozess ist ein Aushandlungsprozess, der über viele Wochen oder gar Monate gehen kann. Wir müssen unsere eigene Position erst mal klar haben, verhandeln, aufeinander zugehen, Pausen machen, wenn wir uns zu sehr streiten, wieder aufeinander zugehen. Erst wenn wir hier ein erstes Konzept haben, können wir weitergehen.

4. Wie sagen wir es den Kindern?

Jetzt wird es ernst: Wir müssen den Change verkünden, die »Veränderungsvision kommunizieren«. In unserem Fall: Wir müssen es den Kindern erzählen. Und den Großeltern, den Schwiegereltern, den Freunden, allen, die es noch nicht wissen. Im echten Leben ist dieser Schritt oft schon passiert: »Ich ziehe aus!«, haben wir vor den Kindern geschrien, haben uns bei unseren Freund:innen Trost geholt und sind mit Sack und Pack zu Mama und Papa geflüchtet. Oder so.

Macht nichts. Wir haben uns hoffentlich danach trotzdem mehrmals zusammen hingesetzt und überlegt, was »Ich ziehe aus!« jetzt eigentlich praktisch heißen kann. Und dann können wir noch mal alle an einen Tisch holen und erzählen, was wir miteinander für das Ende der Beziehung – wie gesagt gern auch mit Hilfe – erarbeitet haben und welche Unterstützung wir dafür brauchen. So können wir auch nach außen hin deutlich machen: Wir arbeiten auf Elternebene noch zusammen, hier werden keine Fronten aufgebaut (»meine Familie und ich gegen meine:n Ex-Partner:in«), wir sind gemeinsam für unsere Kinder da.

Für hochstrittige Trennungspaare mag das wie Hohn klingen, und ich verstehe das aus eigener Erfahrung vollkommen, aber lasst uns erst mal den theoretisch besten Prozess ansehen, bevor wir uns darüber austauschen, was wir machen, wenn es nicht klappt.

5. Wer kann und muss uns helfen? Was heißt das praktisch?

So, wie kriegen wir die neue Situation jetzt auf die Schiene? Wir müssen die Veränderung bei allen Beteiligten verankern, Hindernisse aus dem Weg räumen und die Stakeholder auf unsere Seite kriegen. Bei uns heißt das, dass wir sowohl den Kindern als auch unserer Familie (sie sind ja auch eine oft sehr starke »Interessensgruppe«) helfen, mit der neuen Situation umzugehen. Das können ganz einfache, praktische Dinge sein – wir kaufen dir zwei Schlafanzüge und einer bleibt bei Papa (ja, ein Stereotyp, aber 90 Prozent aller Alleinerziehenden sind Mütter, die Kinder bleiben in der Regel dort und Papa zieht aus). Es kann aber auch sein, dass wir noch Menschen im Umfeld davon überzeugen müssen, damit sie den Prozess nicht torpedieren, unsere Eltern oder Schwiegereltern zum Beispiel, die sich nicht vorstellen können, dass wir auch getrennt noch gemeinsam Kinder großziehen wollen. Wir müssen Überzeugungsarbeit leisten und Abläufe neu planen, damit alle mitziehen können – Empowerment heißt das im klassischen Change-Prozess.

Und jetzt kommt mein Lieblings-Tipp:

6. Hey, das hat dieses Wochenende schon total gut geklappt!

Schaffen wir kleine Erfolge. Wundervoll. Wenn es langfristig etwas zu lernen gibt und der Prozess endlos scheint, sind schnelle Erfolge ein Segen. Dazu gehört positives gegenseitiges Feedback auf Elternebene, kleine Schritte und vor allem kleine, machbare Veränderungen, die die Kinder verstehen können. Dazu kann auch ein kleines gemeinsames Picknick im Park gehören, bei dem wir uns nicht sofort in die Wolle kriegen und die Kinder spüren, dass die Welt sich weiterdreht.

7. Was behalten wir bei, worüber müssen wir noch mal sprechen?

Was wir erreicht haben, müssen wir weiter üben, ausbauen und immer wieder prüfen. Passt das Betreuungsmodell so? Was brauchen die Kinder, was brauchen wir? Wie können wir es mit der Zeit anpassen? Aber genauso schauen wir, was schon gut läuft – und das sollten wir auch anerkennen und feiern, uns gegenseitig sagen, was wir zum Gelingen beitragen. Gerichtsprozesse können diesen Teil des Prozesses massiv abwürgen, weil sie Dinge festschreiben, die eine außenstehende Person für richtig befunden hat, die aber möglicherweise schon in ein paar Monaten für niemanden mehr passen. Daher gibt es Bestrebungen, Trennungen möglichst ganz ohne juristische Hilfe zu bewältigen, auch bei hochstrittigen Paaren, um dem Prozess eine Chance zu geben. Mehr dazu findest du im Kapitel *Lass uns das klären – Wie wir so reden, dass der andere zuhört.*

Und damit kommen wir zum letzten Punkt entlang des klassischen Change-Prozesses.

8. So kann es sein, so kann es bleiben

Unsere Familie steht nun auf neuen Füßen. Wir haben neue Rhythmen und Vereinbarungen gefunden. Jetzt können wir dauerhaft einen neuen Umgang finden, uns selbst in neuen Rollen sehen und dies immer weiter ausbauen und festigen.

Und was haben die Kinder davon?

Klingt aufwendig? Verkopft? Mag sein. Aber das Modell versucht genau die Fehler zu vermeiden, die wir sonst bei Veränderungen oft machen: Wir streiten uns, wir nehmen die anderen nicht mit, wir einigen uns nicht, wir informieren unser Umfeld nicht, wir sehen nicht die Hindernisse, wir übersehen kleine Erfolge.

Vielleicht achten manche Familien bereits von sich aus darauf. Für alle anderen hat der stukturierte Ansatz einen großen Vorteil: Es läuft alles ruhiger ab, die Kinder erleben überlegtere, ruhigere Erwachsene. Wir werden weniger torpediert – von unseren eigenen Emotionen, von unserem Gegenüber, von unserem Umfeld. Das kommt den Kindern wieder zugute, weil wir mehr Laufruhe ins System bekommen. Vor allem aber schenkt uns der Prozess Zeit. Oft denken wir, wir müssten uns in der Trennung jetzt ganz schnell neu erfinden. Müssen wir aber nicht. Solche Prozesse brauchen Zeit. Wenn wir diese Zeit miteinander gestalten, schaffen wir eine Basis als Elternteam, auf der wir noch viele Jahre gemeinsam unsere Kinder großziehen können. Und wir schaffen Raum für unsere eigene Weiterentwicklung.

Das magische Fenster der Veränderung

Nach so vielen Hinweisen, worauf wir achten, wo wir uns bremsen oder wann wir besonnen und klug agieren sollen, kommt jetzt die gute Nachricht: Eine Trennung kann uns in unserem Krisen-Prozess zu einem stärkeren, besseren, zufriedeneren Menschen machen. Das ist der Job des Kobolds in unserem Gehirn – also unseres Belohnungssystems. Der wilde kleine Kobold hilft uns in der Krise, Dinge zu tun, erreichen zu wollen, auszuprobieren und durchzuhalten, die wir uns vorher niemals zugetraut hätten. Ich selbst bin nach Monaten der Schockstarre doch endlich umgezogen, habe das artgerecht-Projekt gegründet und mein Leben neu ausgerichtet – im Nachhinein betrachtet ein typisches Verhalten nach einer Trennung.

Denn in den ersten zwei bis drei Jahren nach einer Trennung bricht das stabile Selbstbild eines Menschen zusammen: sein oder ihr Rollenverständnis, seine oder ihre sozialen Beziehungen, das, was wir dem Kobold zugestehen und wo wir ihn zurückpfeifen. In dieser Phase des Kontrollverlustes trauen sich viele Menschen Dinge, zu denen sie sich vorher nicht motivieren konnten: Sie studieren noch einmal, ziehen in eine andere Stadt und sind ungewöhnlich offen für Veränderungen, um ihr Leben noch einmal »neu anzufangen«. Die Forschung beschreibt die ersten zwei Jahre nach einer Trennung als das »Fenster der Veränderung«.[6]

Es gibt eine wichtige Einschränkung: Das ist bei *vielen* Menschen so. Andere aber geraten in eine solche Schockstarre, dass sie nicht handeln können. Wenn wir das feststellen, bewahren wir erst mal Ruhe. Wir müssen jetzt nichts tun. Wir können unsere – vielleicht schon sehr alten, jetzt wieder aufbrechenden – Wunden heilen lassen und uns dafür auch Hilfe holen. Auch später kann immer noch etwas Magisches passieren.

Hinter dem Fenster der Veränderung steht oft eine Kraft, die sagt: »Ich habe nichts mehr zu verlieren«, es ist der Moment, wenn wir den Kobold von der Leine lassen und mal schauen, wo im Leben noch spannende Erfahrungen auf uns warten.

Dementsprechend mutig, motiviert und furchtlos können wir sein – wenn wir die Kraft finden. Gerade wenn Kinder dabei sind, wachsen viele Eltern über sich hinaus und gehen wichtige Schritte – das kann auch eine Therapie oder eine neue Ausrichtung der Work-Life-Balance sein. Die positiven Schritte, die wir jetzt gehen, beeinflussen unser gesamtes restliches Leben. Das Fenster schließt sich zwar nie ganz, schreibt Hetherington, aber es wird mit zunehmender Zeit unwahrscheinlicher, dass wir dem inneren Kobold so freie

Hand lassen, weil der Alltagstrott uns wieder »auf den Teppich« holt.

Ist das nicht unvernünftig? Vielleicht. Aber es ist wegweisend: Was wir in dieser Phase tun, stellt die Weichen dafür, ob wir aus einer Trennung als gestärkte Persönlichkeit, als besiegte Persönlichkeit oder »so ganz okay« hervorgehen. Ein Beispiel: Wenn eine Frau nach einer Trennung zurück an die Uni geht, um ihren Abschluss zu machen, hat das Einfluss darauf, wo sie ihr neues soziales Leben aufbauen wird, und das wiederum beeinflusst, wo sie später vielleicht eine neue Beziehung findet. Ein Mann, der nach einer Trennung eine Therapie macht, um herauszufinden, was nicht geklappt hat, kann damit ebenfalls einen neuen Pfad in seinem Leben einschlagen und so in einer zukünftigen Partnerschaft oder auch in seinem Job und mit seinen Kindern und Freund:innen in Zukunft anders handeln.

Es spielt also eine Rolle, wie wir uns jetzt verhalten und was wir für uns tun – lassen wir den Kobold von der Leine!

Trauma und Neuanfang

Manchmal geht einfach nichts. Gar nichts. Das Ende der Beziehung fühlt sich an wie das Ende der Welt.

Schauen wir einmal hin: Zum Erwachsenwerden gehört es auch, unsere Idee von Liebe »anzuschauen und uns unserem gebrochenen Herzen zuzuwenden«, so sagt die Traumaexpertin Dami Charf.[7] Sie meint damit nicht nur unser aktuell gebrochenes Herz, sondern auch die Brüche, die wir schon mit uns herumtragen – oft seit der frühesten Kindheit.

Dazu gehört es, anzuerkennen, dass wir in einer Trennung unter Umständen an einen Schmerz rühren, den wir bis dato in einer Kiste gut verpackt und weggestaut hatten. Wir merken das daran, dass wir plötzlich wie gelähmt sind, irrationale Ängste entwickeln und der Schmerz uns zu überwältigen droht. Wir können nicht schlafen oder essen, uns ist dauerhaft einfach nur zum Weinen zumute.

Wenn so ein Zustand länger andauert oder wir uns fragen, ob wir überhaupt je wieder herausfinden, ist es an der Zeit, uns Hilfe zu holen. Denn es kann sein, dass die Trennung unser System schlicht überfordert. Da sind alte Wunden, die wir im Alltag bisher immer ganz gut wegschieben, ignorieren oder überspielen konnten, aber die Trennungssituation setzt uns so unter Druck, dass wir »dekompensieren« – wir können nicht länger so tun, als wäre alles okay. Wir funktionieren nicht mehr. Wir können es nicht mehr wegdrängen.

Viele von uns haben solche alten Wunden, die sich jetzt melden. Das Beste, was wir jetzt tun können, ist, Unterstützung zu suchen. Es gibt an vielen Orten Traumahilfezentren oder -therapeut:innen, die nicht nur Menschen nach heftigen Ereignissen unterstützen, sondern auch uns, wenn wir als Kinder zum Beispiel mit einem dauerhaften Gefühl von Unsicherheit gegenüber unseren Bindungspersonen leben mussten und in unserer Kiste ein Bindungstrauma aufbewahren. Wenn wir den Deckel dieser Kiste nicht mehr geschlossen halten können, kommen die alten Monster heraus, bringen Schmerzen, Ängste und Albträume mit und versetzen Madame Amy in schiere Panik. Jetzt ist es Zeit, die Tür zu öffnen und Hilfe hereinzulassen. Auch das ist Liebe – Selbstliebe. Wir müssen das nicht alleine bewältigen.

Resilienz und Coping

»Danke, Nicola, aber jetzt Energie für neue Schritte aufbringen – das schaffe ich nicht!« Ja, das verstehe ich, das ging mir am Anfang auch so.

Eine Trennung kann uns in eine Krise stürzen, und wenn wir im Schockzustand oder noch voll im Reaktionsmodus sind, dann sind wir nicht sehr handlungsfähig.

Stellen wir uns eine hektische Madame Amy vor, die sich in der Krise entweder ganz leise in eine Ecke kauert und sich nicht bewegt oder wie verrückt durchs Haus läuft und alle in Alarmstimmung versetzt. In jedem Fall bringt sie den Bodyguard im Keller dazu, dass er in Aktion geht und wie wild an allen Reglern dreht. Unsere kluge Führungskraft ist in dieser Situation völlig handlungsunfähig, weil es im ganzen Haus zischt, dampft und quietscht.

Nehmen wir an, wir haben zwar keine Kiste mit Trauma im Haus, aber es ist trotzdem ganz schön was los. Dann können wir uns in einem ersten Schritt selbst helfen – sanft und langsam, aber stetig.

Wenn wir jetzt etwas tun – also konkret eine Handlung vollziehen –, kann Madame Amy entweder aus ihrer Schockstarre kommen oder sich beruhigen. Es ist, als würden wir die Fenster öffnen und die Sonne in unser Haus lassen und sagen: »Amy! Schau mal hier! Ich hab was gemacht!« Madame Amy kann jetzt aus dem Fenster hinausschauen und sehen: »Oh, wir haben ein schönes Bild gemalt! Oh, wir haben einen echt leckeren Kuchen gebacken. Oh, wir sind spazieren gegangen und die Welt steht noch! Okay, das geb ich weiter!«

Jetzt kann sie wieder hilfreiche Signale in den Keller schicken: »Hey Bodyguard! Ich hab rausgeguckt! Wir kriegen das hin! Danke! Du kannst wieder Pause machen!« Ich weiß: Manchmal ist das gar nicht so einfach. Dann kann unser Körper uns helfen: Eine Dusche, eine Wärmflasche, ein zügiger Spaziergang, ein Tasse mit einem warmen Getränk – alles, was sich am Körper gut anfühlt, kann jetzt helfen, wieder in den Ruhemodus zu kommen. Bewegung baut Stress ab, Wärme entkrampft unsere Muskeln, Sauerstoff hilft uns beim Denken.

Und sobald das Gezische und Gedampfe und Gequietsche sich verzogen hat, kann unsere kluge Führungskraft wieder zurück an den Schreibtisch und für uns darüber nachdenken, was wir als Nächstes Sinnvolles tun. So können wir wieder »auf die Beine« kommen – unser Hormonsystem beruhigen, die alten Erinnerungen vom Bibliothekar ordentlich wegsortieren lassen und am Schreibtisch neue Pläne machen.

Natürlich wird ein Bild malen oder warm duschen oder zehn Minuten Atementspannung unsere Probleme nicht lösen. Aber es bringt uns wieder in einen Modus, in dem wir sie lösen *können*. Es kann ein hilfreicher Zwischenschritt sein.

Die schlechte Nachricht: Es kann niemand für uns tun. Am Anfang können andere – oder auch Medikamente – uns helfen, aber auf lange Sicht müssen wir selbst ran. Die gute Nachricht: Nach meiner Erfahrung ist es viel einfacher, als wir zuerst denken - wenn wir wissen, wie wir funktionieren und was wir brauchen.

Stresstypen und aktive Bewältigungsstrategien

Um in einer solch emotional aufgeladenen Situation wie einer Trennung wieder gut ins Handeln zu kommen, finden wir erst mal heraus, wer wir sind. Oft helfen nämlich die Ideen von lieben Freund:innen nicht, weil sie nicht zu uns passen. Um herauszufinden, was zu uns passt, müssen wir wissen, was unsere Stress-Strategie ist.

Wer bin ich – um mit dem PCM-Persönlichkeitsmodell (Process Communication Model) von Taibi Kahler und seinem Team[8] zu sprechen – und wie reagiere ich bei Stress? In diesem Modell gibt es verschiedene Typen von Stresspersönlichkeiten, natürlich jeweils in jedem erdenklichen Geschlecht:

Macher:in:	Ich tue aktiv etwas, dann geht es mir besser.
Träumer:in:	Ich sinne darüber nach, dann geht es mir besser.
Beharrer:in:	Ich ziehe mich auf meine Werte zurück, dann geht es mir besser.
Logiker:in:	Ich denke, plane und analysiere, dann geht es mir besser.
Empathiker:in:	Ich fühle mich da rein, dann geht es mir besser.
Rebell:in:	Ich nehme es mit Humor und mache mein Ding und dann geht es mir besser.

Jede dieser Strategien und Persönlichkeitsmerkmale hat ihre Berechtigung. Je nachdem, wie wir gestrickt sind, sprechen uns unterschiedliche Bewältigungsstrategien an, und natürlich gibt es auch Mischtypen.

Wichtig für den Erfolg ist, dass es aktive, nach vorne gerichtete Strategien sind. Es kann auch sein, dass ich mich als Logikerin in der Analyse so verliere, dass ich nicht mehr in die Handlung komme, oder als Träumerin so lange sinniere, bis ich vom Grübeln in die Depression falle. Wenn wir aber wissen, dass wir dazu neigen, können wir unsere Neigung – zum Beispiel zu grübeln – in gute Bahnen lenken und etwa vom Grübeln zum Denken zum Handeln kommen, indem wir uns klare Ziele setzen.

Hier ein paar wichtige Coping-Strategien für verschiedene Persönlichkeitstypen:

Macher:in: Tu etwas, aber denk vorher auch nach, was du tust. Nimm dir Zeit, dich zu beraten. Schaffe auch Raum, um eigene Gefühle und die der anderen zuzulassen und zu bewältigen.

Träumer:in: Gib dich Tagträumen und Gedanken ruhig hin, aber sorge mit klaren Plänen dafür, dass du dich nicht darin verlierst und auch ins Tun kommst – sonst bist du schnell nur einen Schritt von der Depression entfernt.

Beharrer:in: Stehe zu deinen Werten und Überzeugungen, aber lass dir helfen, auch die Position der anderen Menschen zu verstehen, damit Verhandlungen möglich sind. Trau dich, etwas Neues zu versuchen.

Logiker:in: Denk nach und analysiere, komm dann aber auch ins Tun, indem du dir erlaubst, bei 80 Prozent Perfektion einen Schnitt zu machen – dein Plan muss nicht perfekt sein, bevor du loslegst.

Empathiker:in: Gib deinen Gefühlen Raum, aber hole dir Hilfe, damit du dich nicht von deinen Emotionen überwältigen lässt und du auch klar denken, verhandeln und planen kannst.

Rebell:in: Es ist gut zu wissen, was du willst und was nicht, schaffe dir dennoch ausreichend Raum, um in dich selbst und auch die anderen Beteiligten hineinzufühlen, damit der Prozess nicht an der Oberfläche stecken bleibt.

Aktive Bewältigungsstrategien, die diese Empfehlungen berücksichtigen, können zum Beispiel sein:

* Wir setzen uns aktiv und lösungsorientiert mit unserer vergangenen Beziehung auseinander. (Wie war die Arbeit verteilt, wie das Geld, wie der Mental Load, wie will ich es in Zukunft haben? Welche Muster führen wir derzeit fort, die den Weg aus der Krise behindern?)
* Wir informieren uns aktiv, wie es jetzt weitergehen kann. (Jugendamt, Rechtsbeistand, andere Betroffene, Verbände)

* Wir übernehmen Verantwortung für die Situation. (Ich bin kein Opfer der Umstände, ich bin Teil des Systems, ich übernehme Verantwortung für mein Verhalten, bevor ich erwarte, dass andere sich ändern.)
* Wir suchen Lösungen und informieren uns.
* Wir lenken uns nicht so stark ab. (Weder mit Menschen noch mit Arbeit, Smartphone, sozialen Medien oder Drogen.)
* Wir beginnen ein Coaching oder eine Therapie.

Oft hilft es uns, wenn wir dafür sorgen, wieder ein Gefühl der Selbstwirksamkeit zu bekommen. Schon ganz kleine Aktionen bringen uns raus aus Schock und Hilflosigkeit:

* Jeden Tag eine Dankbarkeitsliste mit fünf Punkten schreiben
* Malen oder zeichnen
* Tagebuch schreiben
* Backen oder kochen
* Basteln oder renovieren/bauen

Routinen sind unsere Helfer in der Not. An ihnen können wir uns festhalten und wieder Struktur in einen Alltag bringen, der uns zu überrollen droht. Am wichtigsten sind jetzt tatsächlich Self-care-Routinen. Mir helfen immer am besten Mini-Rituale, die bewältigbar erscheinen, also zum Beispiel:

* Täglich einen 5-minütigen Spaziergang machen
* Jeden Tag zwei Minuten meditieren
* Jeden Morgen am offenen Fenster fünf Atemzüge nehmen
* Jeden Abend vor dem Abendessen einen lieben Menschen anrufen, der uns noch mal fünf Minuten aufbaut, wenn unsere Energie unten ist und wir noch das »Abendprogramm« durchziehen müssen

Bei der Bewältigung einer Krise hilft auch, wenn wir die Situation aktiv neu bewerten (von »Was habe ich getan?« hin zu »Okay, hallo Neuanfang, das hab ich noch nie gemacht, das finde ich raus, andere haben das auch schon geschafft«).

Wir tun gut daran, uns soziale Unterstützung zu holen (einen lieben Menschen anrufen) und zu lernen, die Situation zu akzeptieren, und unseren inneren Widerstand aufzugeben (»Es sollte nicht so schwer sein! Warum passiert mir das?« ersetzen durch: »Es ist jetzt so und ich werde das Beste draus machen. Auch diese Situation kann ich bewältigen«).

Schlussendlich müssen wir alle einen Platz für unsere Gefühle finden – nicht bei unseren Kindern, aber wenn es einen Raum gibt, in dem wir weinen, wüten, schreien, loslassen, zusammenbrechen, lachen oder brüllen können, hilft das enorm (auch das kann in einer Therapie sein oder bei einem Selbsterfahrungswochenende oder mit einem lieben Menschen, der uns so aushalten und halten kann).

All das sind aktive Bewältigungsstrategien, die uns helfen, aus den ersten Krisenphasen herauszukommen. Wir müssen allerdings ein wenig vorsichtig sein, mit welchen Strategien wir Madame Amy beruhigen: Wenn wir uns einfach totstellen, die Fenster schließen und so tun, als wäre nichts, werden wir die Krise nicht bewältigen. Wir können Madame Amy zwar mit Witzen zum Lachen bringen, ins Bett schicken oder sie mit einer Flasche Wein ruhigstellen – aber von diesen Strategien lässt sich unser Bodyguard nicht täuschen. Amy sitzt jetzt vielleicht beduselt in der Ecke und im Haus ist es vermeintlich ruhig, aber im Keller ist weiter der Teufel los.

Nicht weiterscrollen!

Wenn wir eine Trennung hinter uns haben, die oft mit Trauer, Dauerstress oder sogar mit Angst und Gewalt einhergegangen ist, können wir in eine depressive Verstimmung geraten. Wir sind müde, können uns schlecht konzentrieren, sind unmotiviert und erschöpft, Menschen sind uns zu viel, wir essen chaotisch, sind reizbar und angespannt, schlafen schlecht und haben Kopfschmerzen.

Wichtig für unseren Fall hier: Social Media kann die Sache eher verschlimmern als verbessern. Als Ergebnis einer Studie aus dem Jahr 2014 wird vermutet, dass soziale Medien und Depressionen Teil eines destruktiven Kreislaufs sein können. Diejenigen, die bereits mit einer situationsbedingten Depression leben, neigen dazu, soziale Medien häufiger zu nutzen, und ihr ausgedehntes Engagement kann mit weiteren Depressionssymptomen in Verbindung gebracht werden oder zumindest ein Risikofaktor dafür sein.[9]

Möglicherweise stellen wir fest, dass wir bei einer situationsbedingten Depression mehr Zeit am Bildschirm verbringen. Manche Menschen finden Trost, indem sie sich in Highlight-Reels und Trendthemen flüchten. Andere klammern sich vielleicht an die euphorischen »Likes« oder suchen online nach Gleichgesinnten, die sie in ihrer Meinung bestätigen.[10]

Eine Studie von 2019 zeigt, was wir alle wissen: dass die Nutzung von Social Media dazu führt, dass Teenager später und unruhiger schlafen – das dürfte auch für Erwachsene gelten, besonders für Erwachsene unter Stress.[11]

Eine andere Forschungsarbeit zeigt deutlich, dass auch Erwachsene eher depressive Symptome zeigen, wenn sie viel Social Media nutzen – und zwar nicht schon vorher, sondern nach der exzessiven Nutzung. Zu Beginn der Studie waren die Nutzenden nicht depressiv, erst im Laufe der Zeit zeigten sich Symptome.[12]

Das Harvard-Magazin zitiert den Studienleiter, der mutmaßt: »Das ständige Betrachten von Bildern von Menschen, die glücklicher und erfolgreicher zu sein scheinen als man selbst und die im Allgemeinen ein besseres Leben zu haben scheinen als man selbst, trägt sicherlich nicht dazu bei, dass sich die meisten Menschen besser fühlen.«[13]

Soziale Medien können – zum Beispiel durch toxische Positivität – die Stimmung negativ beeinflussen. Diese kann dazu führen, dass Menschen denken, sie hätten sich nicht genug angestrengt, um so perfekt wie andere zu sein, oder dass sie negative Impulse verdrängen, statt sie zu bearbeiten. Daher sollten wir lieber lesen, spazieren gehen und mit echten Menschen sprechen, wenn es uns nicht gut geht, statt uns in den Schlaf zu scrollen.

Ähnliches gilt natürlich genauso – und teilweise ganz besonders – für Heranwachsende. Wir sollten also unsere Kinder, ihren Medienkonsum und gegebenenfalls dessen Veränderung gut im Blick behalten. Natürlich machen wir uns erst mal unbeliebt, wenn wir eine vermeintlich bequeme Exit-Strategie hinaus aus unangenehmen Gefühlen beschränken. Aber wir wissen, warum wir es tun, wir erklären, wir gehen mit gutem Beispiel voran, wir bieten schöne Alternativen an … und gönnen uns bewusst die zwei Stunden für uns, wenn die Kinder glücklich mit den Großeltern skypen und wir endlich in der Badewanne versinken können.

Tipps für die Smartphone-Nutzung

Damit die Screentime für unser eigenes Wohlbefinden auf die Dauer nicht zu viel wird, können wir …

* die Datenverbindung des Smartphones zu bestimmten Zeiten des Tages ausschalten, zum Beispiel beim Autofahren, bei der Arbeit oder in Besprechungen,
* die Datenverbindung abschalten, wenn wir Zeit mit Freunden und Familie verbringen,
* das Smartphone beim Schlafen außer Reichweite lassen,
* Benachrichtigungen ausschalten, um den ablenkenden Pieptönen oder Vibrationen zu widerstehen,

* die Nutzung sozialer Medien auf den Computer (und nicht auf das Smartphone) beschränken,
* soziale Medien nicht mehr als 30 Minuten am Tag nutzen und stattdessen mehr direkt mit Menschen interagieren.

Wie wir als Eltern unseren Kindern helfen können

Wie wir Eltern uns verhalten und »erziehen« ist vor allem für ganz kleine Kinder der wichtigste Schutzfaktor in einer Krisensituation – wir müssen also unsere Madame Amy in Schach halten, damit wir im Dachgeschoss unseres Hauses die richtigen Entscheidungen treffen und mit vollem Herzen mit unseren Kindern kuscheln und spielen können. Wir sind die »erste Verteidigungslinie der Kinder gegen den Stress im Leben nach der Kernfamilie«, schreibt Hetherington[14] über die Familien in ihrer Langzeitstudie.

Wenn wir unter unserem Stress zusammenbrechen, sind die Kinder mit uns alleine – niemand ist da, um den Stress abzupuffern, um sie vor einem erschöpften, vielleicht sogar aggressiven Elternteil in Schutz zu nehmen. Wir müssen also alles dafür tun, dass wir als Eltern reguliert und handlungsfähig bleiben. Wenn wir die Kinder anschreien, erschrecken, ablehnen, wenn wir gereizt und unberechenbar werden, hat das direkten Einfluss auf ihre Entwicklung. Es ist also ganz klar unsere Aufgabe, uns um uns zu kümmern – und ich rede hier nicht von einem abendlichen Wein und manischen Überstunden, neuen Liebschaften oder schicken Kleidern. Wir brauchen emotionale Unterstützung, gutes Essen, ausreichend Schlaf und die Fähigkeit, immer wieder ins Dachgeschoss unseres Hauses zurückzukehren, auch wenn es uns noch so sehr in den Keller mit all seinen Verlockungen zieht.

Die gute Nachricht ist: Die meisten alleinerziehenden Menschen schaffen das! Unsere Erziehungsfähigkeit kollabiert zwar im ersten

Jahr tatsächlich dramatisch – was ungerecht ist, denn hier werden viele von uns »beurteilt« –, aber dies erholt sich schnell und wir entwickeln konstruktive Beziehungen zu unseren Kindern mit intakter Bindung. Wenn getrennte Eltern weniger gut für ihre Kinder da sind, liegt es einfach daran, dass Alleinerziehende so viel mehr Stress haben – ein Thema, dem sich die Politik dringend annehmen müsste und bei dem wir nicht von einem individuellen Versagen ausgehen dürfen.

Wenn alleinerziehende Eltern weniger gut für ihre Kinder da sind, liegt es einfach daran, dass sie so viel mehr Stress haben. Das hat nichts mit persönlichem Versagen zu tun.

Was wir aber tun können: Wir sorgen mit allem, was uns zur Verfügung steht, dafür, diesen Stress in Schach zu halten und – noch viel mehr – gut mit ihm umgehen zu lernen. Wenn wir Madame Amy ständig »Alarm!« schreien lassen, wird sich unsere Situation nicht verbessern. Was hilft dabei also ganz konkret?

- Wir streben eine autoritative Erziehung an, das heißt, dass wir unseren Kindern mit Wärme und Feinfühligkeit begegnen, aber trotzdem klare Grenzen haben und Regeln kommunizieren und durchsetzen. Nach aller Studienlage kommen – alle – Kinder mit dieser Erziehung am besten klar, Trennungskinder sind hier keine Ausnahme.
- Wir vermeiden zu strenge, gefühllose Erziehung (autoritär), die die Kinder ständig maßregelt, wenig feinfühlig auf sie eingeht und erwartet, dass sie Leistung bringen und »funktionieren«. Kinder leiden unter der fehlenden Feinfühligkeit, dem mangelnden Kontakt und der zu strengen Führung solcher Eltern. Besonders Trennungseltern müssen hier aufpassen, dass sie nicht auf die Idee kommen, die »lasche, miese Erziehung« des ande-

ren Elternteils überkompensieren zu wollen, indem sie besonders fordernd, streng oder unnachgiebig sind. Die Kinder stehen in einer solchen Situation unter dauerndem Stress und ihre kleinen Seelen gehen kaputt daran.

* Wir vermeiden eine zu lasche, permissive, unengagierte Erziehung. Selbst wenn die Kinder nicht vernachlässigt werden, schaden ihnen Eltern, die keine Regeln setzen, keine Grenzen ziehen und »ach, wie du willst« sagen. Die Kinder bekommen keinen Kontakt und lernen nicht, sich in sozialen Situationen zu verhalten. Auch diese Kinder stehen unter dem Stress, dass sie vieles selbst entscheiden müssen, sich alleine fühlen, und haben oft Verhaltensprobleme mit Dritten, weil sie nicht wissen, wie sie sich in Gruppen benehmen sollen.
* Wir müssen damit leben, dass sich die Gehirne von Kindern immer noch entwickeln – sie können keinen zweiten Erwachsenen ersetzen. Wir müssen daher Regeln und Grenzen immer wieder formulieren, verhandeln, einfordern und üben. Wir können nach dem Umgang mit dem getrennt lebenden Elternteil natürlich einmal pro Woche nachsichtig sein, aber das heißt nicht, dass das Kind nie seinen Teller vom Tisch abräumt oder keine Hausaufgaben macht. Es heißt, dass wir explizit sagen: »Ich weiß, es ist Mittwoch, lass gut sein. Morgen wird es wieder gehen«, und dann kommunizieren wir auch morgen, was wir erwarten.
* Besonders der Elternteil, der nicht dauerhaft mit dem Kind lebt, neigt laut Studien dazu, vor allem im ersten Jahr nach der Trennung eine eher permissive Haltung einzunehmen: »Jeden-Tag-Weihnachten-Eltern« nennt das Hetherington. In der Regel ändert sich das Verhalten, wenn es zu häufigerem Umgang mit Übernachtungen kommt, sodass der Elternteil die Möglichkeit – und Notwendigkeit – hat, mit seinem Kind ganz normalen Alltag zu leben. Dazu gehört auch, Regeln zu setzen, das Kind ge-

sund zu ernähren und mit ihm Hausaufgaben zu machen, statt ständig dauerhaft eine »Ach, bei mir gibt's halt Würstchen mit Ketchup und Nudeln«-Haltung an den Tag zu legen.

Kann ein Elternteil die Kinder besser begleiten als ein anderes? Offenbar nicht: Kinder gedeihen bei einer sorgeberechtigten Mutter ebenso gut wie bei einem sorgeberechtigten Vater oder bei zwei sorgeberechtigten Elternteilen. Es kommt allein darauf an, dass sie geliebt und unterstützt werden, dass ihnen Werte und Sicherheit vermittelt werden, dass sie in ein soziales Netz eingebunden sind, dass die Eltern feinfühlig mit ihnen umgehen, ihnen Grenzen setzen und gleichzeitig warmherzig auf sie eingehen – egal ob Mama, Papa oder beide.

Wenn Eltern verschwinden

Besonders in Zeitungsartikeln wird immer wieder über Eltern berichtet, die einfach verschwinden und das andere Elternteil mit den Kindern alleinlassen. Auch wenn dies nur einen kleinen Teil der Eltern ausmacht, sollten wir darauf schauen. Denn »verschwinden« kann man auch emotional, psychisch, und nur manche Eltern verschwinden tatsächlich als Person. Andere bleiben zwar anwesend, sind für die Kinder aber nicht mehr erreichbar.

Ein solcher Elternteil verlässt seine Kinder, um alleine mit dem Stress der Trennung klarzukommen – für die Kinder ist in diesem Prozess kein Platz. Diese Eltern sind auf ihr eigenes Überleben und ihre eigenen Bedürfnisse so stark fokussiert, dass sie die Kinder völlig aus dem Blick verlieren. Nicht selten haben sie mangelhaft ausgebildete Coping-Fähigkeiten bis hin zu Persönlichkeitsstörungen wie zum Beispiel Narzissmus (übertriebene Selbstüberhöhung bei mangelndem Mitgefühl für andere), die dazu führen, dass sie die Bedürfnisse der Kinder nicht mehr wahrnehmen und beantworten können.

Dies kann bei einem Elternteil passieren, der von der Trennung schwer angeschlagen ist, oder auch bei jemandem, der sich im beruflichen Erfolg verliert und für die Kinder keinen Raum mehr hat. Wenn das den Elternteil betrifft, bei dem die Kinder hauptsächlich leben, wachsen sie auf ohne jemanden, der sie umsorgt oder führt, und das zeigt sich in ihrer Entwicklung: Viele von ihnen zeigen früh Verhaltensauffälligkeiten und haben später Probleme in ihren Beziehungen, in der Arbeit oder kommen mit Drogen, Alkohol oder dem Gesetz in Konflikt.

Doch auch dann, wenn der »verschwindende« Elternteil nicht die Hauptbezugsperson des Kindes ist – er oder sie hinterlässt eine klaffende Lücke, die sich füllt mit dem Gefühl, für Mama oder Papa einfach nicht wichtig genug zu sein. Auch wenn viele Trennungskinder durch die liebevolle Fürsorge anderer Erwachsener lernen, das zu kompensieren, bleibt da eine existenzielle Erfahrung von Verlassenwerden, die sehr häufig das weitere Beziehungsleben prägt.[15] Dessen sollten sich die beteiligten Erwachsenen bewusst sein – selbst wenn es wahr ist, dass das Leben kein Ponyhof ist und wir nicht jede schwere Erfahrung für unsere Kinder verhindern können. Wichtig ist es, die Lasten anzuerkennen, die unsere Kinder tragen, und mit ihnen über ihre Schmerzen zu sprechen, dafür Raum zu geben – auch wenn uns das wehtut.

Wann Väter ihre Kinder sehen – und wann nicht

Bevor wir in einem späteren Kapitel auf die Mütter schauen, die nach einer Trennung ihre Kinder weniger sehen, betrachten wir den häufigeren Fall: Der Vater nimmt deutlich weniger am Alltag der Kinder teil.

Grundsätzlich ist festzuhalten: Getrennt lebende Väter sehen ihre Kinder heutzutage mehr als noch vor einigen Jahrzehnten. Eine amerikanische Studie ermittelte anhand von vier großen Befragungen, dass der Anteil getrennt lebender Väter, die mindestens einmal wöchentlich Kontakt zu ihren Kindern hatten, zwischen 1976 und 2002 von 18 Prozent auf 31 Prozent anstieg.[16]

Eine niederländische Studie von 2014 zeigte anhand eines Vergleichs von vier Datensätzen von Scheidungsfamilien zwischen 1949 und 1998, dass über diesen Zeitraum hinweg die nicht im Haushalt lebenden Väter ihre Kinder sowohl öfter tagsüber sahen als auch mehr für Übernachtungen bei sich hatten.[17] Die Forschenden führten das vor allem darauf zurück, dass Väter sich heutzutage auch innerhalb der Partnerschaft mehr um die Kinder kümmern. Eine Studie aus England aus dem Jahre 2020 zeigt ebenfalls, dass es einen Zusammenhang gibt zwischen dem Engagement der Väter innerhalb der Beziehung und nach der Trennung. Die Wahrscheinlichkeit, dass das Engagement von Vätern im Laufe der Zeit abnimmt, wenn sie keinen gemeinsamen Alltag mit ihren Kindern mehr haben, ist groß – aber der statistische Zusammenhang verrät ganz wenig darüber, was genau diese Entwicklung verursacht.[18]

Warum ist das wichtig? Viele Mütter geben sich die individuelle Schuld an diesem Entfremdungsprozess, aber wir wissen noch gar nicht genau, woran es liegt – und es wird auch in jeder Familie individuelle Gründe geben. Schauen wir einmal auf das, was man heute schon untersucht hat: Eine Ehe selbst ist kein Garant für einen engagierten Ex-Partner – im Gegenteil zeigen beide Studien, dass nicht verheiratete, aber gemeinsam lebende Eltern nach einer Trennung die Elternrolle stärker teilen als ehemals verheiratete Eltern (was zum Beispiel an tradierten Rollenbildern liegen könnte – oder an etwas ganz anderem).

Interessant finde ich, dass die Studien vor allem leicht erfassbare Faktoren wie zum Beispiel geteiltes Sorgerecht als mögliche Ursachen für mehr oder weniger Kontakt prüfen, während weiche Faktoren, wie zum Beispiel die emotionale Verfügbarkeit und die Bindung der Eltern an die Kinder und unsere Fähigkeit zu kooperieren oder unsere Ideen von »Familie«, nicht abgefragt werden.

Was wir wissen: Wenn ein Elternteil Umgangskontakte dazu benutzt, einen anderen Elternteil wiederzusehen, an dem er oder sie immer noch hängt, oder ein Elternteil zu verärgern, auf den er oder sie immer noch wütend ist, wird der Umgang mit den Kindern auf lange Sicht schwierig.

Hetherington für ihren Teil entdeckte in ihrer Langzeitstudie drei mögliche Entwicklungslinien für die getrennt lebenden Väter. Die Studie bezieht sich hier nur auf Männer – möglicherweise trifft Ähnliches geschlechtsunabhängig zu auf »Eltern in der Väterrolle«, aber: Wir wissen es nicht, denn dazu gibt es noch zu wenige Daten.

»Vorher-wie-nachher«-Väter. Wie so oft im Leben zeigt sich auch bei getrennten Vätern der ersten Gruppe bei Hetherington eine gewisse Verhaltenskonsistenz: Väter, die schon vor der Trennung engagiert in der Kinderbetreuung waren, sind es häufig auch nach der Trennung. Väter, die ihre Kinder schon vorher selten gesehen und wenig versorgt haben, haben auch in ihrem neuen Leben wenig Raum für sie – das gilt auch für solche Väter, die zwar vor Gericht ein Wechselmodell erstreiten wollen, dann aber die Kinder über viele Stunden in wechselnde Betreuung geben und nur wenig Zeit mit ihnen verbringen.

Aktivierte Väter. Andere Väter erzählten Hetherington in den Interviews, dass ihnen durch den Verlust ihrer Familie erst bewusst wurde, wie sehr sie ihre Kinder liebten.[19] Sie engagierten sich deutlich mehr als vorher, besuchten die Sportevents ihrer Kinder und Schulveranstaltungen, gingen zu Elternabenden und taten plötzlich all die Dinge, für die sie sich vorher weniger interessiert oder keine Zeit frei gemacht hatten.

Dies sind die Väter, die ihre Kinder nach der Trennung tatsächlich mehr sehen als zuvor, teilweise sogar besser kennenlernen. Es kann für Eltern und Kinder eine schöne und für die Mütter eine entlastende Erfahrung sein: Sie haben jedes zweite Wochenende frei und der Vater engagiert sich auf eine Weise, die er in der Beziehung nie an den Tag gelegt hat.

Deaktivierte Väter. Die dritte Gruppe bestand aus Vätern, die sich nach der Trennung langsam von ihren Familien wegentwickelten. Das kann damit zu tun haben, dass sie mit ihrem neuen Leben zu sehr beschäftigt sind oder die Bindung zu ihren Kindern verlieren, aber Hetherington stellt fest: »Eine überraschende Anzahl bleibt weg, weil sie es weniger schmerzhaft finden, gar nicht mehr im Leben ihres Kindes zu sein, als nur halb daran teilhaben zu dürfen.« Das Gefühl, das Kind immer wieder »abgeben« zu müssen, beschreibt ein Vater als so schmerzhaft, dass allein der Gedanke an die Umgangstermine schon schmerzte.[20]

Andere hatten zu viele Konflikte mit ihren Ex-Frauen und das Gefühl, im Leben ihrer Kinder keine Rolle mehr zu spielen, sodass sie sich ausgeschlossen fühlten.

Nach etwa zwei Jahren hatten die meisten Väter regelmäßige Umgangskontakte, in der Studie von Hetherington waren diese zunächst alle zwei Wochen oder einmal im Monat, aber nach zwei Jahren sahen nur noch wenige Väter dieser Gruppe ihre Kinder mehr als einmal pro Woche.

Wie oft Väter ihre Kinder sehen, hängt neben den eben beschriebenen noch von weiteren Faktoren ab, zum Beispiel: Wie friedlich ist der Umgang mit der Ex-Frau? Wie zufrieden sind die Väter mit der Scheidungs- und Umgangsvereinbarung? Eine US-amerikanische Arbeit aus dem Jahre 2010 skizziert ebenfalls verschiedene mögliche Entwicklungen und zeigt, welche Umstände den Kontakt von getrennt lebenden Vätern beeinflussen können.[21]

Je älter das Kind bei der Trennung war, desto eher hat sich eine enge Bindung zwischen Vater und Kind entwickelt. Mehrere Studien zeigen, dass Väter weniger Kontakt haben, wenn die Trennung sehr früh nach der Geburt des Kindes stattfindet. In diesen Studien hatten die Väter, die vorher mit der Mutter verheiratet waren, länger und mehr Kontakt mit ihren Kindern als unverheiratete Väter, allerdings stammen die Daten der entsprechenden Studie aus den Jahren vor 2007.[22]

Eindeutiger ist der Befund, wenn man nach der Bildung der Väter fragt. Hochgebildete Väter scheinen den Kontakt zu ihren Kindern eher zu halten als wenig gebildete. Die Studienautoren führen das darauf zurück, dass solche Probanden eher bereit sind, neue soziale Normen wie die Wichtigkeit des Vaters für die Entwicklung der Kinder anzunehmen – aber auch das ist nur eine Vermutung unter vielen. Denn ebenfalls eine Rolle spielen dürften schlicht die größeren (finanziellen) Ressourcen, die besonders dann wichtig werden, wenn die Kinder weiter weg vom Vater wohnen.

Sehr junge Väter, Teenager und Männer in den frühen Zwanzigern, haben ebenfalls die Tendenz, ihre Kinder nach einer Trennung nicht mehr zu sehen. Sie stecken häufig noch in der Ausbildung, haben wenig finanzielle Mittel und sind in der Regel unverheiratet und ungeplant Vater geworden. Je älter der Vater bei der Geburt des Kindes und der Trennung ist, desto eher bleibt er engagiert im Leben des Kindes.

Schwierig wird es offenbar, sobald die Mutter einen neuen Partner hat. Viele Studien zeigen, dass das Engagement des leiblichen Vaters in diesem Fall eher abnimmt. Es ist unklar, ob das daran liegt, dass der Vater es nicht mehr als so dringend ansieht oder ob die Mutter den Kontakt jetzt nicht mehr so stark fördert. Gleichzeitig konnten die Forschenden in ihrer eigenen Studie diesen Effekt nicht nachweisen – er dürfte also auch stark von der jeweiligen Beziehung abhängen.

Definitiv eine Rolle spielt die geografische Distanz zum Vater. Zieht die Mutter weg, wird der Kontakt aufwendiger und teurer für den Vater, andere Väter ziehen selbst weg, weil sie keinen inneren Impuls haben, nah bei ihren Kindern zu bleiben. Väter, die mehr als 100 Meilen weit entfernt von ihren Kindern leben, sehen sie nicht nur weniger, sondern telefonieren auch weniger mit ihnen. Es scheint wenig verwunderlich – wir wissen, wie schwierig es schon für Erwachsene ist, eine Distanz-Beziehung aufrechtzuerhalten und am Telefon Bindung herzustellen.

Den meisten Kontakt hatten in der Hetherington-Studie[23] getrennt lebende Väter, die

* zum Zeitpunkt der Trennung Kinder im Schulalter hatten,
* selbst älter und höher ausgebildet waren, also mehr Ressourcen hatten,
* ältere, besser ausgebildete Ex-Partnerinnen hatten,
* Unterhalt zahlten,
* unter 100 Meilen weit von den Kindern entfernt wohnten,
* einen guten Kontakt auf Elternebene mit der Mutter hatten.

Getrennt lebende Mütter bleiben laut Studienlage wahrscheinlicher als getrennt lebende Väter engagierte, aktive Eltern – aber auch hier dürfen wir davon ausgehen, dass das eben nur der Mittelwert ist. Wir lesen auch immer wieder von Müttern, die aus verschiedenen Gründen ihre Kinder verlassen, zurücklassen oder keinen Kontakt mehr zu ihnen haben. Wenn sie Kontakt halten, sahen in den ausgewerteten Studien die Probandinnen ihre Kinder doppelt so häufig und nahmen weiter teil an ihrer Erziehung als in den Studien beobachtete Väter: Im Schnitt setzen sie auch weiterhin Grenzen, geben Ratschläge, gehen feinfühlig und aktiv mit den Kindern um. Sie arrangieren ihr Leben eher so um, dass das Kind hier gut hineinpasst. Oft haben sie ein eigenes Zimmer für ihr Kind, das bei ihnen Kleidung, Spielzeug und Bücher hat.

In Interviews der Hetherington-Studie gaben Kinder über ihre getrennt lebenden Mütter häufig an, dass sie sich ihnen nahe fühlen, mit ihnen über ihre Gefühle sprechen können und das Gefühl haben wichtig für sie zu sein – mehr, als das Kinder über ihre getrennt lebenden Väter berichteten.[24]

Gerade in den letzten Jahren, wo sich gesellschaftliche Erwartungen und finanzielle Möglichkeiten für Frauen zu ändern begonnen haben, gibt es selbstverständlich auch den umgekehrten Fall: dass die Mütter diejenigen sind, die sich nach einer Trennung vorrangig um ihre eigenen Bedürfnisse kümmern, und dass die Väter zur Hauptbezugsperson werden. Auch unter Müttern kommt es vor, dass sie sich aus verschiedensten Gründen von ihren Kindern abwenden und wenig emotional verfügbar sind. Häufig erfahren diese Mütter auch heute noch starke moralische, negative Reaktionen aus ihrer Umgebung – deutlich stärker als Väter, die Ähnliches tun. Wenn wir wollen, dass Kindern beide Eltern erhalten bleiben, dann sind kluge Verhandlungen die wichtigste Grundlage - es gibt unendlich viele Dinge, die wir absprechen müssen. Wie die richtigen Fragen uns dabei helfen können, sehen wir im nächsten Kapitel.

Lass uns das klären

Wie wir so reden, dass andere zuhören

Damit wir überhaupt miteinander sprechen können, müssen wir verstehen, was in einem Trennungsprozess mit den Worten passiert. Sie verändern sich. Wenn wir wissen, wie sie sich verändern, können wir besser damit umgehen – was sich positiv auf die jetzt anstehenden Verhandlungen auswirkt.

Wenn es in einer Beziehung zu kriseln beginnt, sieht man das oft daran, dass wir die Energie, die wir bis dahin in positive Interpretationen von Worten und Taten gesteckt haben (»Das hat er/sie nicht mit Absicht gemacht, das werden wir noch gemeinsam lernen und hinkriegen, ich bin mir sicher, dass das nicht so gemeint war, er/sie ist kompetent wie ich, wir müssen nur anders kommunizieren«), plötzlich in negative Interpretationen stecken (»Er/Sie hört sowieso nie zu, das war schon immer so, das ändert sich ohnehin nicht, er/sie will mich einfach nicht verstehen, wir reden einfach immer aneinander vorbei «).

Was wir vorher weggelächelt, entschuldigt oder positiv besetzt haben (Positive Sentiment Override, PSO), nehmen wir jetzt als bedrohlich, ärgerlich und negativ wahr (Negative Sentiment Override, NSO), so die Theorie der berühmten Paarforscher John und Julie Gottman, die über Jahrzehnte Paare und ihre Beziehungsdynamiken beobachtet haben.[1]

Das Problem ist: In so einer Situation verhandelt es sich denkbar schlecht. Madame Amy springt ständig aus dem Sessel und ruft: »Siehst du! Er tut es schon wieder!« Und wir verlieren die Kontrolle, hören nicht mehr zu, reagieren im Affekt. Das ist schlecht für alle – und macht uns weder glaubwürdiger noch klüger.

Grundsätzlich gilt: Jede Beziehung kommt früher oder später an diesen Punkt. Verliebte schwelgen geradezu im PSO – was auch für Warnungen von guten Freunden kommen, es wird alles weggelächelt und der oder die Verliebte ist für negative Hinweise einfach nicht erreichbar. Wenn es nicht gerade so ist, dass wir dann »aus allen Wolken fallen«, weil uns der Partner plötzlich verlässt, geht einer Trennung meist eine lange Phase von genau dem Gegenteil, also von NSO, voraus: Egal, was der andere sagt, es bringt uns auf die Palme. Wir interpretieren alles, was er oder sie von sich gibt, grundsätzlich negativ – wo wir es vorher als grundsätzlich positiv interpretiert oder als neutral bewertet haben. Es liegt nahe, dass das keine gute Basis für Verhandlungen sein kann – und doch kann es uns im Schmerz der Trennungssituation passieren.

Was also tun wir? Wir kehren wieder auf neutralen Grund zurück.

- Wir machen uns klar, dass nichts von dem, was hier gesagt wird, persönlich gemeint sein muss.
- Wir machen uns bewusst: Auch der/die andere ist verletzt und ich reagiere nicht auf Angriffe.
- Wir können unsere Empathie aktivieren und das kleine Kind in dem anderen sehen, das er oder sie mal war und das auch einfach nur versucht, zu überleben.
- Wenn wir uns kommunikativ verhaken, machen wir eine Pause und kehren wieder auf neutralen Grund zurück.
- Wir versuchen dazu Folgendes: Vor einer Antwort immer einmal durchatmen, mit den Fingern elf Sekunden lang auf das Knie klopfen,[2] die Schultern lockern. Das verschafft uns Zeit für eine kluge Erwiderung.

»Trennung ohne Drama«-Tipp

Die kluge Führungskraft sagt: Rufe dir vor und in Konfliktsituationen immer wieder Folgendes ins Bewusstsein:

* Ich gehe auf keine alten Muster/Spiele/Fangfragen ein.
* Ich kann ruhig und klar meine Grenzen kommunizieren: »Ich will darüber nicht sprechen, ich will so nicht sprechen, ich möchte das hier beenden.«
* Ich kann die Kommunikation beenden und mir Hilfe holen, wenn wir zu zweit nicht weiterkommen.
* Ich kann »am Ball bleiben« und aus kommunikativen Sackgassen herausfinden, ohne »na gut, dann kriegst du halt …«-Kompromisse eingehen zu müssen.

Zwischen Reiz und Reaktion ist ein Raum –
hier können wir agieren.

Wie wir Vereinbarungen richtig verhandeln

Wenn wir im Internet »Verhandlungstaktik« suchen, finden wir Dinge wie die »Herzinfarkttaktik«, »Auge um Auge« oder die »Salamitaktik«. Viele von uns assoziieren mit »verhandeln« einen Basar, auf dem man erst mal einen schockierend hohen oder niedrigen Preis nennt, um sich dann in der Mitte zu treffen. Es fühlt sich nicht gut an – und es ist auch nicht schlau. Denn wir sind nicht auf dem Basar. Wir sind in der Familie. Wir brauchen also andere Wege.

Die »Trennung ohne Drama«-Methode funktioniert auch hier bestens. Das Erste, was wir machen wollen, ist, die Madame Amy unseres Gegenübers zu beruhigen. Solange sie hektisch »Alarm« brüllt, kann er oder sie uns tatsächlich nicht hören, geschweige denn verstehen. Wir wollen niemanden manipulieren, zwingen oder überreden, denn hier geht es nicht um eine kurzfristige Transaktion, sondern wir werden mit dieser Person noch viele Jahre zusammenarbeiten müssen. Wir brauchen also eine tragfähige Grundlage, an die wir beide glauben.

Unsere Verhandlung zielt daher darauf ab, uns und unser Gegenüber erst einmal zu beruhigen, damit wir mit dem Verstand arbeiten können, statt uns im Kampfmodus zu streiten.

Es wird Menschen geben, mit denen das klappt. Es wird Menschen geben, mit denen das nicht möglich ist. Es wird Menschen geben, mit denen das erst nach vielen, vielen Treffen, Sitzungen, Mediationsversuchen möglich ist. Es kann dauern. Wie wir bereits wissen, hat es wenig Sinn, mit jemandem zu verhandeln, der sich noch unter dem Schock der Krise befindet, denn hier dominieren Angst, Kontrollverlust oder Wut – alles starke Emotionen, die den Zugang zum Verstand blockieren. Wir müssen also erst einmal überhaupt in einen Verhandlungsmodus kommen, und das dauert oft sehr viel länger, als wir denken.

Nehmen wir uns Zeit, wo immer möglich. Gehen wir nicht aus dem Kontakt, aber schützen wir uns selbst, wenn der oder die andere noch im Angriffsmodus ist. Kommen wir später wieder darauf zurück. Versuchen wir es erneut. Wenn wir merken, dass wir es heute nicht schaffen – macht nichts. Seien wir ehrlich: »Ich kann das heute nicht, ich bin zu aufgewühlt«, und verabreden wir uns erneut. Suchen wir uns Hilfe, einen Puffer, jemand, der zwischen uns sitzt und die erhitzten Gemüter beruhigt. Alles das kann helfen. Und dann machen wir erst mal unsere Hausaufgaben …

Vorbereitung: Sich aufs Zuhören einstimmen

Mir hat man noch beigebracht, dass ich als Verhandelnde immer vorher überlegen sollte, was der andere wollen könnte, welche Attacken er fährt, wie ich reagieren sollte. Diese Art von Vorbereitung polt uns auf Kampf – genau das wollen wir aber nicht.

Daher richten wir unseren Fokus darauf, herauszufinden, was der andere möchte. Wir bereiten uns darauf vor, ihm oder ihr zuzuhören, bis wir wirklich alles verstanden haben und wissen, wie er oder sie die Welt sieht (ohne dem zustimmen zu müssen). Wir lassen uns überraschen und legen uns auf nichts fest: »Eine Verhandlung ist kein Kampf, sondern ein Prozess voller Entdeckungen«, sagt Chris Voss, Autor und jahrelanger Verhandlungsführer bei Geiselnahmen des FBI.[3]

Statt uns ständig Gegenargumente zu überlegen, während der andere spricht, hören wir ganz konzentriert zu. Unser Fokus ist die andere Person. Nichts ist in diesem Moment wichtiger. Wir verpassen sonst wichtige Informationen und außerdem können wir so Menschen, die zum Beispiel einen narzisstischen Persönlichkeitsstil oder eine Beharrer-Mentalität haben (PCM – Process Communication Model, siehe auch das Kapitel *Stresstypen und aktive Bewältigungsstrategien*), das Gefühl von Wichtigkeit geben, das sie für eine Kooperation brauchen.

Wir sind darauf vorbereitet, wenig zu reden und viel zuzuhören. Wir halten Augen und Ohren offen und unseren Mund geschlossen. Wir müssen keine Angst haben, nicht zu Wort zu kommen. Niemand kann einfach über uns hinweg etwas entscheiden. Aber ein Sprichwort sagt:

> *Solange du nichts gesagt hast, bist du Herr über deine Worte.*
> *Sobald du gesprochen hast, sind deine Worte Herr über dich.*

Lassen wir also den anderen reden. Wir nehmen uns Zeit. Und wir lassen uns nicht hetzen. Wir wollen verstehen, was der andere denkt. Das geht nicht in Eile. Wir sitzen hier, wir kommen wieder, das dauert. Das ist okay.

»Trennung ohne Drama«-Tipp

Die kluge Führungskraft sagt: Wenn es dir schwerfällt, deiner:deinem Partner:in zuzuhören, weil Madame Amy ständig aus der Wäsche springt, dann stelle dir sie oder ihn als kleines Kind vor. Wer ist das kleine Kind, das in diesem Erwachsenen steckt, der mich gerade so nervt, der mich so verletzt hat? Welche Nöte hat dieses Kind, wo ruft es nach Sicherheit, Aufmerksamkeit, nach Liebe? Alle Menschen wollen geliebt werden. Es kann in Verhandlungen helfen, unsere Empathie anzuschalten, wenn wir uns klarmachen, dass auch im anderen ein verletztes Kind steckt. Das heißt nicht, dass wir ihm oder ihr in allem zustimmen, es hilft einfach nur, ruhig und zugewandt zu bleiben.

Unser Körper, unsere Stimme

Wenn wir gestresst sind, hört man das an unserer Stimme – unsere Stimmbänder reagieren sehr, sehr sensibel auf unsere Gefühle. Die gute Nachricht ist: Wenn wir ruhig reden, beruhigen wir nicht nur den anderen, sondern im Idealfall auch gleichzeitig uns selbst.

Jetzt reden wir klar, ruhig und direkt und signalisieren damit: »Ich bin in Sicherheit, du bist in Sicherheit, komm, wir lösen das zusammen.«

Unsere Körperhaltung sollte ebenfalls für uns statt gegen uns arbeiten. Wir haben beide Füße auf dem Boden – das gibt uns Ruhe und im wahrsten Sinne des Wortes Bodenhaftung. Wir sitzen nach hinten gelehnt in unserem Stuhl – das führt dazu, dass der oder die andere »uns entgegenkommen kann« und sich nicht von uns bedroht fühlt. Wir entspannen immer wieder bewusst Kiefer, Schultern und Bauch und was immer wir gewohnheitsmäßig anspannen, wenn wir unter Stress sind. Warum? Weil ein angespannter Kiefer Madame Amy signalisiert: »Gefahr! Alles auf Alarm! Wir müssen weglaufen!« – was wir nicht müssen und nicht können.

»Trennung ohne Drama«-Tipp
Die kluge Führungskraft sagt: Nutze den Bodyscan, um dein Stresssystem zu beruhigen – es ist, als würdest du Madame Amy sanft in ihren Schaukelstuhl zurückstupsen. So lernt dein Körper, auf deiner Seite zu sein, und du hast dein Stresssystem viel besser im Griff. Suche »Bodyscan«-Meditation auf YouTube und nutze eine Version, die dir gefällt und bei der du dich wohlfühlst.

Kooperativ verhandeln

Die folgenden Strategien können uns helfen, unser eigenes Stresssystem und das des Gegenübers zu entspannen, sodass es möglich wird, auch bei Meinungsverschiedenheiten zusammenzuarbeiten.

Der Spiegel

Wenn wir mit jemandem so verhandeln wollen, dass er oder sie uns nicht als Feind sieht, dann ist der erste Weg das Spiegeln. Allerdings nicht im Sinne vermeintlich guter Tipps wie: »Imitieren Sie die Körperhaltung Ihres Gegenübers, seinen Singsang etc.« Ich meine hier etwas anderes. Denn wenn unser Gegenüber aufgeregt und gestresst ist, dann wollen wir das nicht verstärken. Aber wir können den Stress der anderen Person massiv mindern, wenn er oder sie ins Reden kommt.

Die meisten Menschen entspannen sich, wenn sie sich den »Stress von der Seele reden« können und das Gefühl haben, »gehört« zu werden. Und wie machen wir das? Wir wiederholen im Prinzip die letzten drei Worte unseres Gegenübers: »Ich war mit dem Ergebnis der letzten Sitzung sehr unzufrieden!« »Du warst sehr unzufrieden?« »Ja, ich fand …« So können wir das Gespräch am Laufen halten, ohne in einen unnötigen und ineffektiven Streit zu geraten. Der andere kann sich austoben und gesehen fühlen und wir kommen im Idealfall wieder in ruhigeres Fahrwasser.

Wichtig ist: Wir brauchen selbst die Ruhe, um den anderen denken und sprechen zu lassen. Wir wollen wirklich verstehen und bitten den anderen um Hilfe dafür: »Du bist wirklich sauer …« Wenn jetzt keine Reaktion kommt, warten wir ab. Wir sagen nichts. Wir schauen. Wir atmen. Wir konzentrieren uns auf unseren Körper. Wir zählen mindestens bis vier, besser bis elf. Der andere wird etwas sagen oder tun, auf das wir reagieren können.

Die freundliche Konfrontation

Wenn wir jemanden damit konfrontieren möchten, dass seine Idee Quatsch ist, können wir ebenfalls den Spiegel benutzen, diesmal als freundliche Konfrontation. Wir sagen: »Warte, du möchtest …« Und wollen wirklich verstehen, was der andere möchte. Wir wiederholen es einfach. Dann warten wir. Der andere wird so etwas sagen wie: »Ja, ich möchte, dass du …« Wir wiederholen den Spiegel: »Entschuldige, ich soll also …? Jeden Mittwoch?«

Wir fragen das nicht aggressiv oder mit einer »Hast du sie noch alle??«-Haltung, sondern ruhig und im »Ich will verstehen«-Modus. »Du möchtest, dass ich jeden Mittwoch durch die ganze Stadt fahre und zwei Stunden auf die Kinder in deiner Umgangszeit aufpasse, damit du zum Badminton gehen kannst? Ist es das?«

Der andere wird sehr schnell merken, was das bedeutet, und wenn er nur einen Funken Verstand und Empathie hat, ist er oder sie jetzt offen dafür, eine andere Lösung zu finden. Wenn nicht, machen wir weiter mit dem nächsten Schritt.

Das Etikett

Versetzen wir uns in den anderen hinein und geben seinen Gefühlen einen Namen: »Es sieht so aus, als ob es dir wirklich wichtig ist, zum Badminton zu gehen.« Oder: »Es klingt so, als fühlst du dich unwohl mit der Idee, dass wir ...«, oder: »Es scheint dich zu stressen, wenn ...«

Der Trick am Etikett ist, dass ich nicht sage: »Ich habe den Eindruck, dass ...«, oder noch schlimmer, weil sachlich falsch: »Ich hab das Gefühl, dass du das nicht gut findest.« Das Wort »Ich« empfinden gestresste Menschen häufig bereits als Angriff, was folgt, empfinden sie als Bewertung, es kann alte Streitmuster wieder hervorholen.

Wenn ich mit »Es scheint, es klingt so, es sieht so aus ...« anfange, habe ich mehr Abstand und der andere kann sich in meinen Worten wiederfinden, ohne sich bedroht zu fühlen. Auf diese Weise kann ich auch die ganz großen Themen ansprechen: »Es klingt so, als hättest du Sorge, den Kontakt zu deinen Kindern zu verlieren« – wenn wir Ängste benennen, können wir ihnen die Spitze nehmen. Alles, was unausgesprochen ist, rumort im Unterbewusstsein und sorgt für Unruhe. Was auf dem Tisch liegt, wird besprechbar, erfassbar und ist damit auf dem Weg, einer Einigung nicht mehr »unsichtbar« im Wege zu stehen.

Gleichzeitig zeige ich Empathie – was bei einem gesunden Homo sapiens ebenfalls seine Empathie anknipst. Das kann auch bei Dritten hilfreich sein: »Es scheint mir, dass Sie auch finden, dass ...« Auf diese Art kann ich auch einfach Verständnis zeigen für die Situation von anderen Menschen: »Es sieht so aus, als hätten Sie auch einen langen Tag gehabt, und zwei Eltern, die sich nicht einigen können, stehen nicht gerade auf Ihrer Lieblingsliste heute …« – das kann die Stimmung mit einem gestressten Jugendamtsmitarbeiter durchaus verbessern. Menschen wollen gar nicht immer gewinnen. Oft wollen sie vor allem gesehen werden.

Und wenn der andere sagt: »Nein, das hast du völlig falsch verstanden!«, kann ich immer einen Schritt zurückgehen und sagen: »Ich wollte nicht sagen, dass es so ist, es schien nur so. Wie ist es denn dann?« Und schon ist das Gespräch wieder auf dem Weg. Was wir jetzt allerdings schaffen müssen: warten. Warten, was der oder die andere sagt. Zuhören. Und verstehen wollen (was nicht »zustimmen wollen« heißt!).

Das Etikett ist so wichtig, weil wir damit herauskriegen, was den andern davon abhält, sich mit uns zu einigen.

Die Gründe, sich nicht zu einigen, sind oft so viel stärker als die Motivation, sich zu einigen. Wenn wir sie benennen, auf den Tisch legen und besprechen, können wir sie überhaupt erst aus dem Weg räumen.

Wenn etwas passiert, das für uns gar nicht geht, wollen wir ablehnen. Wir sollten ein paar Strategien dafür haben, wie das möglich ist, ohne gleich in die Konfrontation zu gehen – die sehen wir jetzt.

Sechs Wege, empathisch »Nein« zu sagen

Wenn wir etwas nicht wollen, sagen wir es im Idealfall schlicht und einfach, klar und freundlich: »Nein.« Aber manchmal ist das gar nicht so einfach. Dann können wir es auch etwas empathischer verpacken.[4]

1. Ich sehe dich, ich höre dich

Wir sehen den anderen und wir verstehen ihn. Aber wir können nicht. Oder wir wollen nicht – was genauso legitim ist. Wir fühlen mit der anderen Person mit, aber wir werden nicht uns selbst verraten, um es jemand anderem recht zu machen. Daher sagen wir: »Ja, ich verstehe, dass das für dich die beste Lösung wäre. Es scheint, als würde das perfekt für dich passen. Für mich passt es leider nicht.«

Wenn jetzt weitere Argumente kommen, dürfen wir nicht in den Kampf gehen. Madame Amy darf sich wieder setzen. Die kluge Führungskraft ist am Zug, zu sagen: »Ja, ich höre das, es wäre besser für dich. Für mich geht es leider nicht.« Kommt noch ein Argument? Wir bleiben empathisch und klar: »Das kann ich mir vorstellen. Ich sehe, dass dir das wichtig ist. Wir finden sicher eine Lösung.« Wir sollten unser »Nein« nicht mehrmals wiederholen, das stachelt das Gegenüber nur zu Aggression an. Stattdessen fragen wir: »Diese Lösung passt für mich nicht, wie könnten wir es noch machen?« Das öffnet das Gespräch und wir können weitergehen, statt uns hier in einem Kampf festzufahren.

2. Darüber muss ich nachdenken

Manchmal fühlen wir uns in die Ecke gedrängt, wollen nicht gleich »Nein!« rufen, sind aber auch nicht überzeugt. Dann ist es gut, zu sagen: »Ich muss darüber nachdenken, ich werde mich beim nächsten Treffen dazu äußern.« Wir sind ja nicht die Feuerwehr. Wir können auch sagen: »Über so große Entscheidungen schlafe ich in der Regel noch einmal, das ist also ein gutes Thema für das nächste Treffen.« Ein kluger Mensch in meinem Leben sagt immer: »Ich brauche dafür eine Nachtverarbeitung, ich melde mich morgen.«

Wir sollten uns allerdings nicht darauf festlegen lassen, dass wir gleich morgen früh eine Entscheidung präsentieren, sonst dreht Madame Amy die ganze Nacht am Rad und wir sind am nächsten Tag so schlau wie vorher. Machen wir einen neuen Termin, sprechen wir noch mit ein paar Menschen darüber. Niemand kann von uns verlangen, dass wir Entscheidungen, die unser ganzes Leben und die Kinder betreffen, über Nacht fällen. Wir sollten sie aber auch nicht – Vorsicht an alle, die zum Grübeln neigen! – endlos aufschieben. Das kostet Energie.

3. Das ist eine tolle Idee

Wenn eine Idee an sich gut, aber leider undurchführbar ist, sollten wir nicht rufen: »Was hast du dir denn *da* ausgedacht?« , denn das ist ein Angriff. Besser sagen wir, was ist: »Das ist eine tolle Idee. Wie genau könnte das konkret aussehen?« Und dann lassen wir das Gegenüber erst einmal erzählen.

Entweder überzeugt uns die Konkretisierung, dass es wirklich durchführbar ist, oder wir können mit zwei, drei gezielten Nachfragen (»Wer genau bringt das Kind dann mittwochs zum Sport? Und wie kommt es nach Hause, wenn du noch im Büro bist?«) gemeinsam herausfinden, dass wir einen anderen Weg suchen müssen.

4. Darauf kann ich mich nicht festlegen

Wechselmodell (siehe Seite 150) trotz konflikthafter Elternbeziehung? Residenzmodell (siehe Seite 149) ohne Unterhaltszahlung? Was immer es ist – wir können ganz klar sagen: »Darauf kann ich mich nicht festlegen, das greift zu sehr in meine Rechte ein.« Damit ist klar, dass wir hier nicht kompromissbereit sind. Wenn jemand trotzdem darauf beharrt, können wir immer sagen: »Ich werde mich jetzt nicht festlegen, aber ich kann mich gerne noch einmal beraten lassen.«

Zu dieser Strategie gehört auch: »Das kommt für mich nicht infrage« oder »Das tue ich grundsätzlich nicht«, wenn zum Beispiel jemand möchte, dass ich spontan etwas unterschreibe. Ruhig. Klar. Freundlich. Dann lehnen wir uns zurück und warten ab. Wir bieten keine Alternative an, wir öffnen keine Türen. Wir sind klar.

5. Ich nehme das mal mit

Manchmal geht es um Ratschläge, die wir unnötig finden, die aber nicht weiter schaden. Dann können wir einfach freundlich sagen: »Danke, ich nehme das mal mit« – und dann tun wir das, was wir für richtig halten. Das tut niemandem weh, wir müssen nicht in den Kampf gehen, falls uns jemand zum Beispiel ohne Auftrag eine Beratung erteilt hat, der andere fühlt sich gesehen und wir haben gleichzeitig mitgeteilt, dass wir darüber jetzt nicht weiter sprechen werden.

6. Sie denken jetzt sicher …

Es gibt noch eine Art, »Nein« zu sagen und gleichzeitig die Tür offen zu halten. Es ist die »Sie halten mich sicher für verrückt, aber …«-Taktik: »Sie werden mich für eine dieser Gluckenmütter halten, aber vier Tage beim Vater – das schafft das Kind nicht, dazu ist es zu klein. Wie könnten wir stattdessen den Kontakt sicherstellen?«

So nehme ich schon vorweg, was der oder die andere Negatives über mich denken könnte, und es kommt auf den Tisch, was sonst unausgesprochen bleibt. Wenn jemand jetzt sagt: »Ja, das denke ich«, können wir wenigstens offen darüber sprechen. Viel wahrscheinlicher ist es aber, dass jemand sagt: »Aber nein, es ist nur …«, und dann können wir weiter verhandeln und wegkommen von »Warum sagen Sie nicht einfach JA???« hin zu »Wie könnten wir es anders machen?«.

Wenn der andere »Nein« sagt

Oft haben wir in Verhandlungen Angst davor: »Was ist, wenn er/sie Nein sagt?« Die Antwort lautet: Dann ist noch Verhandlung. Genau wie jetzt.

Wenn jemand »Ja« sagt, haben wir eine Einigung. Wenn jemand »Nein« sagt, haben wir eine Verhandlung. Mehr nicht. Es hat sich nichts geändert. Es geht nicht ums Gewinnen. Wir müssen keine Angst haben.

Wenn jemand »Nein« sagt, dann verhandeln wir weiter. Wir fragen nie, nie, niemals: »Warum nicht?«

»Warum?« empfinden die meisten Menschen als Angriff. Wenn wir »Warum?« gefragt haben, können wir gleich aufstehen und gehen und es morgen noch mal versuchen. Meistens ist es jetzt vorbei. Was tun wir stattdessen? Wir fragen: »Wie?«

- »Wie können wir dann jetzt weitermachen?«
- »Wie würdest du es dir vorstellen?«
- »Wie müsste es sein, damit du zustimmen kannst?«
- »Es gibt bestimmt etwas, was wir noch übersehen haben, lass uns noch mal schauen, wie es gehen könnte.«
- »Was daran ist nicht gut für dich?«

»Nein« kann ein Gespräch auch entspannen. Genauso wie wir »Nein« als befreiend empfinden können, weil wir eine Grenze gesetzt haben, kann es unserem Gegenüber auch so gehen. Jetzt sind die Grenzen klar. Wunderbar, alle können durchatmen. Dann verhandeln wir jetzt weiter: Wenn das die Grenze ist, wie kommen wir dann jetzt weiter?

»Nein« sagen Menschen auch, wenn sie nicht verstanden haben, was wir möchten, wenn sie noch nicht so weit sind, wenn sie müde sind, wenn sie ein ungutes Gefühl haben, wenn sie mehr Infos brauchen, wenn sie noch mal drüber schlafen müssen. Es gibt keinen Grund, dem anderen nicht diese Zeit zu geben: »Ich höre dich. Was hältst du davon, wenn wir uns morgen treffen und überlegen, wie es dann gehen könnte?«, könnte ein konstruktiver Abschluss an so einer Stelle sein.

Wir können sogar auf ein »Nein« hinarbeiten: »Willst du, dass wir so enden wie …?« »Willst du, dass die Kinder zwei Mal pro Woche die Koffer packen müssen?« »Willst du zwei Anwälten einen Haufen Geld zahlen, damit sie für uns das tun, was wir auch alleine könnten?« »Hast du es aufgegeben, hier eine friedliche Lösung zu finden?« »Wollen wir riskieren, dass ein Gericht uns das alles aus der Hand nimmt – und dass keiner von uns bekommt, was er will?«

Was immer es ist – wir können gezielt eine Frage stellen, um ein Nein zu bekommen. Und dann öffnen wir die Tür: »Was also sollten wir tun?«

Der Charme all dieser Gespräche ist, dass …

* wir nicht in Stress geraten und nicht ständig Selbstgespräche führen, statt dem anderen zuzuhören.
* wir wirklich bei dem anderen sind, ohne ihm zustimmen zu müssen.
* unsere Beziehung intakt bleibt oder aufgebaut wird.
* wir verstehen, welche versteckten Gedanken der andere hat.
* wir mehr hören, als der andere uns in einer Kampf-Verhandlung sagen würde.
* wir Madame Amy beruhigen und ein Gefühl von Laufruhe ins System bringen können.
* wir vermeiden, in den reaktiven Stressmodus zu kommen, und unserem Gegenüber helfen, dort ebenfalls nicht hineinzugeraten.
* wir an Lösungen arbeiten, statt uns über alte Muster oder vermeintliche Schuld zu streiten.
* wir dem anderen über die »Wie wollen wir es machen?«-Fragen ein Gefühl von Macht und Kontrolle geben, das vielen Menschen hilft, zu entspannen und loszulassen.
* wir so lange verhandeln, bis der andere das Gefühl hat, dass es »fair« ist – und wenn er das nicht hat, etikettieren wir das: »Ich will nicht, dass du dich unfair behandelt fühlst, sag mir, was du

brauchst, und wir finden eine Lösung«, und fangen von vorne an.

- wir gleichzeitig bei uns selbst bleiben und keine faulen Kompromisse schließen – denn das wäre für alle das schlechteste Ergebnis. Ich erkläre im nächsten Abschnitt, warum.

Warum wir Kompromisse vermeiden

Wie könnte ein Kompromiss aussehen? Trage ich einen braunen und einen blauen Schuh, wenn ich mich nicht entscheiden kann? Kriegt jeder ein Kind, wenn wir zwei haben? Schneiden wir den Küchentisch in der Mitte durch?

Kompromisse sind häufig faul. Sie haben oft den Effekt, dass keiner so richtig zufrieden ist, und das führt dazu, dass mindestens einer früher oder später die Einigung boykottieren wird. Ein »Ja« ist nur tragfähig, wenn es wirklich von Herzen kommt. Wer sich auf einen Kompromiss einigt, wird sich schon bald nicht mehr an sein »Ja« halten wollen oder können.

Daher vermeiden wir Kompromisse um jeden Preis. Wir können Dinge ausprobieren, uns überzeugen lassen, neu verhandeln (siehe das Kapitel *Krise und Change-Management*), aber wir sollten uns auf nichts langfristig einlassen, was sich für uns oder den anderen falsch anfühlt. Es wird nicht klappen und im Kontext von Familie sind am Ende die Leidtragenden immer die Kinder.

Aber wollen wir auch mehr als nur ein »Ja, so machen wir es« – es kann auch Müdigkeit oder Feigheit sein, wenn jemand so etwas sagt. Wir fragen also sofort nach: »Gut, wie genau werden wir es machen?«

Wir gehen alles noch mal durch, fassen zusammen, paraphrasieren, was der andere gesagt hat, bis es für unser Gegenüber so passt, dass er oder sie sagt: »Ja, das ist richtig, so machen wir es.« Am besten sorgen wir dafür, dass der andere es mit seinen eigenen Worten noch einmal ausspricht – das erhöht die innere Verpflichtung und das Verständnis. Stehlen wir uns nicht erleichtert davon, wenn wir ein »Ja« haben, so attraktiv uns das auch gerade erscheinen mag. Wir werden es später bereuen, dass wir die Details nicht geklärt haben. Tun wir es jetzt. Schreiben wir es auf. Diese Techniken werden uns helfen, wenn wir uns jetzt hinsetzen und die Betreuung der Kinder verhandeln - neben finanziellen Fragen oft das Kernstück jeder Trennung mit Kindern.

Dieses Wochenende sind sie bei mir!

Umgang und Kindeswohl

Wie wir dem Thema Umgang begegnen, hat viel damit zu tun, warum wir uns getrennt haben. Gehen wir erst mal von einer Trennung ohne vorhergehende Gewalt und ohne Nachtrennungsgewalt aus – also zwei Erwachsene, die einfach nicht mehr Paar sein möchten, aber noch Eltern sind.

Ich bin ein großer Fan von Anne Dittmanns Buch »solo, selbst und ständig«, in dem das Kapitel über Umgangsmodelle »Fair Care« heißt. Sie beschreibt anschaulich, dass es alles andere als leicht ist, die Betreuung unserer Kinder miteinander zu teilen, wenn wir getrennt sind, vor allem wenn sie noch sehr klein sind. Gleichzeitig heißt es für viele Paare, dass sie entweder die vorher schon faire Aufteilung von Mental Load, Organisation und Arbeit rund ums Kind weiter gerecht aufteilen oder dass es jetzt möglich wird, den vorher stärker belasteten Elternteil zu entlasten.

Gemeinsame Entscheidungen

Wir haben ein gemeinsames Kind, das heißt, es gibt eine endlose Liste von Dingen, die wir gemeinsam entscheiden: wo das Kind zur Schule geht, ob es mit auf Klassenfahrten darf, welche medizinischen Maßnahmen angeraten sind, wo das Kind fremdbetreut wird, wo das Kind wohnt, wer sich wann um das Kind kümmert.

Und es gibt eine lange Liste von Dingen, die jeder Partner im Alltag für sich entscheidet: wie das Kind ernährt wird, wie lange es am Tablet spielen darf, zu welchem Sport er die Kinder mitnimmt, wann es schlafen geht und womit es spielt, wenn es dort ist. Alles, was nicht das Wohl des Kindes gefährdet, ist hier erlaubt – so steht es im Gesetz.

Eltern haben grundsätzlich die Pflicht, sich erst mal ohne weitere Hilfe zu einigen. Wenn das nicht geht, ist eine Mediation angeraten. Nur im Extremfall entscheidet das Familiengericht – aber nicht darüber, ob das Kind Würstchen essen darf oder um sieben im Bett sein muss.

Wir haben natürlich immer die Frage im Hinterkopf: Geht es dem Kind gut?

Grundsätzlich haben besonders am Anfang ständig schwelende Konflikte mit dem Negative Sentiment Override (NSO) zu tun, den ich im Kapitel »*Lass uns das klären*« beschrieben habe: Wir sehen den anderen deutlich negativer, als es vor der Trennung der Fall war. Auch alles, was er oder sie tut, beurteilen wir kritischer und wir erwarten negativere Effekte auf die Kinder.

Somit haben wir die ersten Regeln für den Umgang:

* Wie streiten niemals vor den Kindern.
* Wir streiten uns nicht über Kleinigkeiten wie vergessene Socken oder Ähnliches.
* Bevor wir uns verrückt machen, ob unser:e Ex gut zu den Kindern ist, holen wir die Liste aus dem Kapitel *Erste Priorität: Selbstfürsorge* hervor und lesen nach, was gut an diesem Menschen ist und was er oder sie Gutes für die Kinder hat.
* Wir richten uns darauf ein, dass wir das Umgangsmodell immer wieder an das anpassen müssen, was wir und vor allem die Kinder brauchen.

Väterrechte

Während in den 80er- und 90er-Jahren des vorigen Jahrhunderts Kinder von getrennten Eltern automatisch zu ihren Müttern gehörten, die dann auch das Sorgerecht bekamen, änderte sich das mit den aktiven Vätern. Anne Dittmann fasst in ihrem Buch anschaulich zusammen, wie zwei verschiedene Väterströmungen entstanden. Die eine Strömung hält an der traditionellen Ernährerrolle fest, will aber mehr Rechte für Väter[1] – einer der größten deutschen Vereine mit dieser Ausrichtung ist der »Väteraufbruch für Kinder« (VafK).[2] In der anderen Strömung finden wir die Väter, die mit den Müttern zusammenarbeiten, die Sorgearbeit aktiv teilen und traditionelle Männlichkeit infrage stellen wollen. Sie sind hierzulande zum Beispiel repräsentiert durch das »Bundesforum Männer«.

Das Residenzmodell

Beim Residenzmodell haben Kinder ihren Lebensmittelpunkt bei einem Elternteil und sehen den anderen regelmäßig unter der Woche, am Wochenende oder beides. Wie oft sie diesen Elternteil sehen, entscheiden die Eltern, und es kann von dem klassischen »alle zwei Wochen am Wochenende« bis hin zu mehrmals pro Woche und ein Tag pro Wochenende reichen. Das Residenzmodell bietet sich an:

- wenn das Kind noch sehr klein ist, unter Grundschulalter,
- wenn das Kind vor der Trennung vor allem von einem Elternteil betreut wurde, weil der oder die andere zum Beispiel viel arbeitete oder sogar auswärts war,

* als Anfangsmodell, bis die Kinder älter sind, sich die Wohnsituation ändert oder die Kinder sich langsam an die Aufenthalte und die Sorge beim anderen Elternteil gewöhnt haben.

Das Residenzmodell war und ist das am häufigsten gelebte Betreuungsmodell unter Trennungseltern in Deutschland. Es kann auch als erweitertes Residenzmodell gelebt werden. Die Übergänge zum Wechselmodell sind dann im Einzelfall fließend.

Finanziell bedeutet es, dass der betreuende Elternteil Unterhalt für das Kind bekommt sowie das Kindergeld und alle darüber hinausgehenden finanziellen Hilfen, die das Kind betreffen.

Das Wechselmodell

Beim Wechselmodell haben die Kinder zwei Lebensmittelpunkte, einen bei jedem Elternteil, wo sie jeweils die Hälfte der Zeit oder fast die Hälfte der Zeit verbringen. Das Wechselmodell bietet sich an:

* wenn die Kinder sich das Wechselmodell wünschen und gut damit klarkommen (manche Kinder brauchen einfach ein festes Zuhause, dann sollten wir es ihnen auch zugestehen).
* wenn die Eltern – besonders bei kleinen Kindern – schon vorher aktiv die Elternschaft geteilt haben.
* wenn die Kinder alt genug sind, um den Wechsel gut zu verkraften – mindestens drei Jahre alt sollten sie sein, empfiehlt der deutsche VAMV, internationale Studien empfehlen eher vier Jahre und älter.[3]
* wenn die Eltern gut miteinander auskommen und die vielen nötigen Interaktionen friedlich bewältigen können, der VAMV empfiehlt eine »besondere Toleranz und belastbare Kommunikationsfähigkeit«.
* wenn die Kinder keine Loyalitätskonflikte haben.

* wenn die Kinder von beiden Eltern finanziell ausreichend versorgt werden können – zum Beispiel bei beiden Eltern ein eigenes Zimmer haben, ein eigenes Bett, Spielzeug und Kleidung.
* je näher die Eltern aneinander wohnen, desto einfacher der Wechsel, desto einfacher ist es für die Kinder, in ihrem Alltag zum Beispiel weiter ihre Freunde zu sehen.

Kinder im Wechselmodell sind im Schnitt zufriedener als andere Trennungskinder – was, wie Katja Keul von Bündnis 90/Die Grünen in ihrem Beitrag zur Bundestagsdebatte über das Wechselmodell ausführt – kein Wunder sei, denn »Eltern, die tatsächlich eine hälftige Betreuung ihres Kindes organisieren, haben alle etwas gemeinsam: Sie einigen sich zum Wohle ihres Kindes, und das in einem überdurchschnittlich hohen Maße, denn es erfordert eine hohe Kommunikations- und Konfliktfähigkeit, sich über den Alltag eines Kindes (…) Tag für Tag auszutauschen und zu organisieren«.[4] Daher gebe es das Wechselmodell auch so selten.

Eltern müssen sich im Alltag des Wechselmodells über viele Details einigen, Nachmittagsverabredungen und -termine organisieren, aber zum Beispiel auch darüber, auf wessen Konto das Kindergeld geht und wo die Krankenkassenkarte des Kindes für den Notfall ist. Es sind also sehr viel Kooperation und Vertrauen nötig.

Finanziell bedeutet das Wechselmodell de facto, dass für den weniger verdienenden Elternteil ein Großteil, wenn nicht der komplette Unterhalt wegfällt. Für Mütter, die für die Kinder zu Hause geblieben sind oder Teilzeit gearbeitet haben, ist das oft nicht abbildbar. Denn sie haben ja trotzdem die Kosten für die Kinder und leisten auch im Wechselmodell oft noch einen großen Teil der Care-Arbeit.

Das Wechselmodell ist in Deutschland noch die Ausnahme. Derzeit wird diskutiert, ob es nicht das von Gerichten verordnete Standardmodell werden sollte. Kinderrechtler:innen sehen ein

Wechselmodell unter Zwang aber sehr kritisch, denn wir dürfen uns nicht von den Fällen täuschen lassen, in denen Eltern über sehr gute Ressourcen verfügen:

»Im Einzelfall kann das Wechselmodell durchaus im besten Interesse eines Kindes liegen. Das berechtigt uns aber nicht, daraus eine Regelvermutung abzuleiten. Bei anhaltenden Konflikten der Eltern kann häufiges Pendeln zwischen Mutter und Vater für das Kind eine große Belastung sein«, sagt Prof. Dr. Sabine Walper, Präsidentin der Deutschen Liga für das Kind und Forschungsdirektorin am Deutschen Jugendinstitut, in einer gemeinsamen Erklärung mit dem VAMV.[5]

Und auch die Mütter könnten mit dem Wechselmodell als Regel den Kürzeren ziehen. Anne Dittmann schreibt anschaulich: »Denn würde das Wechselmodell als gesetzliches Leitbild auch in Deutschland festgelegt, wie es beispielsweise in Ländern wie Schweden, Belgien, Frankreich oder Italien der Fall ist, dann hätten aktuell vor allem diejenigen mehr Rechte, die sich traditionell vor der Trennung beruflich besser aufstellen und weniger um die Kinder kümmern, also Väter. Allein deshalb, weil – etwa im Gegensatz zu Schweden – in Deutschland mit dem Ehegattensplitting noch das Ernährermodell gefördert wird. Ein gesetzlich festgelegtes Wechselmodell würde diese Schieflage noch vorantreiben: Während der Ehe verdienten Hausfrauen und Mütter in Teilzeit weniger Geld, und nach der Scheidung müssten sie im Wechselmodell von jetzt auf gleich einen kompletten Haushalt allein ernähren können. Für Väter wäre das kein Problem, für Mütter eine finanzielle Katastrophe.«[6]

Aktuell berichten Kinderrechtler:innen und Familienrechtsexpert:innen auch, dass das Wechselmodell von deutschen Gerichten problemlos gegen den Willen der Mütter, aber nicht gegen den Willen der Väter durchgesetzt wird (siehe Kapitel *Wir sehen uns vor Gericht* und *Ich habe Angst!*). Wenn ein Vater sein Kind nicht betreuen will, kann ihn niemand zwingen. Wenn ein Vater das Wechselmodell jedoch will, und sei es ausdrücklich nur, um Unterhalt zu sparen, ohne dass er die Kinder gut betreuen kann oder will, wird ihm das Gericht sehr wahrscheinlich recht geben – aus einem falsch verstandenen Gedanken von »Gleichheit« heraus, die schon in der Beziehung vor der Trennung in der Regel nicht bestand, denn durch den Gender-Pay-Gap und das Ehegattensplitting wird hierzulande eine finanzielle Schieflage gefördert, die sich nach einer Trennung ausschließlich ungünstig für die Mütter auswirkt.

Das Wechselmodell wird Müttern häufig als »feministisch« verkauft – sie haben jetzt »kinderfrei« und können arbeiten gehen. Allerdings wird es nur wenige Jobs geben, in denen sie in einer Woche Teilzeit arbeiten können, weil sie die Kinder haben, in der nächsten Woche Vollzeit, weil der oder die Ex die Kinder hat.

Es wird auch oft gesagt, durch das Wechseln blieben den Kindern »beide Eltern erhalten«, und das mag auch oft die Intention der Eltern sein. Dennoch müssen wir immer schauen, ob das ständige Pendeln für die Kinder wirklich gut ist oder ob es andere Wege gibt, die Bindung zu beiden Elternteilen zu erhalten.

Zudem gilt, dass ein Wechselmodell unfassbar viele Absprachen verlangt, eben weil Kinder und Zuständigkeiten ständig wechseln. Dies können nur Eltern leisten, die sehr kooperativ miteinander umgehen und bereit sind, unter Umständen noch mehr Kontakt als in der Beziehung miteinander zu haben. Auch unser Steuersystem bildet das Modell nicht gut ab: Es kann nur ein Elternteil mit Steuerklasse II entlastet werden, das Kindergeld kann nur auf das Konto des Elternteils überwiesen werden, bei dem das Kind gemeldet ist, etc. Auch hier müssen Eltern sich einigen.

Wenn wir über hochkonflikthafte Trennungen sprechen, ist das Wechselmodell oft nur eine hübsche Verpackung für ein giftiges Geschenk: Es wird zu einem Druckmittel der Väter, mit dem Ziel, um Unterhaltszahlungen herumzukommen. Wenn die Mutter auf

Unterhaltszahlungen verzichtet, ist das Wechselmodell oft sofort vom Tisch – es werde auch als »Unterhaltssparmodell« eingesetzt, wie Kinderrechtler:innen sagen.

»Trennung ohne Drama«-Tipp

Die kluge Führungskraft sagt: Wechsel-Stress reduzieren! Dabei sollten getrennte Eltern möglichst immer gemeinsam schauen, wie es für ihr Kind am besten ist – aber selbst wenn das nicht machbar ist, können wir auf unserer Seite viel für das Kind tun.

Vielen Kindern fällt es sehr schwer, sich nach einem Wechsel vom einen zum anderen Elternteil wieder einzufinden. Wir können es den Kindern leichter machen, indem wir:

- wenig Programm haben,
- dem Kind sehr viel entgegenkommen (es morgens anziehen, sein Lieblingsessen kochen) und wenig Druck ausüben,
- für regelmäßiges Essen und Schlafen sorgen,
- für eine frühzeitige Übergabe sorgen, sodass das Kind noch »runterkommen« kann, bevor es am Sonntagabend auf die Startbahn für die nächste Woche geht,
- etwas tun, das dem Kind hilft, sich zu entspannen: draußen spielen, Körperkontakt und kuscheln, vorlesen, gemeinsame Zeit verbringen,
- dem Kind die Möglichkeit geben, bei Bedarf zu weinen, zu wüten und zu schimpfen, um den angestauten Druck des Wechsels loslassen zu können,
- das Kind von seinem Wochenende erzählen lassen, ohne zu bewerten, und uns einfach nur anhören, was es zu sagen hat.

Das Nestmodell

Beim Nestmodell bleibt das Kind meist in der gemeinsamen Wohnstätte der Familie und die Eltern wechseln sich in der Betreuung ab. Dieses Modell ist nur für Familien denkbar, die über sehr viele Ressourcen verfügen, da drei Wohnstätten unterhalten werden müssen. Es ist denkbar, wenn:

* die Eltern jeweils die Möglichkeit haben, in der betreuungsfreien Zeit woanders zu wohnen,
* die Kinder in ihrem gewohnten Umfeld bleiben möchten,
* die Eltern gewillt sind, »aus dem Koffer zu leben« (was so manche Eltern am Nestmodell bemängeln und im Wechselmodell jedoch ihren Kindern ohne Bedenken zumuten würden),
* die Eltern sich sehr gut verstehen,
* die Eltern es schaffen, sich vom »gestern« zu lösen, auch wenn sie weiterhin teilweise in der früheren Familienwohnung leben,
* keiner der Beteiligten einen »Neuanfang« braucht, was nach belasteten Trennungen durchaus der Fall sein kann.

Die Eltern sollten sich hier beraten lassen, wie das Modell finanziell zu regeln ist, wer also was bezahlt, sonst führt es zu neuem Streit.[7] Zudem müssen wir auch hier die Kinder im Blick behalten. Sie müssen jetzt zwar nicht pendeln, aber immer wieder geht eine Bindungsperson für Tage weg. Auch wenn eine andere dafür kommt – was macht es mit den Kindern? Schauen wir genau hin.

»Trennung ohne Drama«-Tipp
Die kluge Führungskraft sagt: Schaue deine Kinder an. Wie geht es ihnen? Ist ihre Madame Amy ständig aktiv, sind sie quengelig, gestresst, wütend oder auffällig in sich gekehrt?

Dann kann es sein, dass bei ihnen im Keller gerade der Teufel los ist, weil der Bodyguard die neue Situation als bedrohlich empfindet. Dann kann es auch schon mal vorkommen, dass sie uns nach dem Abholen beim anderen Elternteil angreifen oder ihren Stress an uns auslassen.

Jetzt nicht den eigenen Bodyguard von der Leine lassen und Chaos im Haus starten! Wir bleiben mit der klugen Führungskraft im Dachgeschoss und beruhigen unsere Kinder, damit wir den Abend nicht im Keller, sondern dort verbringen können, wo die Abendsonne in die Fenster scheint. Wenn wir den Eindruck haben, die Kinder sind ständig im Ausnahmezustand, sollten wir unser Betreuungsmodell, egal welches es ist, vielleicht noch einmal besprechen und anpassen.

Kein Umgang unter Zwang

Das Gesetz ist ganz klar: Umgang darf nicht unter Zwang stattfinden. Kein psychisch gesunder, empathiefähiger Elternteil würde ein Kind in den Umgang zwingen – bei hochkonflikthaften Trennungen mit Gewalt vor, während oder nach der Trennung ist dies jedoch keine Seltenheit.

In der Praxis sieht es oft so aus: Wenn ein Elternteil nicht auf Umgang besteht, passiert gar nichts. Besteht das Elternteil – in der Regel der Vater – aber auf »seinem Recht« und das Kind will nicht zu ihm, dann kann eine sehr gefährliche Spirale losgehen.

Im Jahre 2022 veröffentlichte der Soziologe und Kinderschutzexperte Wolfgang Hammer mit seinem Team den Bericht *Familienrecht in Deutschland – eine Bestandsaufnahme*. Sie hatten über 1000 familienrechtliche Fälle ausgewertet und waren dabei auf immer wiederkehrende Narrative gestoßen: »Mütter entfremden Kinder«; »Nur ein Wechselmodell lässt Kinder gesund aufwachsen«; »Mütter wollen Kinder und Geld« sowie »Mütter erfinden Gewalt und Missbrauch«. Die Studie kommt zu dem Schluss, dass »diese Narrative weder wissenschaftlich noch fachlich haltbar sind, jedoch regelmäßig zur Begründung von Entscheidungen in familienrechtlichen Verfahren und in der Kinder- und Jugendhilfe herangezogen werden«.[8]

Genau so ein Narrativ droht, wenn ein Kind den Umgang verweigert. Familienrechtsexperte Ludwig Salgo sagt: »Man zieht einfach den Schluss, wenn Kinder eine ablehnende Haltung gegenüber einem Elternteil oder dem Umgang haben, dann käme das daher, dass der sie betreuende Elternteil bindungsintolerant wäre« – obwohl alle Fachgesellschaften diese Argumentation ablehnten (siehe den folgenden Kasten *Was bedeutet »bindungsintolerant«?*). Aber Mütter seien hier hilflos: »Die Mütter werden für alles verantwortlich gemacht. Ist das Kind nicht gebunden, ist es schlecht, ist es gut gebunden, ist es auch schlecht, sie machen immer alles falsch.«[9]

Was bedeutet »bindungsintolerant«?

Es gibt tatsächlich Elternteile, die ihre Kinder gegen den anderen aufhetzen, ihn oder sie schlechtmachen, den Kindern einreden, dass sie nicht mehr zu Papa oder Mama wollen. Dass diese Eltern »bindungsintolerant« seien, ist jedoch weder eine medizinische Diagnose noch ein Fachbegriff.

Im Buch *Ehescheidung: Konsequenzen für Eltern und Kinder* aus dem Jahre 1982 legten die Autoren Wassilios E. Fthenakis, Renate Niesel und Hans-Rainer Kunze ihre Ansicht dar, dass für die Zusprechung des Elternrechts der Elternteil am besten geeignet sei, der es am ehesten verkraften und in dem

Bestreben kooperativ sein könne, den Kindern die Verbindung zu allen bedeutsamen Personen in ihrem Beziehungssystem zu erhalten.[10]

Dies wird oft so verstanden, als gehe es beim Elternrecht nicht darum, wer die stabilere Bindung zum Kind hat, oder darum, was das Kind braucht oder will, sondern allein darum, wer sicherstellen kann, dass das Kind gerecht aufgeteilt wird. Und wie macht man das fest? Indem man schaut, wer »bindungstolerant« ist, ohne dass es eine feste Definition oder ein Messinstrument dafür gäbe – außer dem persönlichen Empfinden der Prozessbeteiligten.

Bindungsintoleranz ist aktuell immer noch ein gefährliches Argument, trotz der Tendenz deutscher Gerichte, langsam von dieser Ansicht abzurücken. Wenn wir schlecht über den oder die Ex sprechen, wenn wir Beziehungsprobleme vor dem Gericht oder dem Jugendamt ansprechen oder angeben, dass es dem Kind beim anderen Elternteil nicht gut geht, geraten wir sofort unter »Verdacht«. Und das kann schwerwiegende Folgen haben.

Vorwürfe gegen den oder die Ex sollten wir also nur dann erheben, wenn wir zum Beispiel durch Polizeieinsätze und medizinische Gutachten nachweisen können, dass dem Kind Schaden droht. Und selbst dann ist es in Deutschland nicht sicher, ob der andere Elternteil nicht doch das Kind in den Umgang zwingen kann – hier brauchen wir dringend eine Reform des Familienrechts.

Das Familiengericht kann bei Umgangsverweigerung eine:n Sachverständige:n einschalten, um die vermeintliche »Bindungstoleranz« der Eltern festzustellen. Dabei soll geprüft werden, ob der betreuende Elternteil den Umgang mit dem getrennt lebenden Elternteil unterstützt oder boykottiert (zum Beispiel indem er oder sie den anderen Elternteil schlechtmacht). Grundsätzlich ist der Gedanke so: Dem Kind sollen beide Eltern erhalten bleiben. Wenn ein Elternteil dies nicht aushalten kann, darf nicht das Kind darunter leiden – was ja völlig verständlich und korrekt ist. In der Praxis ist es aber sehr schwierig, herauszufinden, warum ein Kind nicht in den Umgang gehen will. Vor allem Müttern wird immer wieder unterstellt, das Kind absichtlich dem anderen Elternteil zu entfremden, so die Hammer-Studie. Steht dieser Vorwurf im Raum, versuchen viele professionell Beteiligte, den Umgang mit Druck und Zwang durchzusetzen. Im Extremfall entziehen Gerichte der Mutter das Sorgerecht und setzen durch, dass das Kind zum anderen Elternteil umziehen muss, weil dieser als bindungstoleranter gilt.[11]

Dies führt dazu, dass manche Eltern ihre Kinder tatsächlich zwingen, zum anderen Elternteil zu gehen, selbst wenn bekannt ist, dass dort psychische oder physische Gewalt droht. Es geht bis hin zu Situationen, in denen die Polizei das Kind mit Gewalt von einem Elternteil wegholt und zum anderen Elternteil bringt.

In so einem Fall sollten wir wissen: Der Kinderschutz in Deutschland ist klar geregelt. Es gibt mehrere Rechtsnormen, die uns verbieten, Kinder zum Umgang zu zwingen. Das *Gesetz über das Verfahren in Familiensachen und in den Angelegenheiten der freiwilligen Gerichtsbarkeit* (FamFG) sagt zu diesem Thema:

»Anwendung unmittelbaren Zwanges gegen ein Kind darf nicht zugelassen werden, wenn das Kind herausgegeben werden soll, um das Umgangsrecht auszuüben. Im Übrigen darf unmittelbarer Zwang gegen ein Kind nur zugelassen werden, wenn dies unter Berücksichtigung des Kindeswohls gerechtfertigt ist und eine Durchsetzung der Verpflichtung mit milderen Mitteln nicht möglich ist.«[12]

Das heißt übersetzt: Ein Kind darf zum Umgang nicht gezwungen werden. Die einzige zulässige Ausnahme: Das Kindeswohl ist in

Gefahr. Ja, ich weiß auch, dass viele Beteiligte daraus machen: »Wenn das Kind den Umgang nicht antreten will, ist das eine Gefährdung des Kindeswohls« – solche pauschalen Aussagen sind aber nicht zulässig, erklärte mir im Gespräch Prof. Dr. Uwe Tewes, Professor, Mediator und Gutachter. Wenn ein Kind, das sonst nicht in Gefahr ist, einfach nicht zum anderen Elternteil will, ist damit keinesfalls generell eine Gefährdung verbunden. Und selbst in solchen Fällen, in denen potenzielle Gefährdungen als begründet eingestuft werden, muss in jedem Einzelfall geprüft werden, ob die Belastungen, die mit der Durchsetzung von Zwangsmaßnahmen verbunden wären, nicht schädlicher sind als der davon erhoffte Nutzen. Und ein Kind, das das Wechselmodell verweigert, ist ebenfalls nicht in Gefahr, es liegt also keine Kindeswohlgefährdung vor. Das Kind hat eine eigene Meinung und muss laut Kinderrechtskonvention auch gehört werden.

Jetzt kann man natürlich sagen: »Das Kind wurde manipuliert.« Aber auch ein manipuliertes Kind ist nicht in *Gefahr*, wenn es einen Elternteil nicht sieht. Selbst ein drohender Bindungsabbruch ist deutlich weniger schädigend, verglichen mit dem, was in einem Kind geschieht, wenn es gegen seinen Willen zum Umgang gezwungen wird. Denn dass ein Umgang unter Zwang das Kindeswohl schädigt, wenn zum Beispiel Polizeibeamte Kinder einschüchtern oder sogar mit Gewalt zum anderen Elternteil bringen – das ist vielfach belegt; ganz zu schweigen von den langfristigen Belastungen, bei einem Elternteil zu leben, bei dem das Kind nicht leben möchte, sowie der Erfahrung, dass sein Wille nichts zählt und besonders – bei älteren Kindern – dass sie von »offizieller« Seite keine Hilfe bekommen.[13]

Des Weiteren schützt die UN-Kinderrechskonvention die Kinder: In Artikel 19 heißt es: »Die Vertragsstaaten treffen alle geeigneten Gesetzgebungs-, Verwaltungs-, Sozial- und Bildungsmaßnahmen, um das Kind vor jeder Form körperlicher oder geistiger Gewaltanwendung (…) zu schützen.«[14]

Das Bundesministerium für wirtschaftliche Zusammenarbeit und Entwicklung führt aus: »Wiederholte Gewalterfahrungen beeinträchtigen die Gesundheit und die Entwicklung von Kindern. Sie führen zum Beispiel zu gesundheitlichen Einschränkungen, Lernproblemen und zum Scheitern in der Schule. Betroffene Kinder entwickeln oft nur ein geringes Selbstvertrauen oder leiden unter Depressionen – mit Alkohol- und Drogenkonsum als häufiger Folge.«[15] Interessanterweise sind das genau die Folgen, von denen Kinderrechtsaktivist:innen berichten, wenn Kinder mit Gewalt aus ihrem sozialen Umfeld gerissen oder von ihrer primären Bindungsperson getrennt werden, damit ein Elternteil zu »seinem Recht am Kind« kommt.

Auch das Bürgerliche Gesetzbuch (BGB) beinhaltet ein Gewaltverbot gegenüber Kindern, so heißt es in § 1631 zu *Inhalt und Grenzen der Personensorge*: »Kinder haben ein Recht auf gewaltfreie Erziehung. Körperliche Bestrafungen, seelische Verletzungen und andere entwürdigende Maßnahmen sind unzulässig. Das Familiengericht hat die Eltern auf Antrag bei der Ausübung der Personensorge in geeigneten Fällen zu unterstützen.«[16] Wenn dies nicht möglich ist oder dem Kind Gewalt droht, muss es nicht in den Umgang: »Nach § 1684 Absatz 4 BGB ist eine Einschränkung oder ein Ausschluss des Umgangsrechts für längere Zeit oder auf Dauer möglich, wenn dies zur Abwendung einer Gefährdung des Kindeswohls für erforderlich gehalten wird.«[17] Und auch das Grundgesetz müsste die Kinder schützen, denn auch ihre »Würde ist unantastbar«.

Das Familiengericht darf also keinen Elternteil dabei unterstützen, sich mit Gewalt sein Recht am Kind zu holen oder es unter entwürdigenden Umständen zu einem Ortswechsel zu zwingen, bei dem die Kinder oft weinen und schreien, weil sie bei ihrer aktuellen Bezugsperson bleiben wollen. Familiengerichte sollten stattdessen immer darauf hinwirken, dass diese Fälle friedlich und empathisch für die Kinder gelöst werden.

Das Familiengericht darf kein Elternteil dabei unterstützen, sich mit Gewalt »sein Recht am Kind« zu holen.

Die Wirklichkeit in Deutschland sieht jedoch völlig anders aus: Es wird immer wieder das Argument herangezogen, es sei schädlich für die Entwicklung des Kindes, wenn es einen Elternteil nicht mehr sehe – und dies geschieht auch dann, wenn es sich um gewalttätige oder anderweitig missbräuchlich handelnde Elternteile handelt. Es ist jedoch nicht belegt, dass Kinder stets zwei Elternteile brauchen, um gesund aufzuwachsen – wie die Resilienzforschung zeigt, können sie von verschiedenen Bezugspersonen wohlbehalten aufgezogen werden, wenn eine sichere und fürsorgliche Bindungsbeziehung verfügbar ist.

Daran zweifelt auch niemand, solange es kein Gerichtsverfahren gibt. Niemand würde in eine Familie eingreifen und das Kindeswohl schützen wollen, nur weil sich Eltern auseinanderleben, sich der eine Elternteil einfach nicht mehr kümmert, verstirbt oder wegzieht.

Es kümmert auch niemanden, wenn ein Elternteil den Umgang von sich aus verweigert, verschleppt oder verringert, denn das Umgangsrecht *der Kinder* kann in Deutschland interessanterweise nicht durchgesetzt werden. Aber sobald es ein Gerichtsverfahren gibt, ist dies plötzlich eine das Kindeswohl bedrohende Situation. Jetzt soll, notfalls mit Gewalt, durchgesetzt werden, dass das Kind beide Eltern sieht, weil es sonst angeblich gefährdet ist – was bis dato völlig gleichgültig war. Und es wird auch wieder völlig gleichgültig, sobald der klagende Elternteil, in der Regel der Vater, entweder die Klage zurückzieht oder den Umgang nicht mehr einfordert.

An dieser Stelle möchte ich anmerken, dass es durchaus vorkommt, dass Elternteile, bei denen Kinder nach einer Trennung leben, deren Kontakt zum zweiten Elternteil beschädigen oder verhindern. Sie tun das aus ganz unterschiedlichen Gründen, die zum Beispiel mit eigenen unbewussten oder unverarbeiteten Verletzungs- und Rachegefühlen zu tun haben können oder mit der Überforderung, eine konflikthafte Elternbeziehung dem Kind zuliebe weiterzupflegen. Dies kann für den »verstoßenen« Elternteil dramatische Folgen haben, und jeder fürsorgliche Vater, jede liebevolle Mutter, dem oder der das geschieht, hat unsere Empathie, Unterstützung und Beratung verdient.

Dass diese Art von ungerechtfertigtem Verhalten unter Trennungseltern vorkommt, rechtfertigt jedoch im Umkehrschluss nicht die gängige Praxis, dass hauptsächlich betreuende Elternteile – meistens Mütter – undifferenziert mit der Vorverurteilung der »Bindungsintoleranz« aus dem Helfersystem konfrontiert werden. Die Folge davon kann nämlich sein, dass den Kindern zwangsweiser Umgang, ein Wechselmodell wider Willen oder gar eine erzwungene Trennung von der Hauptbindungsperson auferlegt wird, und das alles unter der Überschrift »Kindeswohl«.

Im Kapitel *Emotionale Verfügbarkeit* werden wir noch sehen, dass es ganz andere Gründe haben kann, wenn ein Kind nicht zum Umgang möchte, und dass »Manipulation« ein schwerwiegender und kaum verlässlich zu überprüfender Vorwurf ist.

Umgangsrecht der Kinder

Für jeden betreuenden Elternteil gilt: Der getrennt lebende Elternteil kann seinen Umgang mit dem Kind bei Gericht einklagen und notfalls mit Polizeigewalt durchsetzen. Umgekehrt gilt das nicht. Wenn der andere Elternteil sich nicht um die Care-Arbeit für die Kinder kümmert, keinen oder wenig Unterhalt zahlt, dann bleiben Arbeit und Kosten am betreuenden Elternteil hängen. Selbst das Einklagen von Unterhalt ist ohne Unterhaltstitel schwierig bis unmöglich – wenn der andere Elternteil selbstständig ist und sich »kleinrechnen« kann, ist es ohnehin aussichtslos. Wir wissen, dass

Eltern, die ihre Kinder häufiger sehen, auch tendenziell mehr oder regelmäßiger Unterhalt zahlen. Dennoch bleibt es dabei: Wenn der andere nicht will, will er nicht. Dann arbeitet der betreuende Elternteil unter Umständen Vollzeit und wäre froh, wenn die Kinder mal alle zwei Wochen ein Wochenende lang von ihrem anderen Elternteil betreut würden – aber es gibt in Deutschland kein Verfahren, um das durchzusetzen.

Stattdessen können wir als betreuende Eltern den Umgang erleichtern, immer wieder anschieben, Vorschläge machen und versuchen, den anderen zu motivieren. Für die Kinder ist oft nicht verständlich, warum sie Mama oder Papa nicht mehr sehen, und es hilft ihnen, wenn wir versuchen, freundlich, aber stetig in Kontakt zu bleiben. Das alles hilft aber nur, wenn Erwachsene emotional verfügbar sind - schauen wir, woran wir das erkennen.

Emotionale Verfügbarkeit – der Rettungsring für unsere Kinder

Wir alle kennen diese Filme, in denen ein beherzter Lehrer einen Outcast wieder auf die rechte Bahn holt, und die Erkenntnis: Es braucht nur einen Menschen, der an uns glaubt, um das Beste aus uns hervorzuholen.

Was passiert da genau? Und wie können wir das für unsere Trennungskinder nutzen? Emotionale Verfügbarkeit heißt, dass es einen Menschen gibt, der mich liebt, wahrnimmt, mich tröstet, sieht, wann ich hungrig oder müde bin oder eine Umarmung brauche, einen Menschen, der über meine Fehler mit mir lacht, an mich glaubt, mich wahrnimmt. Gibt es diesen Menschen, dann kann ein Kind die Unbilden des Lebens viel besser bewältigen. Ist ein Elternteil nicht emotional verfügbar, sondern streng, engstirnig, nachtragend, selbst bedürftig, auf sich selbst fokussiert oder belehrend, dann werden Kinder aggressiv, quengelig, ziehen sich zurück oder jammern ständig herum (weil ihr Bedürfnis nach echtem Kontakt ungestillt bleibt).

Es ist also wichtig, zu verstehen, was es heißt, »für unsere Kinder da zu sein«, und was passiert, wenn ein Mensch es nicht ist.

Emotionale Verfügbarkeit (EV) ist seit 20 Jahren eine der wichtigsten Erweiterungen der Bindungstheorie. Dieses Konzept beinhaltet, wie gut Elternteil und Kind eine gesunde, emotionale Verbindung miteinander eingehen können – wir würden umgangssprachlich sagen: Jemand hat ein offenes Ohr und ein offenes Herz für sein Kind.[18]

Die gute Nachricht ist: Wenn ein Elternteil für die Kinder auf diese Art und Weise da ist, kann er oder sie viele schwierige Umstände für die Kinder »abpuffern«.[19] Die schlechte Nachricht: Steht in der Situation nur noch ein Elternteil zur Verfügung, wirkt sich die emotionale Verfügbarkeit dieses Erwachsenen stark auf die Kinder aus.

Wenn der Elternteil, bei dem die Kinder gerade sind, im Herzen nicht erreichbar ist, haben die Kinder niemanden, an den sie sich wenden können. Es kann also sein, dass im Stress der Trennung einer oder gar beide Elternteile nicht mehr mit dem Herzen bei ihren Kindern sind und die Kinder zunehmend unter Stress geraten.

Schwierig wird es, wenn die Kinder mit einem emotional nicht verfügbaren Erwachsenen über längere Strecken alleine sind. Von außen ist es schwierig zu sehen, dass da etwas nicht stimmt, aber das Verhalten der Kinder zeigt es deutlich. Schauen wir also einmal genauer hin:

So erkennen wir einen emotional verfügbaren Elternteil

Er oder sie …

* kann kindliche Signale verstehen und angemessen reagieren: »Bist du müde? Komm, wir machen etwas Ruhiges«,

* kann zwischen Ruhe und Action wechseln: »Jetzt genug getobt, lass uns etwas lesen«,
* kann kreativ und abwechslungsreich spielen: »Ja klar, lass uns mal die Steine andersherum setzen!«,
* macht im Spiel Vorschläge, die das Kind gut akzeptieren kann,
* kann Konflikte mit dem Kind lösen, ohne autoritär zu werden oder die Beziehung abzubrechen: »Das fand ich nicht okay. Komm, wir versuchen das noch mal langsamer«,
* zeigt echte Gefühle – Freude, Begeisterung, Traurigkeit,
* traut dem Kind etwas zu: »Ich helfe dir, du schaffst das, wir machen das gemeinsam«,
* kann das Kind in Ruhe spielen und kleine Experimente machen lassen, ohne ständig einzugreifen,
* will nicht »Lehrer:in« des Kindes sein, sondern lässt es eigene Erfahrungen machen: »Probiere es aus – wenn es schiefgeht, bin ich da«,
* schaut wohlwollend und positiv auf das Kind: »Das lernt mein Kind noch, keine Sorge«,
* behandelt das Kind respektvoll: »Ich höre, dass dir das nicht gefällt, ich verstehe das«,
* bleibt beim Kind, auch im Konfliktfall: »Lass uns zusammenbleiben, wir lösen das gemeinsam«,
* beschämt das Kind niemals, hat keinen aggressiven Unterton und erschreckt das Kind nicht.

Typische Verhaltensweisen bei fehlender emotionaler Verfügbarkeit

Ein – zumindest in diesem Moment – nicht emotional verfügbarer Elternteil kann folgendes Verhalten gegenüber dem Kind an den Tag legen:

* Übergehen der Gefühle des Kindes: »Stell dich nicht so an! Ist doch nichts passiert!«,

* Überstimulation: mit dem Kind zum Beispiel abends wild spielen, obwohl es schon müde ist,
* Beziehungsabbruch: »Wenn du dich so benimmst, kannst du in dein Zimmer gehen!«,
* Infantilisierung: »Das kannst du noch nicht, lass mich das machen, dafür bist du zu klein«,
* Beharren auf Regeln: »Nein, Einhörner gibt es nicht, wir spielen Pferd! Ich hab gesagt, JETZT werden Hausaufgaben gemacht!«,
* Eingreifen in das Spiel des Kindes: »Lass das! Da nicht hoch! Ich sagte, da nicht hoch! Spiel da unten! Unten! Hörst du nicht?!«,
* Ungeduldige, ärgerliche, überängstliche oder aufgesetzt fröhliche Kommunikation,
* Zurückweisung: »Nein, du kommst jetzt nicht auf meinen Schoß!«,
* Androhung von Strafen oder Trennung: »Wenn du jetzt nicht gleich kommst, gehe ich ohne dich!«,
* Druckmittel und fehlende Empathie: Das Kind wird beschämt, lächerlich gemacht oder erschreckt und verängstigt.

Reaktionen der Kinder bei mangelnder emotionaler Verfügbarkeit

Die Kinder, deren Kontaktbedürfnis nicht gestillt wird, beantworten die elterliche Kommunikation entsprechend – und das ist wichtig zu wissen, denn ihr Verhalten wird oft als »ungezogen« oder anstrengend missverstanden. Die Kinder reagieren dann häufig so:

* Sie werden weinerlich,
* jammernd,
* quengelig,
* beleidigen ihre Eltern,
* vermeiden Kontakt,

* gehen nicht auf Vorschläge ein,
* reagieren nicht auf Ansprache,
* beziehen die Bezugsperson nicht ein,
* erzählen nichts von sich oder ihrem Tag,
* suchen vorwiegend Kontakt über negatives Verhalten – Ängstlichkeit, Trotzanfälle, Jammern, Hauen,
* vermeiden Nähe,
* suchen stattdessen Kontakt zu verfügbaren Personen außerhalb der Kernfamilie (Großeltern, Jugendzentrum etc.).

Ein Trennungskind, das zu einem emotional nicht verfügbaren Erwachsenen soll oder dort war, zeigt deutliche Stresssymptome, und zwar vor und nach der Zeit mit dieser Person. Das kann sich zum Beispiel so äußern:

* Das Kind will nicht zum anderen Elternteil und weint.
* Es weint und tobt extrem viel, wenn es zurückkommt, teilweise braucht es zwei oder drei Tage lang, bis es sich wieder beruhigt hat.
* Es zeigt vermehrt aggressives (also gestresstes) Verhalten.
* Es zeigt mehr antisoziales Verhalten.
* Es kann Symptome einer depressiven Verstimmung zeigen, Rückzug und Emotionslosigkeit.

Oft wird von Dritten gemutmaßt: »Der andere Elternteil hat doch Zeit, er oder sie kann doch das Kind nehmen, wenn das Kind nicht dorthin will, dann muss es ja an dir liegen!« Kann es auch. Der Grund kann auch darin liegen, dass der andere Elternteil nicht emotional verfügbar ist, was für Außenstehende nicht leicht zu erkennen ist, zumal wenn sie nicht ausreichend Fachwissen haben.

Was also tun bei fehlender emotionaler Verfügbarkeit?
Wenn der andere Elternteil emotional nicht verfügbar ist, kommen die Kinder in der Regel gestresst von dort zurück. Ist ein Gespräch nicht möglich, sollten wir zumindest die Kinder jetzt so gut wir können auffangen. Dazu gehört auch, dass wir sie besonders sanft einsammeln, auf sie eingehen, ihnen zuhören – eben besonders verfügbar sind.

Wenn wir feststellen, dass wir selbst emotional nicht verfügbar sind, können wir an unserer Verfügbarkeit arbeiten und sie so deutlich verbessern – gut für die Kinder, aber auch gut für uns selbst. Hier sind sieben erste Schritte:

1. **Anerkennung:** Wir müssen anerkennen, dass wir – immer, unter Stress, mit den Kindern – emotional nicht verfügbar sind, und uns selbst dafür nicht geißeln oder strafen, sondern es einfach anerkennen wie ein gebrochenes Bein, auf dem wir gerade nicht laufen können.

2. **Forschung:** Wir können herausfinden, woran es liegt. Liegt die Ursache in unseren eigenen Kindheitserfahrungen, haben wir eine psychische Erkrankung (zum Beispiel eine Depression), mangelnde Präsenz (zum Beispiel mit dem Kopf immer beim Job), akuten Stress oder lang anhaltenden Stress?

3. **Introspektion:** Was stresst mich, wenn es um Bindung oder Emotionen geht? Habe ich Angst, verletzt oder verlassen zu werden? Habe ich Vertrauen in mich und andere Menschen?

4. **Tagebuchschreiben:** Bevor wir uns anderen Menschen öffnen, kann es hilfreich sein, ein Emotionstagebuch zu führen. Es reichen Stichpunkte, die uns helfen, immer mal wieder zu checken, zu spüren und uns unserer Gefühle bewusst zu werden. So schärft sich

unsere Wahrnehmung dafür, wenn wir zum Beispiel gestresst sind und auf »Autopilot« schalten.

5. Coping-Strategien: Wenn wir uns unserer Gefühle bewusst sind, müssen wir lernen, mit ihnen umzugehen – denn weil wir das nicht konnten, haben wir sie ja verdrängt. Solche Strategien können sein: Sport, Malen, Affirmationen, ein Glas Wasser, schreiben, Gespräche.

6. Erfahrungen: Um dem Gehirn beizubringen, dass Veränderung etwas Gutes sein kann, fangen wir klein an: Wir putzen uns mit der anderen Hand die Zähne, wir kochen etwas, das wir noch nie gekocht haben, wir fangen ein neues Hobby an oder steigen eine Station früher aus der Bahn und laufen einen neuen Weg zurück.

7. Hilfe: Es kann schwierig sein, sich den eigenen Ängsten und Mustern zu stellen. Dann helfen uns therapeutische Angebote, unser Verhalten zu analysieren und neues Verhalten einzuüben.

Wichtig: Unter Stress sind die meisten von uns nicht sehr empathisch, das liegt in unserer Gehirnarchitektur und lässt sich kaum vermeiden. Daher sollten wir versuchen – ich weiß selbst, wie schwer es ist –, Madame Amy immer wieder zu beruhigen und unseren Stress unter Kontrolle zu halten, damit wir für unsere Kinder schon rein physiologisch da sein können. Wenn die Lage zu eskalieren droht, kann das schwer werden. Daher schauen wir jetzt, wie wir uns die richtige Hilfe in diesem Fall holen.

Ich geh zum Anwalt!

Konfliktmanagement und Rechtslage

Wenn wir mit Gesprächen, Mediation und Freunden nicht mehr weiterkommen, dann brauchen wir anwaltliche Beratung.

Das Wichtigste vorab: Sich einen Rechtsbeistand zu suchen heißt noch lange nicht, vor Gericht zu gehen. Zuerst einmal kann eine anwaltliche Beratung dazu führen, dass wir klarer sehen, was die juristische Situation angeht. Im Idealfall entscheidet sich der Streit um Umgang oder Geld außerhalb des Gerichtssaals in einer sogenannten »außergerichtlichen Vertretung«.

Für eine Scheidung brauche ich zwar einen Anwalt für Familienrecht und ein Gericht, aber auch hier können wir uns im Vorhinein einigen und eine Trennungsvereinbarung oder Scheidungsfolgenvereinbarung niederschreiben. Sich nicht zu streiten oder vorher zu einigen spart in der Regel Zeit, Nerven und Geld. Hier wollen wir achtsam sein – Madame Amy, ab in den Schaukelstuhl, kluge Führungskraft, bitte an den Schreibtisch. Wir müssen bei einer solchen Vereinbarung die vorgesehene Form beachten und lassen das am besten in der Anwaltskanzlei machen und notariell beglaubigen, sonst ist sie im Streitfall null und nichtig. Wir können regeln:

* Wer darf in der Wohnung bleiben, wer zieht im Trennungsfall aus?
* Wer sorgt für die Kinder und betreut sie?
* Wie viel Unterhalt erhalten die Kinder?
* Wer bekommt wie viel Nachtrennungsunterhalt, Trennungsunterhalt, Betreuungsunterhalt oder nachehelichen Unterhalt?

* Wie regeln wir den Umgang?
* Wer erhält was vom Hausrat und dem gemeinsam erarbeiteten Vermögen?
* Wer zahlt die Verbindlichkeiten bei der Bank?
* Und vieles mehr …

Natürlich können wir uns auch mündlich einigen, nur sind solche Absprachen nicht durchsetzbar, wenn es später zu Streit kommt. Wenn wir uns hier nicht einigen können, hilft ein guter Rechtsbeistand im Idealfall dabei, dass wir uns doch noch außergerichtlich verständigen. Sie unterstützt uns, mit dem anderen Elternteil zu kommunizieren. Sie ist oft ein guter Puffer zwischen zerstrittenen Parteien – und sie kann uns davon abhalten, etwas zu tun, was wir nicht tun sollten oder wollen. Die Rechtsanwältin Karola Rosenberg schreibt auf der Seite ihrer Kanzlei: »Viele Konflikte entstehen durch Kommunikation und können durch eine Veränderung der Kommunikation gelöst werden.«[1]

Bedenken wir auch hier wieder: Eine Trennung braucht Zeit. Wenn wir grundsätzlich nicht in Gefahr sind und uns zum Beispiel relativ schnell zu Unterhaltszahlungen einig werden, kann eine gute Begleitung uns helfen, aus der akuten Krisenphase herauszukommen und die Dinge in Ruhe zu regeln. Interviewpartner:innen für dieses Buch bestätigten mir immer wieder, was auch die Forschung sagt: Nach 18 bis 24 Monaten kühlt die Situation ab, die Wellen schlagen nicht mehr so hoch, die Emotionen beruhigen sich, Madame Amy geht wieder in ihren Sessel und steht nicht mehr ständig in Panik am Fenster.[2] Das gilt für Männer wie Frauen. Je mehr Zeit wir uns geben, desto besser.

Ein juristischer Beistand kann uns auch helfen, Themen wieder zu versachlichen. Vielleicht ärgern wir uns schrecklich über die Ernährungsform beim anderen Elternteil und seine Sorglosigkeit im Umgang mit gefährlichen Küchengegenständen.

Im Gespräch mit Dritten können wir herausfinden, ob die Kinder wirklich in Gefahr sind oder nicht beziehungsweise ob die bestehende Gefahr rechtlich relevant ist. Karola Rosenberg erklärt: »Ein häufiges Problem ist nämlich, dass die Gefahren durchaus objektiv vorliegen, aber das Eingehen oder Verhindern der Gefahr immer noch im elterlichen Verantwortungsbereich liegt. Typisches Beispiel: Zigarettenrauch. Die Gefahr für Kinder von passivem Zigarettenrauch ist völlig unstrittig. Trotzdem führt das Rauchen, auch im Beisein der Kinder, nicht zu Eingriffen in das Umgangsrecht oder Sorgerecht. Gleiches gilt zum Beispiel auch bei einem zu sorglosen Umgang mit Sonnenschutz. Ein rechtlicher Eingriff ist nur in seltenen Extremfällen möglich.« Es hilft, wenn wir einen Anwalt oder eine Anwältin haben, der oder die die eigene Madame Amy im Griff hat und die Situation nicht weiter verschärft – das finden wir in der Regel im ersten Beratungsgespräch heraus. Nicht jeder, der uns einfach recht gibt und verspricht, da jetzt aber mal ordentlich durchzugreifen, ist zu unserem Besten.

Kriterien für einen guten Rechtsbeistand

Bei der Auswahl einer Anwaltskanzlei sollten wir daher mehrere Kriterien beachten. Die auf Familienrecht spezialisierte Juristin Karola Rosenberg sagte mir im Interview: »Für Kindschaftsrecht braucht man Erfahrung plus Engagement plus Wissen – oder wenigstens eines davon.«

* Wie ist der Außenauftritt der Kanzlei – ist sie auf Familienrecht spezialisiert und lebt davon oder ist es nur ein Nebengebiet?
* Ist die Kanzlei am Ort, an dem gegebenenfalls ein Verfahren stattfinden würde, gut vernetzt und kennt die Gepflogenheiten? Den Richter oder die Richterin und ihre Neigungen zu kennen,

kann einen großen Unterschied machen (vorausgesetzt, man hat sich nicht schon vorher bei ihnen unbeliebt gemacht).

* Hat die Kanzlei Fachanwält:innen für Familienrecht? Das ist wichtig, denn im Prinzip kann jede:r Jurist:in jedes Rechtsgebiet abdecken, aber in diesem Fall brauchen wir jemanden mit Erfahrung und der entsprechenden Ausbildung bzw. Spezialisierung.
* Hat die Kanzlei ein Interesse an einer friedlichen Streitbeilegung und Erfahrung damit oder geht man hier direkt vor Gericht?
* Kann die Kanzlei multidisziplinär arbeiten, gibt es zum Beispiel Teammitglieder mit psychologischem oder pädagogischem Hintergrund? Das ist zwar selten, aber wenn wir die Wahl haben, wäre das ideal.
* Wie rechnet die Kanzlei ab? Kann sie mir helfen, zum Beispiel Prozesskostenhilfe zu beantragen, und rechnet nach den dort vergüteten Kriterien ab oder ist es eine Kanzlei auf Honorarbasis (was bedeutet, dass ich die Auseinandersetzung vor dem Familiengericht gegebenenfalls selbst zahlen muss)? Folgt die Kanzlei im Scheidungsfall der gültigen Regelung, dass das Anwaltshonorar pauschal und abhängig vom Streitwert der Scheidung ist, oder erhebt sie zusätzliche Gebühren?
* Hat die Kanzlei Kapazitäten, mich auch in eiligen Situationen zu beraten?
* Ist die Kanzlei vor allem auf Scheidungen spezialisiert oder kann sie mich auch vertreten, falls es danach zu einem Verfahren wegen Kindschaftsrecht (also Umgangsrecht, Sorgerecht oder einem Teil davon, zum Beispiel Schulwahl oder Aufenthaltsbestimmungsrecht) kommt?

»Trennung ohne Drama«-Tipp

Die kluge Führungskraft sagt: Wenn wir einen Rechtsbeistand suchen, konnten wir uns wahrscheinlich bis hier mit dem anderen Elternteil nicht einigen. Es ist gut möglich, dass wir verletzt und sauer sind, frustriert und genervt. Das dürfen wir auch, aber wir schaden uns selbst, wenn wir Madame Amy jetzt die Zügel übergeben und sie den ganzen Tag negative Selbstgespräche führen lassen: »Das wäre nicht nötig gewesen! Wie kann man nur so stur sein! Ich hätte das wissen müssen! Warum habe ich mich darauf eingelassen? Wenn das schiefgeht!!«

Wir dürfen ruhig hin und wieder mal rumpoltern, fluchen und den Frust rausschreien – solange die Kinder nicht in der Nähe sind. Und solange wir danach wieder in den ruhigen Modus finden, der uns handlungsfähig sein lässt. Also toben wir uns – gerne auch körperlich – aus, prügeln auf Kissen ein, schreien, springen, Kickboxen in die Luft – dann geht es auch dem Bodyguard hinterher wieder gut und der Kobold kommt nicht auf dumme Rache-Ideen. Und dann atmen wir gut durch, duschen und gehen ruhig an die Arbeit, was jetzt ansteht.

Halten wir uns fern von Menschen, die die Negativitätstendenz unseres Gehirns nur weiter anstacheln mit »Also das ist wirklich die Höhe! Was denkt sich ein Mensch dabei? Da würde ich aber mal ...!« – das tut im ersten Moment gut, reizt unser Stresssystem aber nur weiter. Das gilt auch für konfliktiv eingestellte Rechtsbeistände, die uns langfristig nicht weiterbringen. Finden wir lieber Menschen, die aus dem Verstand heraus mit uns reden, unsere kluge Führungskraft stärken und ruhig und sachlich mit uns auf die Situation schauen.

Wie finanziere ich einen Gerichtsprozess?

Wenn wir uns anwaltliche Vertretung nicht leisten können, können wir grundsätzlich Prozesskostenhilfe beantragen[3]. Uns muss klar sein, dass das für den juristischen Beistand bei hochstrittigen Fällen im Kindschaftsrecht nicht kostendeckend ist. Daher sollten wir einiges beachten:

* Wenn es um eine Scheidung geht, arbeiten Rechtsbeistände oft mit einer Mischkalkulation: Eine Scheidung ist in der Regel »wenig Arbeit, viel Honorar«, und wenn dann ein Sorgerechtsstreit dazukommt, ist es eher »viel Arbeit, wenig Honorar«. Mache ich beides bei der gleichen rechtlichen Vertretung, kann diese am Ende das eine mit dem anderen sozusagen »querfinanzieren«.
* Wir sollten nicht erst zu einer guten Kanzlei gehen, wenn die Situation eskaliert, sondern von Anfang an jemanden mit Qualifikation finden. Unsere Chancen stehen sehr viel besser, wenn unsere rechtliche Vertretung von Beginn an mit dem Fall bekannt ist und sich nicht erst durch die Akten ihres Vorgängers arbeiten muss.
* Es gibt die Möglichkeit, dass Prozesskostenhilfe für die Gerichtskosten beantragt wird, auch wenn man ohnehin schon plant, den Anwalt selbst zu bezahlen. Das lohnt sich dann, wenn Gutachten erstellt werden, weil das oft das Teuerste an einem Verfahren ist und die Kosten dann schnell in den fünfstelligen Bereich schießen können. Habe ich dann Prozesskostenhilfe für die Gerichtskosten beantragt, muss ich dies nicht selbst tragen und zahle nur meine persönliche anwaltliche Vertretung.
* Es ist nicht legal, dass wir Prozesskostenhilfe beantragen, die unsere rechtliche Vertretung auch erhält, und dann die darüber hinaus anfallenden Kosten bar bezahlen müssen – wenn unser Rechtsbeistand so etwas vorschlägt, sollten wir hellhörig werden.

* Es ist aber legal, dass wir zum Beispiel Prozesskostenhilfe ohne Beiordnung beantragen (also nur die finanzielle Unterstützung, keinen Anwalt, den uns das Gericht stellt) – dann trägt die Prozesskostenhilfe meine Kosten und es ist trotzdem möglich, dass ein Dritter (zum Beispiel ein Familienmitglied oder ein Hilfeverein) die zusätzlich anfallenden Honorare eines von mir ausgewählten Rechtsbeistands trägt.
* Ein Anspruch auf Prozesskostenhilfe besteht dann, wenn wir 1. die Kosten der Prozessführung gar nicht, nur zum Teil oder nur in Raten aufbringen können, wenn 2. die beabsichtigte Rechtsverfolgung oder Rechtsverteidigung hinreichende Aussicht auf Erfolg bietet und wenn wir 3. nicht von dem Prozess absehen würden, im Fall dass wir die Kosten selbst tragen müssten (fehlende Mutwilligkeit).

Wichtig: Prozesskostenhilfe ist kein Geschenk, sondern eine Art Kredit, der uns noch lange begleitet. Bis vier Jahre nach dem Ablauf des Prozesses wird immer wieder unsere finanzielle Situation abgefragt. Verbessert sie sich erheblich, müssen wir nachträglich die Kosten in Raten abzahlen. Sollte sich unsere Lage danach aber wieder verschlechtern, können wir das melden, damit die Raten ausgesetzt werden.[4]

Die dazugehörende Erklärung ist sehr umfassend, aber es gibt Hilfevereine und Broschüren, die uns helfen können, sie auszufüllen.[5]

Es kann auch klug sein, eine Rechtsschutzversicherung abzuschließen. Sie übernimmt keine Streitigkeiten vor dem Familiengericht, wenn ich aber später zum Beispiel das Jugendamt wegen einer Falschaussage oder einen Gutachter wegen eines nicht zu verwendenden Gutachtens zu Schadensersatz verklagen möchte[6] oder aufgrund meiner Belastung als Alleinerziehende einen Arbeitsrechtsprozess führen muss, kann diese greifen.

Wie wir unseren Rechtsbeistand optimal unterstützen

Grundsätzlich gilt, dass wir uns von der Hoffnung verabschieden müssen, dass »ein Rechtsbeistand alles für uns regelt«. Das wird nicht passieren. Das Gegenteil ist der Fall: Wir werden umso erfolgreicher sein und umso besser vertreten werden, wenn wir uns voll reinhängen.

Dazu gehört zum Beispiel, dass wir unsere Unterlagen ordentlich beisammenhaben. Dies sollten wir möglichst schon vor der Trennung sicherstellen. Dazu gehören Geburtsurkunden, eigene Zeugnisse, Kontoauszüge von gemeinsamen Konten, Versicherungen, Kreditunterlagen – zumindest als Kopie sollte uns all dies vorliegen.

Wir sollten bei Bedarf Protokolle führen und ordentlich abgeben – also nicht als gekritzelte Notizen, sondern als Word-Datei oder Excel-Tabelle. Dazu gehört, dass wir seitenlange Schriftsätze der Gegenseite erst einmal selbst lesen, zusammenfassen und herausfiltern, was davon überhaupt wichtig ist. Es ist ebenso sinnvoll, dass wir selbst Schriftsätze vorbereiten, Daten aufbereiten, Listen erstellen, Unterlagen zusammenstellen, Vorgänge einordnen. Wir sollten die Schriftsätze unserer anwaltlichen Vertretung immer noch einmal Korrektur lesen und gegebenenfalls ergänzen, denn nur wir wissen, wie die Dinge genau abgelaufen sind und haben die exakten Daten etc. Außerdem lesen auch Richter:innen lieber Texte, die verständlich und flüssig geschrieben sind – wenn wir selbst die Zusammenhänge nicht mehr verstehen, sollten wir das Dokument noch einmal überarbeiten.

Ich möchte dieses Kapitel mit dem Grundsatz abschließen, dass eine außergerichtliche Regelung fast immer besser ist als eine gerichtliche Auseinandersetzung. Im Gespräch erzählte mir Prof. Dr. Uwe

Tewes, Professor, Mediator und Gutachter bei vielen familiengerichtlichen Auseinandersetzungen, von seiner Erfahrung: »Ich habe immer wieder festgestellt, dass es einen beträchtlichen Anteil von Fällen gibt, in denen sich Konflikte verselbstständigt hatten – da war Mediation viel besser als ein Gutachten. Häufig reichen zwei, drei Sitzungen, wieder eine Gesprächsbasis zu finden und häufig auch vernünftige Regelungen auszuarbeiten.« Damit könne man die meisten Konflikte lösen.

Natürlich bleibt eine Gruppe von verhärteten und hochstrittigen Auseinandersetzungen, die nur durch Gerichte zu lösen sind – wie wir uns und die Kinder darauf optimal vorbereiten und was uns erwartet, sehen wir im nächsten Kapitel.

Wir sehen uns vor Gericht

Jugendamt und Familiengerichtsverfahren

Die Forschung sagt, dass etwa 85 Prozent aller Trennungen friedlich ablaufen und das ist auch gut so: Wenn es irgend möglich ist, sollten wir mit Familienthemen wie Umgang oder Sorgerecht den Gang zum Gericht vermeiden. Was Familien – und vor allem Kinder – dort erwartet, ist selten hilfreich. Die Hoffnung trügt, vor Gericht »Hilfe« oder gar recht zu bekommen, weil plötzlich ja mehr Leute auf die Situation schauen. Im Gegenteil befinden sich Eltern schnell in einer fremdbestimmten Situation. Etwa fünf bis 15 Prozent der Trennungskinder sind nach Expertenschätzungen von sogenannten »hochkonflikthaften« familienrechtlichen Verfahren betroffen – irgendwo zwischen 30 000 und 85 000 Kinder pro Jahr, wobei die Verfahren sich oft jahrelang hinziehen. Familienrechtliche Gerichtsverfahren haben zum Inhalt:

* Sorgerecht
* Aufenthaltsbestimmungsrecht
* Gesundheitsfürsorge
* Kindesunterhalt
* Nachehelichen Unterhalt
* Umgangsrecht

Diese Liste ist nicht abschließend. Manche Eltern streiten sich sogar um Haushaltsgegenstände wie die Frage, wer welchen Kinderstuhl bekommt (was Richter schon mal mit der Info kontern, dass sie noch einen im Keller hätten, den sie gerne abgeben würden).

Sind wir erst einmal vor Gericht, sind Prozesse im Dutzend keine Ausnahme.

In diesem Kapitel wird es vorrangig um die Perspektiven von Müttern gehen, aber auch Väter – oder Personen in der Mutter- oder Vaterrolle – können wichtige Informationen bekommen. Der Fokus auf Mütter will keinen Graben zwischen den Geschlechtern ziehen, sondern helfen, auch bei eskalierenden Situationen auf die Bindungsbedürfnisse der Kinder Rücksicht zu nehmen. Da die Mutter in aller Regel die primäre Bindungsperson der Kinder ist, sehen wir hier in der Praxis häufig die klassische Teilung. In jedem Fall bleibt mein Plädoyer auch hier:

Wenn es irgend möglich ist, sollten wir mit Familienthemen wie Umgang oder Sorgerecht den Gang zum Gericht vermeiden.

Wenn du als Betroffene:r in einem familiengerichtlichen Verfahren das Gefühl hast, du bist »im falschen Film«, dann versuche, Madame Amy möglichst ruhig zu halten. Ich habe selbst bei Terminen mit professionell Beteiligten gesessen und mir Sätze angehört wie: »Sie als Mutter lügen doch, wenn Sie den Mund aufmachen, das sieht man Ihnen an der Nasenspitze an!«, oder: »Stellen Sie sich nicht so an und einigen Sie sich jetzt gefälligst, sonst werde ich eine sehr unangenehme Entscheidung treffen!« Ich dachte: Das gibt's ja nicht. Das muss an mir liegen. Ich bin ein Einzelfall.

Aber die Recherche für dieses Buch hat mich gelehrt: Nein, es ist kein Einzelfall. Familiengerichtliche Verfahren können in Deutschland eine sehr schwierige Angelegenheit werden und wir geben sie am besten in die Hände unserer klugen Führungskraft. Auf den nächsten Seiten zeige ich, wie wir uns möglichst gut durch das Minenfeld einer »hochkonflikthaften« Auseinandersetzung bewegen und dabei unsere Kinder gut im Blick behalten.

Streit um den Lebensmittelpunkt der Kinder

Vor Gericht wird es immer dann besonders schwierig, wenn es um das Sorgerecht geht und die Frage, bei wem die Kinder ihren Lebensmittelpunkt haben werden.

Ich habe zu dieser Frage schon einen Vater sagen hören: »Die Sachlage ist ja klar, wir haben zwei Kinder, jeder eines und dann sind wir quitt. Ich nehme den Großen« – und er dachte, damit einen wirklich klugen, empathischen, vor allem aber gerechten Vorschlag gemacht zu haben.

Tatsächlich könnte so eine Idee vor einem Familiengericht in Deutschland gut ankommen: Dort gelten Kinder häufig nicht als Subjekte mit Bindungsbedürfnissen und eigener Meinung, sondern eher als Objekte, an denen Elternteile zeitliche Anrechte haben. Ihre Liebe kann man zur Not auch erzwingen – da die Eltern ja ein Recht auf ihren Anteil am Umgang haben.

»Zu viele Gerichte, die in rechtlichen und gesellschaftlichen Traditionen verhaftet sind, für die Kinderrechte noch relativ neu sind, erliegen der Versuchung, den konkurrierenden Ansprüchen der Eltern gerecht zu werden – und verlieren dabei die Rechte des betroffenen Kindes aus den Augen. Selbst wenn eine gütliche Einigung gefunden wird, zum Beispiel durch Mediation, liegt der Schwerpunkt allzu oft auf der Gewährleistung der Gleichberechtigung der Eltern gegenüber ihren Kindern und nicht auf den Rechten des Kindes«, heißt es in einer Stellungnahme der EU zu Kinderrechten.[1] Dass diese Herangehensweise im Widerspruch zum Wohl des Kindes stehen kann – und es oft tut – wird immer wieder nicht beachtet. Wie eine solche »Aufteilung« die Bindungsbedürfnisse von Eltern über die der Kinder stellt, ist den meisten Beteiligten nicht bewusst.

In der Studie von Hammer sind die meisten Kinder bei Beginn des familiengerichtlichen Verfahrens im Säuglings- und Kleinkindalter, also einem Alter, in dem ihre Bindungsbedürfnisse besonders stark sind.[2] Da es aber für Außenstehende schwierig ist, die Bindungsbedürfnisse von Kindern zu verstehen, zu bewerten und zu beachten, sollte der Gang zu Gericht immer der letzte Gang sein. Manchmal geht es jedoch nicht anders oder der andere Elternteil zieht vor Gericht – also sollten wir uns damit befassen, was uns erwartet.

»Trennung ohne Drama«-Tipp
Die kluge Führungskraft sagt: Ja, jetzt kann es unangenehm werden. Es muss aber nicht. Daher bleiben wir auch jetzt so ruhig wie möglich. Besonders wenn wir den Kindern die Situation erklären (müssen), weil sie zum Beispiel angehört werden, bleiben wir sachlich und gefasst. Schaffen wir das nicht, kann es auch jemand anders übernehmen. Die Kinder spiegeln unsere innere Verfassung – wenn wir in Panik geraten, fühlen sie eine für sie unbestimmte Bedrohung, die sie enorm unter Stress setzt. Halten wir unsere Madame Amy in Schach, damit wir den Kindern Sicherheit geben können.

Die Rolle des Jugendamts

In meinen Ausbildungskursen beim artgerecht-Projekt sitzen immer wieder Jugendamtsmitarbeitende, die sich über die aktuelle Pädagogik informieren wollen. Es sind engagierte, bindungs- und kindorientierte Frauen und Männer, die Familien bestmöglich und nach dem neuesten Stand der Wissenschaft unterstützen wollen. Diese Menschen sind – nach ihren eigenen Aussagen und nach Stand der Recherche für dieses Buch – die Ausnahme.

Wir dürfen uns nicht darauf verlassen, dass im Jugendamt Pädagog:innen arbeiten, die sich mit dem aktuellen Stand der Forschung zu frühkindlicher Entwicklung auskennen oder gar bindungsorientiert arbeiten. Jugendamtsmitarbeitende haben die Aufgabe, Gefährdungen des Kindeswohls abzuwenden, und legen darauf ihren Fokus. Sie haben also fast zwangsläufig einen defizitorientierten Blick und suchen nach gefährdendem Potenzial bei *beiden* Elternteilen. Außerdem glaubt ein Großteil von ihnen scheinbar immer noch daran, dass Kinder grundsätzlich nur dann gesund aufwachsen, wenn sie beide Elternteile sehen – was von der Forschung nirgends bestätigt wird.

Wir müssen uns also sehr gut überlegen, ob wir dort erzählen, dass die Anderthalbjährige noch gestillt wird, dass es ein Problem für uns ist, wenn der Vater die Kinder abends nicht bindungsorientiert ins Bett bringt und dass wir zuckerfreie Ernährung für unabdingbar halten. Menschen können unterschiedliche Erziehungsauffassungen haben – das kann auch bei Eltern vorkommen, die nicht getrennt sind. Fragen wir uns also: Hätte ich das Jugendamt angerufen, wenn er oder sie so handeln würde und wir noch ein Paar wären? Ist der FSK-12-Film für den Neunjährigen, der Zuckerkonsum oder die Schlafenszeit wirklich ein Fall fürs Jugendamt?

Im Gegenteil kann gerade bindungsorientierte oder gewaltfreie Erziehung »nach hinten losgehen«. Dann heißt es möglicherweise von Jugendamtsmitarbeitenden, die Mutter wäre »zu lasch« mit den Kindern und es wäre gut, dass der Vater, auch wenn er gewalttätig sei, klare Regeln habe. Das Anschreien und Demütigen der Kinder, das Am-Arm-Zerren und Einsperren kann da durchaus zur »Grenzen aufzeigenden Erziehung« verharmlost werden. Von solchen Erfahrungen haben mir zahlreiche Mütter in Interviews berichtet.

Natürlich kann man Jugendämter und ihre Mitarbeitenden nicht über einen Kamm scheren – es kann durchaus sein, dass du bei dir am Ort Glück hast und engagierte und bindungsorientierte Ansprechpersonen findest. Es kann aber auch ganz anders sein.

Der Verein MIA, Mütterinitiative für Alleinerziehende e.V. i.G., sammelte zu seiner Aktion »White Lily Revolution 2020«[3] gegen institutionelle Gewalt an Frauen im Familienrecht Zitate aus Gutachten und Gerichtsverfahren. Diese sind veröffentlicht auf den Twitter- und Instagram-Accounts des Vereins.[4] Von »An Schlägen kann ein Kind auch wachsen« bis zu »Ich habe meine Kinder auch geschlagen und es hat ihnen nicht geschadet« findet man viele veraltete Erziehungsüberzeugungen und Verharmlosung von Gewalt an Frauen und Kindern.

Wir tun also gut daran, sehr vorsichtig zu prüfen, welche Erziehungsvorstellungen der Mensch hat, der da an offizieller Stelle vor mir sitzt. Und ja, das ist schwierig, wenn wir hoffen, dass hier doch endlich jemand verstehen müsste, warum wir uns von diesem dominanten, drohenden, dysregulierten Menschen getrennt haben. Aber es hilft nichts – wir wissen nämlich nicht, ob wir hier Hilfe bekommen. Wie wir in erster Linie Konflikte vermeiden, erkläre ich im Folgenden.

Folgende Themen sollten wir beim Jugendamt vermeiden

Co-Sleeping: Wenn das Kind noch bei der Mutter schläft, kann das als Missbrauchsvorwurf genutzt werden. Daher ist es besser, zu sagen: »Ja, das Kind schläft bei mir ein, aber dann schläft es im eigenen Bett«, wenn zum Beispiel erklärt werden soll, warum das Kind nicht einfach so beim Vater übernachten kann und will. Handelt es sich um ältere Kinder und die Gegenseite bringt das Thema auf den Tisch, reicht es in der Regel, dass wir erklären: »Ja, das Kind schläft hin und wieder bei mir, es ist eine schwierige Zeit, aber selbstverständlich nicht immer. Es hat ein eigenes Zimmer mit eigenem Bett, es übernachtet problemlos bei Freunden und auch Kita- oder Klassenfahrten sind kein Problem.« So lügen wir nicht und machen trotzdem klar, dass das Kind sich normal entwickelt und eine entsprechende Umgebung dafür vorhanden ist.

Stillen: Das Stillen eines Kindes von über einem Jahr sollten wir möglichst gar nicht erwähnen. Wenn es doch zur Sprache kommt, ist es wichtig, zu betonen, dass das Kind normal isst, auch ohne Stillen sehr gut auskommt und es die absolute Ausnahme ist. Das heißt aber auch, dass wir das Stillen nicht als Argument zum Beispiel gegen Übernachtungen verwenden können. Es ist hilfreicher, einfach zu klären, ob das Kind Übernachtungen will oder nicht.

Ernährung: Wenn wir Hardliner in irgendeiner Ernährungsform sind, können wir diese beim anderen Elternteil niemals durchsetzen – schon gar nicht über das Jugendamt. Sollte uns unsere Ernährungsform vorgeworfen werden, bleiben wir ruhig und zeigen uns verantwortungsvoll und aufgeschlossen: »Das Kind ist ärztlich bestätigt gesund und hat keinerlei Mangelerscheinungen, bei Bedarf können Sie das durch einen Bluttest bestätigen lassen, und wenn das Kind eine Kugel Eis oder ein Würstchen essen will, dann bekommt es das auch.«

Lernen: Manchen Eltern ist wichtig, dass das Kind eine bestimmte Schulform besucht, die zum Beispiel keine Noten vergibt. In diesem Fall halten wir uns fern von jeder allzu pauschalen Argumentation wie »Noten sind Gewalt am Kind«, sondern wir bleiben für die Jugendamtsmitarbeitenden beim Kindeswohl: »Mein Kind kommt besser damit zurecht, wenn es frei lernen kann, dann ist es aufnahmefähiger, ich denke, es ist besser für seinen langfristigen schulischen Erfolg.« Das Gleiche gilt auch für die Kita: »In dieser Kita kann sich das Kind nicht gut entwickeln« reicht völlig.

Grundsätzlich gilt, dass wir keines dieser Themen von uns aus gegenüber Mitarbeitenden des Jugendamts ansprechen – auch dann nicht, wenn wir uns über den anderen Elternteil ärgern. Es sind persönliche Entscheidungen, bei denen es im Falle eines Verfahrens aber viel Raum für Missverständnisse geben kann. Diese Sachen gehören nicht in die Öffentlichkeit und kein Jugendamt der Welt wird uns helfen, beim anderen Elternteil eine zuckerfreie Ernährung, Co-Sleeping oder Gewaltfreie Kommunikation durchzusetzen.

Kinderrechts-Aktivist:innen raten besonders in hochkonflikthaften Fällen davon ab, zum Jugendamt zu gehen oder sich gar den dortigen Mitarbeitenden »anzuvertrauen«. Diese sind (gleich welchen Geschlechts) weder Freunde noch Helfer noch Therapeuten oder gar Paartherapeuten. In aller Regel interessieren sie sich nicht für unsere persönlichen Befindlichkeiten, nicht für unsere Überzeugungen, nicht für unsere Probleme in der Beziehung. Sie wollen sicherlich aufrichtig und aus Überzeugung das Beste für das Kind – oft aber ohne zu wissen, was nach aktueller Studienlage das Beste für ein Kind tatsächlich ist, oder das im Einzelfall als außenstehende Person entscheiden zu können.

Jugendamtsbesuche

Wenn das Jugendamt sich ankündigt, können wir uns folgendermaßen vorbereiten:

* Wir sorgen dafür, dass Wohnung und Kinder ordentlich, aber nicht klinisch sauber sind, ansehnlich, aber nicht zu perfekt.
* Wir sagen den Kindern, dass da jemand kommt, der mit ihnen sprechen und schauen will, wie es uns geht.
* Kinder ab Grundschulalter können die Info bekommen,

dass es schön wäre, wenn sie gut zuhören, freundlich antworten und nicht über Tische und Bänke springen.

* Wir weinen uns vorher bei jemandem aus, sodass wir nicht den Impuls bekommen, uns bei unserem Besuch über den oder die Ex auszulassen.
* Wir trinken vorher keinen Alkohol oder tun sonst etwas, das unsere Hemmschwelle herabsetzt – wir wollen weder wütend noch traurig noch gestresst wirken, wir sind freundlich, ruhig und gefasst, ohne Emotionen.
* Wir rechnen mit Fragen wie: »Wie lief die Beziehung denn so? Gab es Probleme?« Wir reden uns jetzt auf keinen Fall alles von der Seele, sondern bleiben sachlich. Dies ist kein Kaffeetreffen mit einer guten Freund:in, bei der wir unser Herz ausschütten können – alles, was wir sagen, kann später vor Gericht gegen uns verwendet werden. Also antworten wir: »Danke der Nachfrage, aber es geht ja jetzt um die Kinder, richtig? Ich schaue lieber nach vorn.«
* Wir bereiten uns darauf vor, zu Fragen nach unserem Erziehungsstil ehrlich, aber unverbindlich zu antworten: »Klar, wenn sie Albträume haben, dürfen sie zu mir, grundsätzlich haben die Kinder ein eigenes Zimmer und eigene Betten; ich würde sagen, wir ernähren uns vor allem gesund, aber ein Eis ist natürlich erlaubt; ich bin eher für gewaltfreie Erziehung, gleichzeitig sind Regeln wichtig und werden hier auch durchgesetzt« und so weiter.
* Keine Grundsatzdiskussionen, keine Rechtfertigungen, keine Angabe von Gründen, warum wir die Dinge so sehen oder machen, wie wir sie sehen oder machen! »Interessante Perspektive, das nehme ich mal mit«, »Wie oft die Kinder bei mir schlafen? Das kann ich gar nicht sagen, nicht so oft«, »Warum ich mich vegan ernähre? Ich vertrage

Milchprodukte nicht so gut. Wie geht es jetzt weiter?«, »Ich möchte mich jetzt ungern über die Details der Beziehung unterhalten, es geht hier ja um die Kinder«, »Wie oft die Kinder den Vater sehen sollten? Nun, da ich mich mit ihm nicht einigen kann und das jetzt Dritte entscheiden, würde ich mich dazu erst mal nicht äußern wollen.«

- Wir lassen uns nicht auf zu lange Gespräche ein, denn so wird unser Gehirn müde und die kluge Führungskraft wird an ihrem Schreibtisch unkonzentriert – dann springt Madame Amy aus dem Sessel und ruft dazwischen, das werden wir nicht riskieren.

»Trennung ohne Drama«-Tipp

Die kluge Führungskraft sagt: Wir vermeiden es unbedingt, unsere Madame Amy beim Jugendamtsbesuch wütend die Situation bewerten zu lassen: »Er hat doch gar keine Bindung an die Kinder, er hat sich nie gekümmert, der weiß nicht einmal, welche Schuhgröße sie haben, und wie sollen sie von ihm denn zur Kita kommen, wo er jetzt wohnt – ich hätte ihn nie heiraten sollen!«

Holen wir lieber den Bibliothekar und unser unterstützendes Eltern-Ich auf den Plan, damit wir sachlich und ruhig die Fakten auf den Tisch legen können: »Wir haben 2008 geheiratet, wir sind seit einem Jahr getrennt, ich arbeite 20 Stunden pro Woche, die Kinder sind seit ihrem zweiten Lebensjahr in einer Kita hier um die Ecke, in der Beziehung war es meine Aufgabe, mich um alles rund um die Kinder zu kümmern, da meine Frau 40 Stunden die Woche gearbeitet hat und teilweise am Wochenende weg war.«

Der Verfahrensbeistand

Eines Tages steht er vor der Tür – der Verfahrensbeistand. Er oder sie wird nicht die einzige Person sein, die wir im Rahmen von gerichtlichen Streitigkeiten in unsere Wohnung lassen. Wenn wir gut vorbereitet sind, können wir deutlich besser reagieren.

In Gerichtsverfahren, in denen Kinder betroffen sind (das sind im Wesentlichen Verfahren zu: Umgang, Sorgerecht, Namensänderung, Kindeswohlgefährdung, Genehmigung von freiheitsentziehenden Maßnahmen), kann der Richter oder die Richterin einen Verfahrensbeistand beauftragen, der die Interessen des Kindes vertreten soll. Er oder sie soll sozusagen der »Anwalt des Kindes« sein und Interessen der Minderjährigen im familiengerichtlichen Verfahren vertreten. Ein Verfahrensbeistand kann dafür Anträge stellen, Rechtsmittel einlegen und an Kindesanhörungen teilnehmen.

Was müssen diese Menschen wissen? Sie sollen möglichst in Pädagogik oder Psychologie ausgebildet sein – aber auch Jurist:innen werden zugelassen, obwohl sie über keinerlei Qualifikation im Umgang mit Kindern verfügen.

Verfahrensbeistand zu sein ist in der Regel ein Nebenjob, er wird aktuell (Stand März 2023, § 158c Abs. 1, *Gesetz über das Verfahren in Familiensachen und in den Angelegenheiten der freiwilligen Gerichtsbarkeit*) mit einem Satz von 350 bis 550 Euro pro Kind vergütet, auf den weder Umsatz- noch Gewerbesteuer anfällt und der für viele Berufsgruppen attraktiv ist.

Verfahrensbeistände kommen entweder ins Haus oder die Kinder müssen zur Befragung zu ihnen kommen. Im Anschluss erstellt der Verfahrensbeistand einen Bericht mit Empfehlungen für das Familiengericht.

Die Befragung des Kindes findet ohne Zeugen und hinter geschlossenen Türen statt. Das Ergebnis steht später im Bericht des Verfahrensbeistandes, der an Gericht und Eltern weitergeleitet wird.

Kinderrechts-Aktivist:innen berichten immer wieder, dass heimliche Aufzeichnungen dieser Gespräche (durch die Eltern) völlig andere Ergebnisse zeigen als das, was später im Bericht steht.

Wichtige Tipps für den Umgang mit Verfahrensbeiständen

- Wir können mit unserem Rechtsbeistand eine geeignete Person für diese Aufgabe vorschlagen und sollten dann gute Gründe angeben (zum Beispiel Erfahrung mit traumatisierten Kindern, besondere Ausbildung, Erfahrung mit konflikthaften Trennungen). Der Richter ist aber nicht verpflichtet, unserer Bitte zu folgen.
- Eltern müssen Kinder nicht zum »Mitmachen« animieren – wenn die Kinder nicht mit einem Fremden sprechen möchten, müssen sie nicht.
- Eltern müssen vom Gesetz her Gespräche weder zulassen noch führen, aber sie stehen natürlich als Blockierer da, wenn sie sie unterbinden – weil sie dann laut gängigem Rechtsverständnis nicht zeigen, dass sie ein »Interesse an einer kindgerechten Lösung« haben.[5]
- Der Verfahrensbeistand hat nicht die Aufgabe, die Erziehungsfähigkeit der Eltern zu bewerten, Umgangsmodelle vorzuschlagen oder eine Entscheidung zu treffen. Seine oder ihre Aufgabe ist es, den Kindeswillen zu ermitteln und die Prozessbeteiligten darüber zu informieren.
- Besonders ältere Kinder müssen wissen, dass sie mit dem Verfahrensbeistand im Vertrauen vereinbaren können, dass Informationen aus den gemeinsamen Gesprächen weder an das Gericht noch an die Eltern weitergeleitet werden.
- Die Aufgabe des Verfahrensbeistandes ist einzig und allein, herauszufinden, was das Kind wohl will – möchte das Kind mit ihm aber nicht reden, sollte man dies offenlegen und mit allen Beteiligten nach einer Lösung suchen (siehe das Kapitel *Wenn der andere »Nein« sagt*).

* Kinderrechtler:innen berichten, dass Richter:innen in der Regel »ihre« Verfahrensbeistände haben, mit denen sie gerne zusammenarbeiten, sodass es durchaus menschlich wäre, wenn diese als Auftragnehmende vor allem das zu Protokoll geben würden, was der Linie des Auftraggebenden entspricht – das sichert die Beauftragung für den nächsten Fall.
* Das Gespräch mit dem Verfahrensbeistand kann in dessen Büro oder im Zuhause des Kindes stattfinden. Wenn wir wissen, dass es für unser Kind zu stressig ist, an einem fremden Ort mit einem fremden Menschen zu sprechen, können wir also um einen Termin bei uns bitten. Wenn wir vermeiden möchten, dass ein fremder Mensch unser Kind in seinem Kinderzimmer aufsucht, bitten wir um einen Termin im Büro.
* Wir können bitten, eine Aufzeichnung von dem Gespräch zu machen oder selbst – das geht mit jedem Mobiltelefon – machen zu dürfen, aber Vorsicht: Das kann auch nach hinten losgehen. Es kann dazu führen, dass wir als paranoid gelten und verdächtigt werden, niemandem zu trauen.
* Der Verfahrensbeistand wird uns bitten, bestimmte Menschen von der Schweigepflicht zu entbinden, um mit ihnen zu sprechen (medizinisches oder pädagogisches Personal, unseren Rechtsbeistand). Wir können dies verweigern, aber auch hier stellt der Berufsverband der Verfahrensbeistände BVEB klar: »Es ist aber eine Mitwirkung ratsam, es kann nur eine Lösung, die gut für alle ist, gefördert werden.«[6]

Einen Verfahrensbeistand zu wechseln ist faktisch fast unmöglich. Man kann zwar beim Gericht um »Entpflichtung« bitten, aber kaum ein Richter wird »seinen« Verfahrensbeistand abberufen, weil Eltern mit ihm nicht zufrieden sind. Der Berufsverband der Verfahrensbeistände rät besser zum direkten Gespräch für eine kooperative Lösung: Entpflichtung »hat aber nur in engen Ausnahmen und mit einer guten Begründung Aussicht auf Erfolg. Konstruktive Kritik sollte auch beim Verfahrensbeistand direkt angesprochen werden. Gemeinsam kann man vielleicht eine Lösung finden oder Missverständnisse klären.«

Man sieht deutlich, dass hier eine Menge Macht gegenüber Minderjährigen in den Händen einer fremden Person liegt. Und während sicher viele Verfahrensbeistände einfühlsam und mit den besten Absichten auf die Kinder zugehen, kommt es immer wieder dazu, dass Eltern nach der Befragung ein völlig aufgelöstes oder stilles Kind haben, weil es Sätze gehört hat wie: »So, und morgen kommst du dann weg von deiner Mutter«, oder vorgefertigte Meinungen wie: »Das Wechselmodell ist doch das Beste für Kinder.« Die kurze Fortbildung in Entwicklungspsychologie kann nicht darüber hinwegtäuschen, dass vor allem fachfremde Verfahrensbeistände das Verhalten von Kindern sehr leicht fehlinterpretieren können.

Wen hast du lieber?

Nach persönlichem Bericht eines Verfahrensbeistandes können Befragungen – in diesem Fall eines vierjährigen Jungen – auch so ablaufen:

Verfahrensbeistand: »Wer soll dich ins Bett bringen?«
Kind: »Mein Freund Emil«
»Wer soll dich pflegen, wenn du krank bist?«
»Der Weihnachtsmann«
»Wer soll dich von der Kita abholen?«
»Oma!«

Dieses Kind hat Wege gefunden, sich nicht in einen Loyalitätskonflikt treiben zu lassen. Seine Antworten konnten ihm von keinem Elternteil negativ ausgelegt werden und doch kooperierte er mit dem Verfahrensbeistand – sehr schlau. Wenn wir wissen, dass das Kind befragt wird, liegt es nahe, ihm beizubringen, was es sagen soll. Dieses verständliche Bedürfnis führt für die Kinder aber mitten in Angst und Loyalitätskonflikte und kann schließlich zu Verhaltensauffälligkeiten führen. Daher ist es deutlich besser, dem Kind Strategien beizubringen, wie es entweder a) seine Wahrheit sagt, b) gar nichts sagt oder c) Aussagen trifft, die ihm niemand böse auslegen kann.

»Trennung ohne Drama«-Tipp

Die kluge Führungskraft sagt: Da es praktisch keine Kontrollinstanzen für Verfahrensbeistände gibt, sollten wir von Anfang an versuchen, hier so gut es geht zu kooperieren (nein, Amy, du hast hier gerade keinen Platz am Tisch). Wenn es zu Konflikten kommt, können wir die empathische Verhandlung aus dem Kapitel *Lass uns das klären* anwenden und »Wie«- und »Was«-Fragen stellen, Empathie zeigen, etikettieren:

- Das Kind ist schüchtern, was könnten wir tun?
- Wie können wir jetzt weitermachen, wenn er nicht mit ihnen alleine sein will?
- Ich kann mir vorstellen, dass Sie auch einen nächsten Termin haben und das hier lange dauert, wie kann ich Sie unterstützen?
- Was könnte helfen, damit Sie die Informationen bekommen, die Sie brauchen?
- Was könnten wir bei Ihrem nächsten Termin mit uns zur Vorbereitung tun?
- Wie könnten wir dem Kind noch entgegenkommen?

All diese Strategien sind deutlich besser, als in Streit zu gehen, weil jemand seine entwicklungspsychologischen Hausaufgaben nicht gemacht hat – auch wenn wir das gerne würden. Zügeln wir Madame Amy und lassen wir die kluge Führungskraft ans Ruder. Wenn es uns schwerfällt, trinken wir vorher kein (!) Glas Wein zur Beruhigung, sondern gehen joggen, machen einen Workout vor dem Termin oder laden uns einen befreundeten Menschen ein, der uns herunterregelt, damit wir nichts sagen, was wir hinterher bereuen.

Gutachten durch Sachverständige

Sobald dem Gericht ein Fall vorliegt, über den es aus eigener Sachkenntnis nicht mehr entscheiden kann, wird es auf ein Gutachten zurückgreifen. Das Gutachten soll klären, zu wem das Kind eine Beziehung oder Bindung hat, welche Ressourcen die Familienmitglieder haben und welche Risikofaktoren bei ihnen vorliegen. Es versucht herauszufinden, wie gut die Eltern das Kind versorgen können, wie gut sie Umgang mit dem anderen Elternteil ermöglichen, ob sie Verantwortung für das Kind übernehmen und mit dem anderen Elternteil kooperieren können. Natürlich geht es auch um die Frage: Wie alt ist das Kind, was braucht es, was wünscht es sich und was kann es mittragen?

Grundsätzlich gilt: Man muss sich nicht begutachten lassen und das darf auch nicht negativ ausgelegt werden.[7]

Wer Gutachten schreibt, muss über eine der folgenden Berufsqualifikationen verfügen: psychologische, psychotherapeutische, kinder- und jugendpsychiatrische, psychiatrische, ärztliche, pädagogische oder sozialpädagogische sowie über eine Fachkompetenz für diesen speziellen Fall und Erfahrungen mit Familienrechtsfällen.[8] Sachverständige müssen offenlegen, welchen wissenschaftlichen Ansatz sie verfolgen, und sollten sich darüber hinaus an die Bearbeitung und Beantwortung der gerichtlichen Fragen halten, ohne eigene Hypothesen aufzustellen oder Entscheidungen vorwegzunehmen.

Dazu formuliert der oder die Gutachter:in eine Annahme zu dem, was das Gericht wissen möchte. Alle Beteiligten müssen im Vorfeld darüber aufgeklärt werden, welcher Frage das Gutachten nachgeht, mit welcher Methodik der oder die Sachverständige arbeitet und wie die Begutachtung ablaufen soll. Dann gibt es Gespräche, Treffen und der Gutachter beobachtet zum Beispiel die Eltern, wie sie mit dem Kind umgehen oder spielen. Er oder sie kann Hausbesuche machen oder Fragebögen austeilen.

Es ist ebenfalls möglich, dass der Gutachter wie der Verfahrensbeistand mit Betreuern der Kinder, Lehrkräften oder Kinderärzten sprechen möchte. Dies ist freiwillig und er oder sie wird uns um unser Einverständnis bitten. Aus den Untersuchungen erstellt der Gutachter eine schriftliche Beurteilung und kann zusätzlich eine mündliche Stellungnahme bei Gericht abgeben.

Um unsere Kinder auf den Prozess gut vorzubereiten, müssen wir natürlich auf das Alter der Kinder achten. Wichtig ist, dass wir die Situation nicht dramatisch darstellen – auch wenn sie sich für Madame Amy gefährlich anfühlt oder wenn sie sogar für die kluge Führungskraft bedrohlich ist: Wir bleiben die Felsen in der Brandung für unsere Kinder. Wir erklären ihnen, es sei das Normalste von der Welt, denn es sei heutzutage gar nicht ungewöhnlich, dass jetzt jemand kommt, der sich mit uns unterhalten will. Besonders ältere Kinder sollten erfahren, dass sie nichts entscheiden müssen und dass das Ergebnis nicht von ihnen abhängt.

Es gilt auch hier: Die Kinder müssen mit niemandem reden, wenn sie zu viel Angst haben. Dann können wir mit dem oder der Sachverständigen sprechen und uns gemeinsam überlegen, wie wir das Kind quasi »eingewöhnen«, sodass die Kinder in einer für sie sicheren Situation mit der fremden Person sprechen können. Es lohnt sich, hier im Kontakt und kooperativ zu bleiben und davon auszugehen, dass im Grunde alle das Beste für die Kinder erreichen wollen.

Gutachten: Wichtige Kriterien zur Prüfung

Wenn wir das Schriftstück dann in der Hand halten, dürfen wir auf folgende Punkte achten:[9]

* Beginnt das Gutachten mit einer Arbeitshypothese, einer Anfangsannahme, die auch schriftlich niedergelegt wird?
* Beruft es sich auf aktuelle pädagogische, psychologische oder entwicklungspsychologische Fachliteratur? Werden Quellen angegeben und auf den Fall angewendet oder nur zitiert?
* Wie werden Begriffe wie »Bindung«, »Beziehung«, »Kindeswohl« oder »Erziehungsfähigkeit« definiert?
* Ist dem oder der Sachverständigen die Istanbul-Konvention bekannt, nach der Kinder und Mütter vor häuslicher Gewalt zu schützen sind, ebenso wie die Rechte des Kindes auf eine Erziehung ohne Gewalt und das Recht, den Umgang zu verweigern?[10]
* Sind die Entscheidungskriterien schlüssig begründet?
* Wie steht das, was der Gutachter macht, in Zusammenhang mit der Frage, die das Gericht gestellt hat? Sprich: Welche Methoden nutzt er oder sie und passen sie zur Frage, um die es geht?
* Wie werden Gespräche geführt, wenn sie diagnostische Interviews sein sollen, die in das Ergebnis mit einfließen? Werden sie dokumentiert? Sind sie auf die vom Gericht gestellte Frage hin nachvollziehbar aufgebaut?
* Wie wird Verhalten von Eltern und Kinder beobachtet und wie stellt der oder die Sachverständige sicher, dass hier eine objektive Beobachtung stattfindet und er oder sie nicht nur eine persönliche Meinung niederschreibt? Gibt es eine systematische, nachvollziehbare Beobachtungsform?

* Werden die Schlussfolgerungen begründet und transparent und nachvollziehbar präsentiert?
* Wenn eine Kindeswohlgefährdung im Raum steht, legt das Gutachten dar, was die Eltern genau Gefährdendes bereits getan oder unterlassen haben (Vernachlässigung, Misshandlung, Missbrauch) und welche Schädigungen das Kind bereits erlitten hat?
* Wenn es um eine mögliche Kindeswohlgefährdung in der Zukunft geht, zum Beispiel durch eine mutmaßlich bindungsintolerante Mutter, wird dies gegen eine Gefährdung, zum Beispiel wegen eines Bindungsabbruches mit der Mutter, abgewogen? Hat sich das Gutachten mit den erheblichen traumatisierenden Folgen einer Umplatzierung oder Fremdunterbringung auseinandergesetzt? Dies ist eine Forderung des Bundesverfassungsgerichtes.[11]
* Zieht das Gutachten milde Maßnahmen in Betracht, um die strittigen Fragen zu lösen, zum Beispiel eine erneute Mediation?
* Ist das Gutachten ergebnisoffen und der oder die Sachverständige unvoreingenommen? Wenn zum Beispiel mit pauschalen Argumenten gearbeitet wird, Mutter und Vater mit unterschiedlichen Maßstäben gemessen werden oder das Gutachten die gerichtliche Entscheidung vorwegnimmt, kann daran gezweifelt werden.

Wenn wir eine oder mehrere dieser Fragen mit »Nein« beantworten, dann sollten wir als Erstes mit unserem Rechtsbeistand sprechen. Er oder sie kennt im Idealfall die Gepflogenheiten an unserem Gerichtsstandort und kann mit uns über das weitere Vorgehen beraten. Wir sollten immer versuchen zu vermeiden, dass Dritte unseren Kindern schaden, obwohl sie ihnen helfen sollen und wollen. Dass dies geschieht, sehen wir daran, dass es dafür einen Begriff gibt: Sekundäre Kindeswohlgefährdung.

»Trennung ohne Drama«-Tipp

Die kluge Führungskraft sagt: Grundsätzlich sollen Gutachten dem Gericht helfen, in strittigen Fragen eine gute Entscheidung zu treffen, und es kann durchaus nützlich sein, eine professionelle Meinung von Dritten zu erhalten.

Sollte stattdessen der Eindruck entstehen, dass der oder die Sachverständige für den vorliegenden Fall nicht ausreichend geeignet oder gar voreingenommen ist, können wir ruhig und sachlich mit der klugen Führungskraft an der Hand unseren Rechtsbeistand ansprechen und gegebenenfalls einen Befangenheitsantrag stellen.

Sekundäre Kindeswohlgefährdung durch professionell Beteiligte

Der Staat soll eingreifen, wenn Kinder in Gefahr sind – aber er darf nicht beliebig eingreifen. »Jeder Eingriff birgt auch Risiken und Nebenwirkungen«, erklärte mir Prof. Dr. Uwe Tewes, Experte zu sekundärer Kindeswohlgefährdung, Qualifikation von Sachverständigen und Qualitätsförderung in familienrechtlichen Verfahren. »Daher ist es Pflicht des Gerichtes und der Gutachter, zu prüfen, ob der erhoffte Nutzen einer Maßnahme in einem vernünftigen Verhältnis zu Risiken und Nebenwirkungen und den möglichen Schäden steht.«

Dies gilt besonders für Kinder, die aus ihren Familien herausgenommen werden oder von ihrer bisher wichtigsten Bezugsperson zu einer anderen umziehen müssen. Diese Maßnahmen können die Kinder massiv traumatisieren und stehen in Fällen von hochstrittigen Trennungen häufig in keinem Verhältnis zu ihrem

»Nutzen«. Leider sind die professionell Beteiligten oft in puncto Bindungsbedürfnisse von Kindern nicht ausgebildet, bekommen dafür aber von Lobby-Organisationen Fortbildungen, zum Beispiel zur angeblichen Entfremdungstheorie. Sie wissen oft nicht, wie man Gespräche mit Kindern altersgerecht führt, oder kämpfen untereinander um die Deutungshoheit für den Fall: »Ich weiß, was für dieses Kind gut ist, und will das durchsetzen, auch wenn es eindeutige Anzeichen dafür gibt, dass meine Meinung falsch sein könnte.«

Prozessbeteiligte berichteten mir davon, dass vor allem Mütter die »Meinung«, die sich zum Beispiel das Jugendamt einmal über sie gebildet hat, nicht mehr loswerden – egal, was sie machen, sie gelten als bindungsintolerant (siehe auch den Kasten im Kapitel *Kein Umgang unter Zwang*), manipulativ und sind schuld an jedem nicht kooperativen Verhalten der Kinder, selbst wenn diese schon längst nicht mehr bei ihnen wohnen. Es geht dabei um Kontrolle,[12] darum, recht zu behalten, und um persönliche Meinungen.[13]

Wenn der Sachverständige zudem noch Anhänger der – wissenschaftlich durch nichts bewiesenen – Entfremdungstheorie oder gar ihres Vorläufers, der Idee vom »Parental Alienation Syndrom«, ist, kommt es oft zu eigenartigen Konstruktionen. Dann heißt es plötzlich, das weinende Kind, das nicht zum Vater will, sei von der Mutter angestachelt worden und müsse jetzt zum Vater umplatziert werden, damit es diesen nicht verliere. Oder Kinder, die eine sichere Bindung zu ihrer Mutter haben, seien »zu eng« an diese gebunden (eine Diagnose, die es so nicht gibt)[14] und müssten fremdplatziert werden, damit sie sich »lösen« könnten, weil der Vater sonst keine Chance hätte, zu dem Kind eine Bindung aufzubauen.

Diese Ideen haben keinerlei wissenschaftliche Basis (siehe Abschnitt *Parental Alienation Syndrom – PAS*, Seite 210 ff.), werden aber unter verschiedenen Etiketten auch heute noch immer wieder angewandt. Und selbst wenn dem so wäre – es ist nicht verhältnismäßig, ein Kind von seiner primären Bezugsperson zu trennen, damit jemand anders zu seinem »Recht am Kind« kommt.

Ähnlich ist es mit sogenannten »Modediagnosen« – manche professionell Beteiligte haben eine weit gestreute Halbbildung und wenn man einen Hammer hat, sieht plötzlich alles aus wie ein Nagel. So kann es vorkommen, dass Jugendamtsmitarbeitende, Lehrer:innen oder auch Begutachtende plötzlich überall manipulierte, sexuell missbrauchte, ADHS-kranke, autistische oder traumatisierte Kinder sehen. Es ist gut, wenn wir dann detailliert nach Diagnosekriterien fragen, um zu sehen, ob sie bei unseren Kindern wirklich zutreffen könnten, und dies dann von geeigneten Experten prüfen lassen (soweit der zweite sorgeberechtigte Elternteil zustimmt).

Viele professionell Beteiligte glauben auch daran, dass ein erzwungenes Wechselmodell gegen den Willen der Kinder und eines Elternteils dazu führen würde, dass die Kinder eine Bindung zum getrennt lebenden Elternteil aufbauen könnten. Warum das betreffende Elternteil nicht schon *vor* der Trennung eine Bindung zu den Kindern hergestellt hat, fragt das Gericht in der Regel nicht.

Fakt ist: Es gibt keine wissenschaftlichen Belege dafür, dass erzwungener Kontakt zwischen Eltern und Kindern zu Bindung führt. Manche Dinge kann man nicht erzwingen. Diese Frage fällt auch nicht in den staatlichen Regelungsbedarf, da das Kindeswohl auch bei einem Residenzmodell nicht gefährdet ist (vorausgesetzt, die Hauptbezugsperson ist in der Lage, sich um das Kind zu kümmern).

Wir müssen auch damit rechnen, dass zum Beispiel Gewalt gegen die Mutter nicht als Ausschlusskriterium für den Umgang mit dem Kind gilt. Deutsche Gerichte entscheiden schon mal, dass die Mutter jetzt nicht mehr auf den Vater treffe, daher sei Gewalt ja kein Thema mehr – offenbar können auch Pädophile und Gewalttäter nach Ansicht von deutschen Richter:innen gute Väter sein, wenn man im Netz die Berichte auf der Seite der White Lily Revolution durchliest[15].

Was können Eltern in so einem Fall tun?

* Prüfen wir, ob es nicht möglich ist, sich außergerichtlich zu einigen – das ist in der Regel immer der beste Weg.
* Wenn es Gutachten gibt, durchleuchten wir sie auf fachliche Richtigkeit (siehe oben, *Wichtige Kriterien zur Prüfung*).
* Die professionell Beteiligten dürfen sich nicht an vermeintlichen Normen wie »Kinder brauchen beide Eltern« orientieren, sondern müssen den Einzelfall prüfen, so steht es im Gesetz[16].
* Jede Aussage im Sinne von: »Es ist immer besser für Kinder, wenn …«, ist zurückzuweisen.
* Jede Argumentation sollte auf ihre wissenschaftlichen Grundlagen hin geprüft werden.
* Wir brauchen in so kritischen Fällen auf jeden Fall Hilfe von weiteren Juristen, Kinderrechtlern oder weiteren Gutachtern und sollten sie so früh wie möglich dazuschalten.

Viele Beteiligte sagen mir hinter vorgehaltener Hand, dass sich immer wieder Folgendes zeigt: Jugendamt, Sachverständige und Gerichte solidarisieren sich offenbar schnell mit dem Elternteil, der die Forderungen stellt – in der Regel mit dem Vater.

Hier möchte ich noch einmal anmerken: Es gibt sehr wohl liebevolle und fürsorgliche Väter (und auch Mütter), deren Kontakt zu ihrem Kind durch eine Trennung ungewollt sehr viel weniger wird oder auch abbricht, ohne dass sie sich etwas haben zuschulden kommen lassen, und die darunter aufrichtig leiden. In so einem Fall ist immer individuell zu prüfen: Woran liegt es?

Auch diese getrennten Elternteile dürfen selbstverständlich keinerlei pauschaler Vorverurteilung ausgesetzt werden, nach dem Motto: Es sei ja sicher ihre eigene Schuld, wenn sie ihr Kind nicht mehr sehen. Wenn du selbst betroffen bist, solltest du dir am besten bei systemischen Familientherapeut:innen oder spezialisierten Beratungsstellen wie pro familia Unterstützung suchen, um die Chance auf Deeskalation und das Wiederaufnehmen der Beziehung zum Kind möglichst zu erhalten. Es gibt hier bei kompetenter Beratung wirklich gute Aussichten – nur meist keine schnelle Lösung. Diese Geduld aufzubringen ist in aller Regel sehr hart und kräftezehrend, aber besser als ein Gerichtsverfahren. Der Lohn, der in Aussicht steht, ist die friedvolle Beziehung zum eigenen Kind – dem wir mithilfe unserer klugen Führungskraft viel Druck und Zwang erspart haben.

Grundsätzlich ist der Wunsch, dass das Kind stabile Bindungsbeziehungen zu beiden Elternteilen aufrechterhalten kann, absolut richtig. Aber eine Trennungsfamilie ist ein kompliziertes Gebilde, in dem dieser Wunsch nicht immer und zu jeder Zeit umsetzbar ist, aus den verschiedensten Gründen. Vielleicht weil das Kind zu klein für viele Wechsel ist, vielleicht weil die Wohnorte zu weit auseinanderliegen, weil die Eltern zu sehr zerstritten sind, weil sie das Kind in Loyalitätskonflikte treiben.

Ob die Fachleute, deren Hilfe wir dann in Anspruch nehmen, ihren Job gut machen, das erkennen wir auch daran, dass sie uns nicht voreilig in Richtung einer weiteren Eskalation beraten (zum Beispiel durch Gerichtsprozesse). Wenn sie uns empathisch begleiten und versuchen, friedliche Lösungswege zu finden, haben wir die richtigen Personen gefunden – denn solange keine *tatsächliche* Gefährdung des Kindeswohls vorliegt, sind Trennungen ohne Drama immer das Beste für unser Kind. Und dabei geht es nicht nur um Gerechtigkeit, sondern auch darum, dem Kind seine kleine Welt zu erhalten. Das wissen eigentlich auch die Gerichte - schauen wir mal drauf.

»Trennung ohne Drama«-Tipp
Die kluge Führungskraft sagt: Oberlandesgerichte, also die zweite Instanz, nehmen mittlerweile die veralteten Argumentationsketten von Bindungsintoleranz etc. nicht mehr ohne Weiteres hin.

Das Oberlandesgericht Köln führt aus: In Kindschaftssachen gehe es nicht um die Herstellung einer vermeintlichen Gerechtigkeit beziehungsweise die Sanktionierung eines etwaigen Fehlverhaltens eines Elternteils, sondern um eine kindeswohlorientierte Entscheidung.[17] Erinnern wir uns immer wieder an diese Grundsätze, wenn wir unter Stress geraten, und wir dürfen sie auch in unseren mündlichen und schriftlichen Stellungnahmen hervorheben, um Gerichte im Alltagsstress gegebenenfalls daran zu erinnern.

Bindung und Kontinuitätsprinzip

Das Kontinuitätsprinzip ist ein Begriff aus familienrechtlichen Gutachten, insbesondere in Verfahren, in denen nach § 1671 BGB darüber entschieden wird, wo ein Kind von getrennten Eltern leben soll. Es soll demnach dort seinen Lebensmittelpunkt haben, wo und von wem es auch bisher erzogen worden ist.

Das Brandenburgische Oberlandesgericht formulierte es als den »Grundsatz der Kontinuität, wonach es auf die Frage ankommt, welcher Elternteil in der Vergangenheit die größeren Erziehungsanteile innegehabt hat, und der auf der Erfahrung beruht, dass die Fortdauer familiärer und sozialer Bindungen wichtig für eine stabile und gesunde psychosoziale Entwicklung eines heranwachsenden Menschen ist«.[18]

Der Begriff »Kontinuität« ist aber auch auf die Zukunft ausgerichtet. Das Gericht fragt also nicht nur, wer sich bisher vor allem um das Kind gekümmert hat, sondern auch, wer in Zukunft eine möglichst einheitliche, stetige, stabile und gleichmäßige Betreuung und Erziehung gewährleisten kann.

Das Problem ist also, dass Gerichte nicht nur schauen, wo das Kind in der Vergangenheit gelebt hat und zu wem es eine gute Bindung hat, sondern auch *vermuten* soll, wo es in der Zukunft möglichst gut aufgehoben ist und eine gute Bindung zu beiden Elternteilen aufrechterhalten kann. Jetzt kommt wieder das Scheinargument der Bindungsintoleranz ins Spiel: Ist das Gericht der Meinung, dass ein Elternteil bindungsintolerant ist – in der Regel die Mutter –, dann kann es das Kind zum Vater umplatzieren, auch wenn dieser zum Beispiel Vollzeit arbeitet und so das Kind gar nicht von ihm, sondern von der neuen Partnerin oder institutionell betreut wird.

Die Begründung: »Das Kind hat hier die besseren Zukunftsaussichten. Da dies scheinbar der kooperativere Elternteil ist, steht zu erwarten, dass das Kind hier mehr Chancen hat, beide Elternteile zu sehen.« Eine offensichtliche und häufige Kritik an dieser Argumentation: Sie beachtet die Bindungsbedürfnisse der Kinder nicht. Wir können ein Kind nicht zu einem anderen Elternteil geben, weil ihm so angeblich beide Elternteile erhalten bleiben, wenn es damit von seiner primären Bindungsperson getrennt wird. Während Schäden durch »nicht mit beiden leiblichen Eltern leben« wissenschaftlich bisher nicht nachweisbar sind, ist vielfach belegt, dass Bindungsabrisse zur primären Bezugsperson Kinder in ihrer Entwicklung massiv beeinträchtigen. Das Gericht argumentiert hier gerne, dass das Kind ja ab jetzt beide Eltern sehen werde – was aber in der Praxis nur ein frommer Wunsch ist.

Prof. Dr. Uwe Tewes, Kritiker der aktuellen Situation an Familiengerichten, sagte mir dazu: »Es gibt mehrere Studien, deutsche und internationale, die darauf hindeuten, dass Zwangsmaßnahmen gar nichts helfen Die Empirie spricht dagegen. Meistens wechseln die Kinder den Wohnort und sehen dann den bisherigen Elternteil nicht mehr. Nun leben sie also bei dem, zu dem sie keine enge Bindung haben, und dürfen den nicht mehr sehen, zu dem sie die enge Bindung haben.«

Und was ist, wenn Kinder zu beiden Elternteilen eine stabile Bindung haben? In der Regel führen solche Konstellationen weniger häufig zu Gerichtsprozessen. Muss hier eine Entscheidung getroffen werden, sollten wir uns möglichst unter uns Eltern zusammenraufen und die schonendste Lösung für unsere Kinder suchen. Gelingt uns das nicht allein, kann eine Mediation ein guter Weg dahin sein.

Praktische Tipps zur Prozessführung

Noch mal: Wir dürfen also nicht davon ausgehen, dass uns »jemand rettet«. Kommt es zu einem Gerichtsprozess, müssen wir unsere Rechte kennen, uns informieren, aktiv sein und aktiv das Verfahren mitgestalten. Sonst geben wir das Ruder aus der Hand, obwohl niemand unsere Interessen und die unserer Kinder besser wahren kann als wir selbst. Wenn wir das psychisch nicht schaffen, suchen wir uns Hilfe.

Immer wieder berichten Kinderrechtler:innen, dass Verfahren mit Prozesskostenhilfe »einschlafen«, wenn das Pauschalhonorar von 900 Euro für den juristischen Beistand »aufgebraucht« ist und der Anwalt ab jetzt quasi »ehrenamtlich« für uns arbeitet. Karola Rosenberg empfiehlt für so einen Fall: »Sprechen Sie mit Ihrem Anwalt und klären Sie, wie Sie ihn oder sie bestmöglich unterstützen können.« Wenn wir selbst das Honorar nicht zahlen können, finden wir vielleicht jemanden, der uns aushilft, oder wir können mehr von der Arbeit selbst übernehmen, die jetzt anfällt.

Die Schriftsätze mancher Anwält:innen sind 20 bis 30 Seiten stark – das liest kein Richter. Es hat wenig Sinn, auf jede Unwahrheit, die darin steht, einzugehen, oft sind sie auch einfach zu absurd weit hergeholt. Stattdessen ist es besser, den Umstand insgesamt zu benennen: »Der Schriftsatz der Gegenseite enthält keinen substanziellen Sachvortrag, daher hier noch einmal die Faktenlage …«, und dann legen wir kurz und knapp dar, wie wir die Lage sehen. Es kann durchaus sein, dass unser juristischer Beistand dazu keine Zeit hat und wir – oder wir und unsere Unterstützerinnen – den langen Schriftsatz der Gegenseite lesen, auseinandernehmen und dann eine kurze Erwiderung vorformulieren müssen. Nur so erhalten wir das beste Ergebnis.

Wenn wir feststellen, dass unser juristischer Beistand zu aggressiv ist, zu lange Schriftsätze verfasst, die niemand liest oder die sonst nicht zu unseren Zielen passen, dann sollten wir frühzeitig wechseln.

Vor Gericht ist es wichtig, dass wir nie, nie, niemals gegen unsere:n Ex wettern. Egal, was wir denken oder erlebt haben, wir sind immer der Elternteil, der grundsätzlich an einer Einigung interessiert ist und somit auch an einem Umgang der Kinder. Und wenn das nun leider nicht möglich ist, dann tut uns das wirklich von Herzen leid und wir hoffen (und bemühen uns!), dass es bald besser wird. Unsere Haltung ist immer die, dass wir hier zum Wohle der Kinder eine Lösung finden wollen. Wir möchten auf jeden Fall, dass der oder die Ex die Kinder sieht, denn auch wir brauchen Entlastung – wenn sie aber nicht zum anderen Elternteil wollen, können wir sie laut § 1631 BGB leider nicht zwingen und laut § 90 FamFG auch niemand sonst.

Wir erhoffen uns hier weder Gerechtigkeit noch Verständnis dafür, was wir mit diesem Menschen durchgemacht haben, egal was es ist. Das Familiengericht orientiert sich offiziell am Kindeswohl und wir sollten es in all unseren Rede- und Schriftbeiträgen genauso machen. Diese Haltung verhindert auch, dass unsere Madame Amy das Ruder übernimmt und wir selbst aus Stress die Beherrschung verlieren, ungerecht und unsachlich werden – und so unsere Chancen auf eine gute Lösung zunichtemachen.

Gutachten dürfen wir prüfen lassen, hinterfragen und auch Anträge gegen Gutachten oder Begutachtende stellen, wenn wir den berechtigten Verdacht haben, dass hier nicht sauber gearbeitet worden ist.

Wir sollten uns vielfältige Beratung holen, uns Betroffenengruppen anschließen und uns möglichst früh schon coachen lassen. So lassen sich häufige Fehler vermeiden und wir können insgesamt auf einen ruhigeren Verlauf hoffen.

»Trennung ohne Drama«-Tipp

Die kluge Führungskraft sagt: Ruhe bewahren, Madame Amy zügeln, den Bibliothekar vorher alle Unterlagen bereitlegen lassen, unser inneres Kind in den Arm nehmen – und los geht's! Wir sind nicht des Mordes angeklagt und müssen uns weder von alten Gefühlen und Ängsten überwältigen lassen und uns auch weder gegen jeden persönlichen Angriff noch gegen jede Lüge verteidigen. Wir gehen nicht in die Rechtfertigung und steigen nicht auf jedes Detail ein, so absurd und gemein es auch sein mag. Es geht niemals um die Frage, wer die letzte Windel gewechselt oder die Beule ins Auto gefahren hat. Es geht um das Wohl der Kinder und eine Nachtrennungsregelung, wir dürfen also grundsätzlich davon ausgehen, dass zum Beispiel unsere persönliche Lebensführung hier nichts verloren hat, auch wenn die Gegenseite versucht, diese öffentlich auszuschlachten.

Parental Alienation Syndrom – eine gefährliche Pseudo-Diagnose

Eltern-Kind-Entfremdung, auch elterliches Entfremdungssyndrom (engl. *Parental Alienation Syndrome*, PAS), beschreibt ein von Richard A. Gardner im Jahr 1985 formuliertes Konzept, bei dem ein Elternteil ein Kind derart bearbeitet, dass es den anderen Elternteil nicht mehr sehen will und so die Bindung zu diesem Elternteil »blockiert«.

Besonders wenn das Kind angebe, vom Vater sexuell missbraucht worden zu sein, deute dies laut Gardner auf den Versuch der bindungsintoleranten Mutter hin, das Kind dem Vater zu entfremden, und daher solle es besser zu diesem umplatziert werden. Ein sexuell missbrauchtes Kind müsse nur als letzte Maßnahme von einem pädophilen Elternteil getrennt werden, besser sei es, diesen zu therapieren (indem er lernt, dass sein Verhalten in den meisten Gesellschaften normal sei und er keine Schuld habe, siehe unten) und in der Familie zu lassen. Gibt die Mutter an, selbst Missbrauch oder Gewalt durch den Kindsvater ausgesetzt gewesen zu sein, bestärke das eher den Verdacht, dass sie aufgrund einer »Hysterie« bindungsintolerant sei, unfähig, Umgänge zu ermöglichen, und den Vater »verunglimpfe«, was dem Kind schade.[19]

Das Konzept beruht auf Gardners Beobachtungen als Kinderpsychiater und hat bis heute keinerlei wissenschaftliche Grundlage.[20] Eine Forschungsgruppe zeigte 2012, dass selbst Vertreter des Konzepts, die PAS als psychische Krankheit in Diagnosekataloge aufgenommen sehen wollen, mit wissenschaftlicher Methodik nicht vertraut sind, Einzelfälle und persönliche Meinungen als Wissenschaft missverstehen und statistische und wissenschaftliche Verfahren nicht korrekt anwenden.[21]

In Kanada, England und Wales darf das Konzept PAS nicht in Familienrechtsstreitigkeiten eingesetzt oder als Argument verwendet werden.[22] Der Erfinder des PAS, Richard A. Gardner, beschäftigte sich ab den 1980er-Jahren vor allem mit sexuellem Kindesmissbrauch, den er für eine »nationale Hysterie« hielt. Er vertrat die Auffassung, dass »innerfamiliäre Pädophilie (das heißt Inzest) weit verbreitet und … wohl eine alte Tradition« sei und es an der »sozialen Einstellung« liegen würde, ob Kinder dadurch traumatisiert würden. »Sexuell missbrauchten Kindern könne geholfen werden, wenn sie lernten, dass sexuelle Handlungen zwischen Erwachsenen und Kindern nicht allgemein als verwerflich betrachtet werden.« Für die Therapie der Mütter empfahl er, sie sollen ihre Wut auf den Ehemann entschärfen und sexuell wieder mehr ansprechbar für ihn werden. Dem pädophilen Vater könne in der Therapie geholfen werden, wenn er rationalisiere, dass Pädophilie eine weltweit verbreitete und akzeptierte Praxis sei und es nichts gebe, wofür man sich schuldig fühlen müsse.«[23]

Gardner empfahl bei Missbrauchsvorwürfen, dem beschuldigten Elternteil das Sorgerecht zu geben, auch wenn das Kind selbst Besuche dieses Elternteils ablehne, weil sonst eine Entfremdung von diesem Elternteil drohe. Deutsche Gerichtsurteile folgen teilweise noch immer dieser Ansicht, bei der selbst nachweislich missbrauchte Kinder Umgang mit ihrem Täter haben müssen oder sogar zu ihm umplatziert werden, da sie sonst die »Bindung« zu diesem Elternteil verlieren könnten. Umplatzierungen werden dann begründet mit der mangelnden Bindungstoleranz der Mutter, besonders wenn diese ebenfalls Gewalt und Missbrauch durch den Vater ausgesetzt war.

Im Übrigen geht Gardner davon aus, dass sich viele Kinder Missbrauch nur ausdenken oder von der Mutter eingeredet bekämen. Dies passt nicht zu den wissenschaftlichen Befunden: »Es gibt keine überzeugenden Beweise dafür, dass ein wesentlicher Teil der Anschuldigungen erfunden ist. Tatsächlich deuten die vorhandenen Untersuchungen in die andere Richtung.«[24]

Eine Auswertung in den USA zeigt, welche Effekte diese Pseudo-Diagnose in Gerichtsverfahren hat. Eine Studie kommt nach Auswertung von Familienrechtsverfahren, die Missbrauch und Entfremdungsvorwürfe zum Thema hatten, zu dem Schluss, dass »die Ergebnisse bestätigen, dass die Aussage von Müttern, sie würden missbraucht, insbesondere körperlich oder sexuell missbraucht, ihr Risiko erhöht, das Sorgerecht (für ihre Kinder, Anm. d. Verf.) zu verlieren, und dass die Gegenbehauptung von Vätern, es liege ein PAS vor, dieses Risiko praktisch verdoppelt«, obwohl das PAS »von den meisten glaubwürdigen Fachleuten weitgehend abgelehnt« wird.[25]

PAS und seine Derivate der »Elternentfremdung« sind damit zu einem weiteren Werkzeug geworden, Mütter und Kinder, die von Gewalt betroffen sind, weiterhin den Tätern auszuliefern, statt sie gemäß der Istanbul-Konvention vor ihnen zu schützen.

Finanzielle Gewalt und die »lügende Frau«

Zu Partnerschaftsgewalt gehört auch, einer Frau finanzielle Gewalt anzutun oder sie über die Kinder zu verletzen oder zu kontrollieren, wo sie zum Beispiel wohnen darf. Dazu gehören auch Stalking, Bedrohungen, Einschüchtern, finanzielle Machtausübung. Im englischen Sprachraum heißt das Schlagwort dazu »Coercive Control«, zu Deutsch etwa »Zwangskontrolle«.

Wenn Opfer von Zwangskontrolle in der Partnerschaft versuchen, Sicherheit für sich und ihre Kinder mithilfe des Familiengerichts oder anderer Rechtssysteme zu erreichen, kann sich das gegen sie richten. Dann benutzt der Ex-Partner die Gerichtsverfahren dazu, um weiter Kontrolle auszuüben und das Opfer im Gerichtssaal, bei Mediationen und Beratungen immer wieder in den Kontakt zu zwingen.

Eine aktuelle Studie hat versucht, das Phänomen wissenschaftlich zu erfassen, und stellte zwei Hauptformen der Zwangskontrolle fest: »Schädigung des Selbst/der Mutterschaft (das heißt, das Gericht wird benutzt, um die Überlebende – im englischen Original: *survivor* – als Person und Mutter zu schädigen) und Schädigung der Finanzen (das heißt, das Gericht wird benutzt, um die Überlebende finanziell zu schädigen).«[26] Mit der nun entwickelten »Legal Abuse Scale« können solche Versuche jetzt erstmals untersucht und erfasst werden.

Finanzielle Gewalt sieht so aus: Da im Familienrecht die Kosten in der Regel geteilt werden, zahlt jeder 50 Prozent der Gerichtskosten und seinen eigenen Rechtsbeistand – dies blüht mir also auch dann, wenn ich die Klage nicht eingereicht, aber gewonnen habe. Das kann dazu führen, dass mein:e Ex-Partner:in immer wieder neue Klagen anhängig macht, um mich finanziell auszubluten. Sollte dies augenfällig werden, kann das Gericht weitere Klagen ablehnen, weil kein Regelungsbedürfnis und kein Rechtsschutzbedürfnis besteht. »Wenn es kein Problem gibt, sondern nur um der Klage willen geklagt wird, kann das Gericht entscheiden, dass es nichts zu regeln gibt. Dann kann man beantragen, dass dem anderen die Kosten auferlegt werden oder dass der Antrag abgelehnt wird«, erklärt Karola Rosenberg mir im Interview. Die Gerichte sind mit solchen Entscheidungen eher vorsichtig, aber es ist gut, das zu wissen, um sich gegen finanzielle Gewalt zu wehren.

Ein Verfahren durch alle Instanzen können sich nur Menschen mit Ressourcen leisten und so schreibt Kinderschutzexperte Wolfgang Hammer in seiner Studie: »Aufgrund der vielen benötigten Ressourcen, die es erst ermöglichen, die Instanzenwege zu beschreiten, ist erkennbar, dass es sich bei den 92 Fällen vor dem Bundesverfassungsgericht/Bundesgerichtshof fast ausschließlich um Verfahren handelt, die die Mittel- und Oberschicht betreffen.«[27]

Dies ist besonders deswegen schwierig, weil gut situierte Frauen *noch* weniger Chancen in Gerichtsverfahren gegen gut situierte

Männer haben. Besonders wenn es um psychische oder physische Gewalt geht, hörte ich von meinen Gesprächspartner:innen immer wieder, die Gerichte hätten eine Haltung, die etwa so lautet: »Warum hat sich eine so gut ausgebildete Frau mit so einem eingelassen? So schlimm kann es ja nicht sein. Und bitte – der Mann ist Arzt, warum sollte der seine Frau zwanghaft kontrollieren? Das passt nicht ins Bild und muss eine Lüge sein« – so fasse ich es hier einmal frei zusammen.

Karola Rosenberg berichtet auf ihrem Instagram-Kanal von Erfahrungen aus ihrer Praxis, wo ungeprüft die Mutter unter Generalverdacht gestellt wurde, und das, obwohl Gewalttäter und Sexualstraftäter in der überwiegenden Zahl männlich sind. Sie zitiert zum Beispiel einen Richter: »Wenn Mütter so Anschuldigungen erheben (sexueller Missbrauch), dann kennt man das ja, da ordnen wir trotzdem begleiteten Umgang an, aber hier hat ja der Vater den Verdacht geäußert. Das ist ungewöhnlich, da müssen wir genauer hinschauen und machen erst mal ein Kontaktverbot.«[28]

So ungeheuerlich solche Anschuldigungen auch sind, sie ließen sich in der Forschungspraxis bereits eindrucksvoll entkräften – dazu werden wir im Kapitel »*Ich habe Angst!*« noch mehr erfahren.

Das Wichtigste zum Schluss: Sachlichkeit siegt

Sowohl Aktivist:innen als auch Juristinnen, mit denen ich für dieses Buch gesprochen habe, bestätigten mir immer wieder, wie wichtig es ist, unsere Madame Amy in Schach zu halten. Karola Rosenberg bringt es auf den Punkt:

Sachlichkeit siegt!

Das heißt wieder einmal, in anderen Worten: Wir lassen unsere kluge Führungskraft das Steuer übernehmen. Madame Amy will im Haus herumrennen und aus dem Fenster rufen, wie schrecklich alles ist und was alles schiefgehen könnte und wie furchtbar es bis hierher für uns war. Sie will Revanche oder zumindest Verständnis für das, was in den vergangenen Monaten oder Jahren passiert ist. Das Problem dabei: Das bringt uns jetzt nicht weiter.

Wir bleiben also sachlich. Karola Rosenberg rät: »Wenn Sie Dinge dokumentiert haben, sprechen Sie das sachlich an. Stellen Sie offene Fragen: ›Was ist Ihre Empfehlung? Ich bekomme 180 WhatsApp-Nachrichten am Tag – ich bin gerne bereit, sachliche Informationen mit meinem Ex auszutauschen, aber da wird es schwierig. Wie soll ich damit umgehen?‹« Sie empfiehlt, niemals in die Rechtfertigung zu gehen, sondern immer diejenigen in die Pflicht zu nehmen, die zuständig sind.

Wenn Madame Amy anfängt, zu poltern und zu schimpfen, wird es für alle unangenehm, denn das klingt dann eher so: »Ich habe den Kontakt abgebrochen, weil das ein narzisstischer, empathieloser Mensch ist, er kann sich nicht in die Kinder einfühlen, und wissen Sie eigentlich, wie das ist, mit so jemandem zusammen zu sein?« Solche Vorwürfe mögen gerechtfertigt sein – aber damit werden wir eher verdächtig, die Kinder dazu zu benutzen, um uns für die in der Beziehung erlittenen Niederlagen zu rächen.

Sachlich bleiben: Natürlich ist das leicht gesagt. Besonders wenn Menschen physische oder psychische Gewalt erlebt haben, kann man von ihnen kaum verlangen, nüchtern und beherrscht zu bleiben und sich nicht triggern zu lassen. Dennoch ist es der einzige Weg – denn das Wissen über physische, psychische und finanzielle Gewalt ist im juristischen System kaum vorhanden. »Es bleibt den Betroffenen nichts anderes übrig«, sagt Rosenberg.

Ich habe Angst!

Wie wir mit hochkonflikthaften Trennungen umgehen

Bei hochkonflikthaften Trennungen mit psychischer oder physischer Gewalt gelten andere Regeln. Wir sollten diese Regeln kennen, nur so können wir unsere Kinder gut begleiten.

Dieses Kapitel handelt also von Trennungssituationen, die ganz und gar nicht mehr »ohne Drama« sind. Es geht hier darum, den Betroffenen oder Menschen, die Betroffene in ihrem Umfeld haben, so gut es geht Hilfestellung zu geben, um diese Situationen zu bewältigen.

Wenn wir es nicht mehr »nur« mit der Trennungssituation, sondern auch mit massiver psychischer und physischer Gewalt oder Missbrauch zu tun haben, ändert sich die Lage nämlich radikal. Plötzlich finden wir uns wieder in einer Parallelwelt mit eigenen Gesetzen, die ihrer völlig eigenen Logik folgt und in der eine Form von systemischer Gewalt vorherrscht, die erst langsam erforscht und verstanden wird.

Nachdem in den allermeisten dokumentierten Fällen die Gewalt in Trennungsfamilien von Männern ausgeht, schauen wir im Folgenden vor allem auf diese Konstellation. Das heißt nicht, dass Übergriffe gegen Männer – oder hier: Väter – nicht vorkommen. Gewalt gegen Mütter ist jedoch viel, viel häufiger und, wie wir später sehen werden, auch systemisch verstärkt und deshalb ungleich problematischer.

Wir können nur in so einer Situation selten damit rechnen,

dass Jugendamt oder Familiengericht uns helfen.[1] Die hier arbeitenden Menschen sind dafür ausgebildet, Gerechtigkeit herzustellen. Sie denken in den Kategorien »Elternebene und Paarebene«, haben aber in der Regel keine ausreichende Qualifikation, um zusätzlich eine Täter-Opfer-Ebene zu verstehen oder einzubeziehen. Das heißt, dass Gewalttäter oder Menschen, die über den oder die Ex-Partner:in Zwangskontrolle ausüben wollen, dies auch nach einer Trennung über die gemeinsamen Kinder weiter tun können – jeder Umgang, jede Übernachtung, jede Absprache öffnet potenziell die Tür für Gewalt. Wenn die Prozessbeteiligten sich nicht mit dem Schutz vor Gewalttätern auskennen, bekommen die Opfer keinen Schutz.

Dazu hat eine britische Übersichtsarbeit festgestellt, dass in hochstrittigen Fällen über die Hälfte der Frauen und Kinder bereits häusliche Gewalt erlebt haben.[2] Und dass es eben nicht vorbei ist: »Es wird allgemein angenommen, dass der Missbrauch endet, sobald sich die Partner getrennt haben. Zahlreiche Statistiken und Forschungsstudien über ein breites Spektrum von Methoden und Bevölkerungsgruppen zeigen jedoch, dass häusliche Gewalt während und nach der Trennung beginnen, andauern und nach der Trennung an Schwere zunehmen kann.«[3] Frauen erleben häufig, dass häusliche Gewalt als »ihr Problem« behandelt wird, da sie sich den Mann ja »ausgesucht« und mit ihm Kinder bekommen haben, oder es wird schlicht angenommen, nur weil jemand seine Frau schlägt, würde er nicht auch seinen Kindern etwas antun.

Nicht zuletzt gehen professionell Beteiligte nach Aussage aller meiner Interviewpartner:innen häufig davon aus, dass eine Frau, die von physischer Gewalt berichtet, lügen würde, um dem Vater eins auszuwischen.

Eine aktuelle Recherche der investigativen Non-Profit-Organisation Correctiv zusammen mit der *Süddeutschen Zeitung* vom März 2023 beleuchtet die aktuelle Situation in Deutschland: »Correctiv und *Süddeutsche Zeitung (SZ)* haben mehr als zehn Verfahren in Kindschaftssachen recherchiert, in denen Hinweise auf körperliche oder psychische Gewalt von Gerichten beiseitegewischt oder schlicht ignoriert wurden, mehr noch: Die Frauen, mit denen Correctiv und *SZ* sprachen, gerieten selbst unter Verdacht – wegen Belastungseifer, Bindungsintoleranz oder Entfremdung, so die Fachbegriffe. Im Grunde bedeuten sie alle das Gleiche: Die Frau erhebt fingierte Vorwürfe und manipuliert die Kinder, um die Beziehung des Mannes zu den Kindern zu sabotieren. In mehreren Fällen wurden Umgangs- und Sorgerechte der Mütter infolge ihrer Aussagen massiv eingeschränkt – und auf mutmaßlich gewalttätige Väter übertragen.«[4]

Erfinden Mütter reihenweise und gezielt Missbrauchs- und Gewaltvorwürfe, um sich einen Vorteil zu verschaffen? Diese Frage hat auch schon Forschende beschäftigt: Eine kanadische Arbeit kam bei der Untersuchung von etwa 3000 Fällen von Gewalt und Missbrauch zu dem Schluss, dass es in der Studiengruppe nur sehr selten vorkam, dass Mütter gezielt logen, um einen Vater zu diskreditieren. In der Untersuchung ging es um sexuellen Missbrauch, Misshandlung und Vernachlässigung, die zu zwei Dritteln von Müttern ins Feld geführt wurden – und die Frage war, ob sich viele davon die Vorwürfe nur ausgedacht hatten. Doch es zeigte sich ein anderes Bild: Mehr als 98 Prozent der Meldungen von Müttern stellten sich bei einer näheren Untersuchung als begründet dar, nur 1,3 Prozent der Anschuldigungen, die von Müttern den Kinderschutzbeauftragten gemeldet wurden, sahen die Sozialarbeiter nach einer Untersuchung als vorsätzlich falsch an.

Bei den Vätern sah es übrigens anders aus, hier betrug der Anteil der Anzeigen, die aus Sicht der Sozialarbeiter als böswillig erstattet galten, 21 Prozent. Fast jede fünfte Aussage darüber, dass eine Mutter ihr Kind misshandeln oder vernachlässigen würde, erschien den Untersuchenden also als gezielte Lüge.[5] Das Narrativ, dass vor allem Mütter sich gezielt Missbrauch ausdenken, konnte diese Untersuchung nicht belegen. Aber wo fängt Gewalt eigentlich an?

Wann ist es Gewalt?

Jede Form von Gewalt, die von einer:einem Ex-Partner:in verübt wird, ist Nachtrennungsgewalt. Bei jeder zehnten Trennung in Deutschland kommt es zu Gewalt gegen Frau und Kinder durch den Ex-Partner. Mehr als die Hälfte dieser Taten, nämlich 41 Prozent der Angriffe auf Mütter und 15 Prozent derer auf Kinder, werden vom Kindsvater während der Umgangszeiten oder Übergabesituationen verübt. Besonders in den ersten drei Monaten nach der Trennung leben Frauen gefährlich, die meisten Straftaten finden hier statt.

Die Spitze des Eisbergs: »An jedem dritten Tag wird eine Frau von ihrem (Ex-)Partner getötet (statistisch gesehen, Anm. d.Verf.). Ein Erbe des Patriarchats, denn noch immer wähnen sich Männer in dem Glauben, dass ihnen eine Frau gehöre«, berichtet Deutschlandfunk Kultur.[6] Männer werden aggressiv und töten sogar, um die Macht über die Frau zu behalten.

Männer können durch alle gesellschaftlichen Gruppen hinweg gewalttätig werden, was sich vor Gericht als schwierig erweist. In der allgemeinen Vorstellung sitzt der Prototyp des Vaters, der Frau und Kinder schlägt, mit seinem Bier auf der Couch, hat sein Leben nicht auf der Reihe und spricht schlechtes Deutsch – dass aber auch Professoren, Ärzte, Polizisten, Lehrer und sogar Juristen gewalttätig werden können, geht nur schwer in die Köpfe. Familienrechtsprozesse betreffen in Deutschland oft gut ausgebildete Mütter, es geht auch um psychische Gewalt. Das Rechtssystem ist auf diese Situation nicht vorbereitet – so eine Mutter ist häufig beherrscht und gut vorbereitet, wirkt aber auf die Beteiligten oft berechnend und wenig glaubwürdig, weil sie nicht schreiend und weinend im Gerichtssaal sitzt, sondern ruhig und gefasst von den Gewaltvorfällen berichtet.

Das Grundproblem an der Situation mit häuslicher Gewalt ist, wie Carola Wicke, Gründerin der Selbsthilfegruppe »Löwenmamas« auf Facebook, Sozialpädagogin und Verfahrensbeistand, erklärt, dass man in hochstrittigen Fällen eigentlich die Berührungspunkte der Eltern minimieren sollte. Das System aber arbeitet leider genau umgekehrt und will eine gemeinsame Elternschaft erzwingen, die es oft schon in der Beziehung nicht gegeben hat. Statt gemeinsamem Sorgerecht, häufigen Umgängen oder gar einem erzwungenen Wechselmodell wäre es hier besser, mehr Ruhe ins System zu bringen, den strittigen Kontakt zu reduzieren und vor allem Mütter und Kinder nicht erneut den Tätern auszuliefern.

Die drei wichtigsten Regeln, wenn die Lage eskaliert

Die wichtigsten Empfehlungen von Kinderrechtler:innen, wenn sich Gewaltvorfälle abzuzeichnen beginnen, sind diese:

1. Handle schnellstens und mache Dinge sofort offiziell, zum Beispiel häusliche Gewalt durch sofortiges Rufen der Polizei (nicht durch eine nachträgliche Anzeige).
2. Versuche möglichst, Familiengericht und Jugendamt aus der Sache herauszuhalten.
3. Suche dir Beratung, Coaching und Betroffenengruppen (Löwenmamas oder die Gruppe von MIA e.V. i.G. auf Facebook z.B.) und handle überlegt, so gut du kannst, nicht panisch.

Wenn häusliche Gewalt im Spiel ist, ist es wichtig, diese zu dokumentieren. Dabei reicht es nicht, zum Hausarzt zu gehen, sondern wir müssen sofort die Polizei rufen. Sowohl Gewaltspuren an Erwachsenen wie auch an Kindern sollten wir immer in der Rechtsmedizin einer Klinik dokumentieren lassen. Wir können auch Aufnahmen machen – das Handy mitlaufen lassen, Ton- oder Bildaufnahmen machen. Dies ist in den eigenen vier Wänden erlaubt, um eine Gewalttat zu dokumentieren.

Als Nächstes müssen wir Anzeige erstatten und Gewaltschutz beantragen, mit einem Kontakt- und Näherungsverbot. Wenn häusliche Gewalt bei Trennung eine Rolle spielt, ist es wichtig, dies sofort im Prozess zu erwähnen und nicht erst spät, wenn die Situation eskaliert, erklärte mir Sonja Howard, Mitgründerin von In dubio pro Infante (Proinfante.com), einem Netzwerk von Akteur:innen aus Familienrecht und Kinderschutz, im Interview. Sie beschäftigt sich damit, wie Kinder im häuslichen Kontext, in Institutionen und auch am Familiengericht vor Gewalt und Machtmissbrauch geschützt werden können, und berät Betroffene. Denn ab jetzt brauchen wir Profis.

Wie finde ich eine rechtliche Vertretung?

Grundsätzlich gilt das, was auch im Kapitel *Kriterien für einen guten Rechtsbeistand* schon zu Kanzleien gesagt wurde. Wenn es in einem Verfahren auch um häusliche Gewalt gehen wird, brauchen wir zudem eine Anwaltskanzlei, die sich mit Gewaltschutzverfahren und der Instanbul-Konvention (Übereinkommen des Europarats zur Verhütung und Bekämpfung von Gewalt gegen Frauen und häuslicher Gewalt) auskennt. Nach Artikel 31 der Konvention muss in Umgangs- und Sorgerechtsverfahren häusliche Gewalt immer berücksichtigt werden:

»Die Vertragsparteien (die unterzeichnenden Länder, Anm. d. Verf.) treffen die erforderlichen gesetzgeberischen oder sonstigen

Maßnahmen, um sicherzustellen, dass in den Geltungsbereich dieses Übereinkommens fallende gewalttätige Vorfälle bei Entscheidungen über das Besuchs- und Sorgerecht betreffend Kinder berücksichtigt werden. Die Vertragsparteien treffen die erforderlichen gesetzgeberischen oder sonstigen Maßnahmen, um sicherzustellen, dass die Ausübung des Besuchs- oder Sorgerechts nicht die Rechte und die Sicherheit des Opfers oder der Kinder gefährdet.«[7]

Diese Forderung gilt für alle Familiengerichte hierzulande. Für uns bedeutet das auch:

* Wir lassen uns nicht in eine Mediation mit dem Gewalttäter zwingen, beantragen ggf. eine Pendelmediation, damit eine Frau nicht mit dem Täter in einem Raum sein muss.
* Wir lassen uns nicht dazu zwingen, mit dem Gewalttäter in einem Gerichtssaal zu sitzen.
* Wir lassen uns nicht dazu zwingen, dass unsere Kinder für das Besuchsrecht des Gewalttäters in Gefahr gebracht werden oder erneute Gewalt erleben.

Es ist oft schwer, die Gewalt nachzuweisen, aber selbst wenn sie nachweisbar ist, heißt das nicht, dass die Opfer Schutz bekommen. Juristische Personen sind oft nicht fortgebildet hinsichtlich der Istanbul-Konvention und Täter-Opfer-Dynamiken. Es ist tatsächlich so, dass viele Jurist:innen und Aktivist:innen raten, sich auch in einem solchen Fall möglichst außergerichtlich zu einigen.

In der Regel haben wir aber gar keine Wahl, da der Ex-Mann vor Gericht geht, sobald er befürchtet, die Kontrolle über die Frau zu verlieren. Besonders wenn wir uns in einer Situation mit häuslicher Gewalt befinden und wir es vor dem Gerichtsprozess noch nicht sichtbar gemacht haben (zum Beispiel durch Polizeieinsätze), wird von Anwält:innen empfohlen, sie nicht im Nachhinein zu erwähnen: »Zu dem, was mir gegenüber passiert ist, hat meine Anwältin immer gesagt: ›Bloß nicht ansprechen. Das wird Ihnen als Rachefeldzug ausgelegt‹, sagt eine Betroffene.«[8] Mehrere Aktivist:innen bestätigten mir das, was Kinderschutzexpertin Sonja Howard auf den Punkt brachte: »Manchmal macht es Sinn, einfach zu hoffen, wenn die Kinder sagen, ich hab einfach keine Lust, dass das dann als authentischer Kindeswille anerkannt wird. Wenn das Kind hingegen von Gewalt erzählt, gehen Richter viel eher davon aus, dass das Kind von der Mutter manipuliert wird, und sie bekommt das Etikett bindungsintolerant« (siehe auch den Kasten im Kapitel *Kein Umgang unter Zwang*). Wie wir oben gesehen haben, vervielfacht sich in diesem Fall das Risiko, das Sorgerecht an den Täter zu verlieren, auch wenn dessen Taten bekannt und nachweisbar sind. Denn manche Gerichte in Deutschland gehen immer noch davon aus, familiäre Gewalt richte sich nur gegen die Frau oder nach der Trennung sei sie ja automatisch vorbei.

Grundlegende Kommunikationstipps

Für Frauen in Trennungssituationen mit häuslicher Gewalt gibt es ein paar grundlegende Kommunikationstipps, die wir beachten sollten. Sie helfen uns, die Situation so gut es geht zu bewältigen – so schwer sie ist. Es gilt:

Wir bleiben so sachlich, wie es uns möglich ist: Emotionen haben in dieser Situation keinen Platz, niemanden interessiert, wie wir uns fühlen oder gefühlt haben.

Wir dokumentieren alles oder lassen – von Polizei, Rechtsmedizin etc. – dokumentieren: Wenn wir dies nicht tun, steht Aussage gegen Aussage und wir haben nichts in der Hand. Wir müssen aber damit rechnen, dass Gewalt trotzdem verharmlost wird und auch diese Nachweise nichts erreichen.

Wir bewerten nicht, sondern lassen die Fakten für sich sprechen: Die Beteiligten wollen sich ein eigenes Bild machen, also überlassen wir ihnen die Bewertung der Fakten.

Wir erklären und rechtfertigen uns nicht: Die Mütterinitiative für Alleinerziehende (MIA e.V. i.G.) empfiehlt, wilde Behauptungen am besten mit dem Satz »Ich nehme das zur Kenntnis« zu parieren. Wir wissen, dass die Aussage nicht stimmt, aber wir rechtfertigen uns nicht, argumentieren nicht, widerlegen nicht. Wir können noch sagen: »Du weißt, dass das nicht stimmt« – und dann lassen wir los.[9]

Wir machen keine Geschenke: Opfer von Gewalt sind es gewohnt, den Täter zu besänftigen und ihm entgegenzukommen. Das führt dazu, dass sie sich alles Mögliche ausdenken, um auch noch unausgesprochenen Forderungen des Täters zu entsprechen – was dann entweder nicht klappt, sie enorm belastet oder bei den Beteiligten zu dem Eindruck führt, dass hier jemand ein schlechtes Gewissen hat und dem Vater jetzt doch ein bisschen entgegenkommen will. Dass dies ein Schutzverhalten ist, erkennen nur geschulte Fachleute. Alle anderen denken: »Da macht sich aber jemand verdächtig.« Der Verein MIA empfiehlt, dass Betroffene unbedingt professionelle therapeutische Hilfe suchen, um diese Verhaltensmuster, die sich im Prozessfall gegen sie wenden, wieder zu verlernen. Wir sind aufgefordert zu kooperieren, und das ist in diesen Fällen unmenschlich schwierig – aber ein geeignetes Maß an Kooperation kann auch so klingen: »Umgang unter der Woche wäre sicher schön, leider kann ich das nicht möglich machen.« Punkt. Wir machen keine weiteren Zugeständnisse.

Trennung von soziopathischen Persönlichkeiten

Ist mein:e Ex-Partner:in soziopathisch? Woran erkenne ich das und was tue ich dann? Das Thema erfährt derzeit viel mediale Aufmerksamkeit – und besonders in einer Trennungssituation mit psychischer oder physischer Gewalt sind soziopathische Tendenzen bei einem der Trennungspartner ein Problem. Wenn wir mit einem Menschen verhandeln, der sich schwer damit tut, sich in uns, sich selbst oder die Kinder einzufühlen, kann es sehr schwierig werden. Schauen wir also mal genau hin.

Derzeit sind besonders Verhaltensmerkmale, die dem narzisstischen Störungsspektrum zuzuordnen sind, in aller Munde: krankhaftes Imponieren und Selbstüberschätzung, Empathielosigkeit, Schuldumkehr, aggressives Verhalten, charmantes Auftreten gegenüber anderen und impulsive Aggression gegenüber (meist) der Ex-Frau, dazu langer Atem für die »Rache« und starkes Kontrollbedürfnis.

Genau diese Form von Soziopathie ist in der Trennungssituation vor Gericht besonders problematisch, weil das Bedürfnis nach Bewunderung dazu führt, dass der narzisstisch geprägte Ex-Partner gegenüber dem Helfersystem zunächst charmant und einnehmend auftritt und von seiner eigenen Story total überzeugt ist, während andere Soziopathen oft von vornherein als kalt, unfreundlich und aufbrausend sichtbar werden. Diese nach außen gewandte Form von Narzissmus beobachtet man vor allem, aber nicht nur, bei Männern. Wir wissen nicht genau, wie viele Menschen in Deutschland insgesamt betroffen sind.

Woran erkenne ich einen Narzissten?

Nach einem der aktuellen medizinischen Diagnosemanuale müssen mindestens fünf der folgenden Kriterien erfüllt sein, damit jemand aus medizinischer Sicht als Narzisst bezeichnet werden kann:[10]

1. Der Betroffene ist erfüllt von einem grandiosen Gefühl der eigenen Wichtigkeit, er übertreibt zum Beispiel die eigenen Leistungen und Talente, auch in Bezug auf die Kinder.
2. Der Betroffene ist stark eingenommen von Tagträumen, die sich um seinen grenzenlosen Erfolg, Macht, Glanz, Schönheit oder ideale Liebe drehen.
3. Der Betroffene glaubt von sich und sagt es auch anderen, dass er einzigartig sei und nur mit anderen ganz besonderen Personen Beziehungen führen könne. So sind wir häufig ebenfalls ein »besonderer Mensch«, was sich sofort ändert, wenn wir aus seinem System ausscheiden.
4. Der Betroffene verlangt nach übermäßiger Bewunderung, auch für völlig alltägliche Dinge.
5. Der Betroffene geht davon aus, dass andere seinen Erwartungen zu entsprechen haben.
6. Der Betroffene verhält sich in zwischenmenschlichen Beziehungen ausbeuterisch, er zieht Nutzen aus anderen, um die eigenen Ziele zu erreichen ohne Reue oder Gewissensbisse.
7. Der Betroffene zeigt einen Mangel an Empathie und spricht vor allem von sich.
8. Der Betroffene ist häufig neidisch auf andere oder lebt in dem Glauben, andere seien neidisch auf ihn.
9. Der Betroffene verhält sich arrogant oder überheblich oder denkt zumindest so.

Hinter der Störung liegt in der Regel ein sehr geringes Selbstwertgefühl, das mit Fantasien von Macht, Glanz und Ruhm kompensiert wird. Erfolgreiche Narzissten erschaffen sich dieses Bild auch im Außen – und sind deshalb auf den ersten Blick oft attraktiv. Im Kontakt mit jemanden, von dem er sich Unterstützung erhofft, holt ein solcher Mensch sein charmantestes Verhalten hervor. Ziel dieser Charme-Offensive können auch zum Beispiel Rechtsanwält:innen, Jugendamtsmitarbeitende oder andere Beteiligte sein, die sich umworben, aufmerksam behandelt und geschmeichelt fühlen. Der Narzisst wird diese Menschen sofort fallen lassen, sobald er sie nicht mehr braucht, aber so lange werden sie in dem Glauben sein, einen sehr netten, aufmerksamen, kooperativen, ehrlichen Menschen vor sich zu haben. Es haben schon Mütter berichtet, dass Jugendamtsmitarbeitende oder Mediator:innen gefragt haben, wie man sich von so einem netten Menschen trennen könne, da sei man ja selbst schuld, wenn es zu Streit käme.

Dies wird auch dadurch befeuert, dass manche Narzissten ohne zu zögern lügen, übertreiben, täuschen – und an ihre Täuschungen vollkommen glauben. Sie können im Brustton der Überzeugung erklären, dass sie selbstverständlich viel mit ihren Kindern spielen, niemals gewalttätig werden würden und großartige, einfühlsame Eltern sind, die sich viel Zeit nehmen werden, wenn die Kinder erst bei ihnen sind. Diese Wahrnehmungsverzerrungen sind für Menschen mit narzisstischer Struktur existenziell wichtig – sie schützen ihr im Kern äußerst verletztes und instabiles Selbstwertgefühl vor der Konfrontation mit der Realität. Aus diesem Grund ist es für sie geradezu überlebenswichtig, selbst an ihre Lügen zu glauben, und das macht sie von außen so schwer zu durchschauen.

Häufig versucht ein solcher Mensch, mit seinen Lügen Partnerinnen und Familienangehörige zu kontrollieren. Das kann so weit gehen, dass er die Wirklichkeit so verdreht, dass andere an ihrem Verstand zweifeln, das sogenannte »Gaslighting«. Gaslighting ist eine Form von psychischer Gewalt. Wer sie ausübt, behauptet Dinge, die nie passiert sind, verneint Dinge, die alle gesehen haben. Er sagt voller Überzeugung, er hätte in seinem Leben noch nie geschrien oder zugeschlagen und die Frau würde sich das alles nur ausdenken. So bringt er sein Opfer dazu, an seinem Gedächtnis, seiner Wahrnehmung und seinem Verstand zu zweifeln.

Gaslighting ist eine Form der systematischen Destabilisierung eines Opfers, die nicht nur von Menschen mit narzisstischen oder dissozialen Persönlichkeitsstörungen eingesetzt wird (die sich dessen meist gar nicht bewusst sind). Es gibt durchaus Täter, die diese Methode gezielt und mit Absicht anwenden.

Auch das Hilfesystem kann dieser Täuschung aufsitzen, womit sich die Isolierung des Opfers verstärkt – der Frau glaubt nun niemand mehr und auch sie selbst hat schon vor langer Zeit angefangen, sich nicht mehr sicher zu sein – ist das alles wirklich passiert?

In der Trennungssituation heißt das auch: Wenn die Kinder nicht zum anderen Elternteil wollen, sich dort nicht gut benehmen oder sonst etwas schiefgeht, ist niemals der Narzisst, sondern immer jemand anderes schuld – passenderweise die Mutter. Sie manipuliert die Kinder angeblich, verdirbt die Beziehung.

Gerade pathologische Narzissten und Soziopathen sind oft in gesellschaftlich hoch angesehenen Positionen und sehr gut darin, Tatsachen entweder abzustreiten oder falsche Reue zu zeigen. Dies bringt die Öffentlichkeit dazu, ihnen zu vergeben und vom Opfer zu fordern, es möge doch jetzt mal »die alten Dinge ruhen lassen«.

In der Trennungssituation klingt das dann so: »So schlimm kann es gar nicht gewesen sein, das ist doch total übertrieben, Sie müssen lernen, die Paarebene von der Elternebene zu trennen.«

Wie gehe ich mit einem narzisstischen Ex-Partner um?

Für den Umgang mit Narzissten gilt grundsätzlich bei Coaches und Aktivist:innen die »No contact«-Regel, solange man keine Kinder mit ihnen hat. Da Menschen mit narzisstischer Persönlichkeitsstörung schwer therapierbar sind, ihre »Opfer« aber oft schwere psychische Schäden erleiden, hat sich Abstandhalten allgemein anerkannt als beste Strategie etabliert.

Wenn jedoch in einer Trennung mit Kindern der Ex-Partner – oder seltener die Ex-Partnerin – eine narzisstische Störung hat und entsprechendes Verhalten zeigt, ist »No contact« zumindest in den ersten Jahren oft keine Option. Für diesen Fall gibt es mehrere Strategien.

Schachmatt

Wie setzt man einen Betroffenen, der uns das Leben schwer macht, schachmatt? Manche Aktivist:innen und Jurist:innen empfehlen, ihm schlicht zu geben, was er braucht. Wenn man der Auseinandersetzung nicht entfliehen kann, dann empfehlen sie, sein Ego zu besänftigen, um möglichst den Frieden zu wahren. Wir füttern ihn also mit Lob und Schmeicheleien, mit Anerkennung und Aufmerksamkeit. Die Kinderschutzexpertin Sonja Howard sagt dazu: »Halte die Basiskommunikation aufrecht, auch wenn es dir schwerfällt, schick Fotos von den Kindern, sorge dafür, dass dein neuer Partner bei Kindesübergaben nicht anwesend ist, vermeide alles, was den Narzissten triggert, und verhindere so, dass er vor Gericht geht.« Diese Herangehensweise hilft also besonders vor einer Eskalation, um außergerichtlich Frieden herzustellen. Dazu kann auch die nächste Strategie beitragen – indem wir nicht nur nett sind, sondern auch sterbenslangweilig.

Grey Rock – Grauer Stein

Die Methode des grauen Steins[11] empfiehlt, so wenig Interesse wie möglich auf uns zu ziehen. Ziel ist es, dem Gegenüber seinen Nachschub an Anerkennung, Drama und Emotionalität zu nehmen, damit er sich irgendwann abwendet und Nachschub woanders sucht. Dies kann helfen, um zum Beispiel aus einer Beziehung mit Kindern ohne großes Aufheben herauszukommen oder noch besser: vom Narzissten verlassen zu werden. Im Falle eines Rechtsstreites hilft es uns, nicht Madame Amy die Kommunikation übernehmen, sondern erst mal Ruhe im Keller einkehren zu lassen und mit unserer klugen Führungskraft am Schreibtisch sachliche, ruhige und möglichst langweilige Reaktionen auszuarbeiten.

Das heißt konkret: Wir sind zwar verfügbar und antworten auch, zum Beispiel auf die ständigen Mails, Textnachrichten und Provokationen des Gegenübers, aber auf die sachlichste, vernünftigste und langweiligste Weise, die wir können. Wir wollen, dass er das Interesse verliert. Das Ziel ist es, den Kontakt mit uns so unbefriedigend zu machen, dass der destruktiv agierende Mensch jemand anderen findet, der ihm seine Portion Aufmerksamkeit, Bewunderung und Drama liefert – er geht von alleine.

Das heißt konkret:

* Wir kommunizieren nur schriftlich, sodass es eine Dokumentation gibt, und sprechen anfänglich alles mit einem Dritten ab, was wir schreiben, damit wir uns nicht zu emotionalen Reaktionen hinreißen lassen.
* Wir sprechen ausschließlich über Organisation und Logistik und ignorieren alle persönlichen Seitenhiebe oder Angriffe: »Ich notiere mir, dass du die Kinder am Sonntag um 12 abholst«, statt: »Es ist doch nicht mein Fehler, dass …! Klappt Sonntag jetzt oder nicht?«
* Wenn es bereits ein Urteil gibt, beziehen wir uns trocken darauf: »Nach Urteil xxx vom xxx habe ich das Aufenthaltsbestimmungsrecht über unsere beiden Kinder X und Y übertragen bekommen und informiere dich hiermit über unseren Umzug nach … Die neue Adresse der Kinder lautet …«
* Wir sagen: »Ich sehe das anders, habe mir deine Perspektive notiert.«
* Wir vermeiden alles, was den Neid des Ex-Partners erregen könnte, und geben keine Details mehr über unser Privatleben

heraus außer die allerlangweiligsten. (»Na ja, läuft so vor sich hin. Weiß ich nicht. Mal sehen. Geld ist gerade etwas knapp.«)

* Wir zeigen keine Emotionen, egal wie sehr der andere versucht, uns aus der Fassung zu bringen, anzugreifen oder zu verletzen. (»Ich habe dich gehört. Danke für die Info.«)
* Wenn wir reagieren, dann nur auf die Dinge, die uns am wenigsten kümmern – damit er sich genau auf diese Taktiken verlegt und die anderen, die uns wirklich stressen, als unwirksam weglässt. (Zum Beispiel: »Wenn du vor Gericht gehst, geh doch, das stresst mich nicht, dafür hab ich einen Anwalt, aber diese Anrufe zum Geburtstag – lass das!«)
* Wir legen Köder aus, um ihn zum Beispiel von unseren Kindern abzulenken, indem wir andere Themen in den Vordergrund spielen (zum Beispiel Geld, Sex, neue Partner).
* Wir rechnen damit, dass er hinter unserem Rücken schlecht über uns redet (oder, wenn wir nach außen erfolgreich sind, unseren Ruf zerstören will), und achten besonders darauf, keine Fehler zu machen oder uns zu unüberlegtem Verhaltensweisen oder Worten drängen zu lassen – besonders nicht vor Gericht!
* Wenn wir möchten oder es hilfreich ist, können wir eine Anrede, Bitte und Danke in unsere Nachrichten reinschreiben, aber wir müssen nicht.

Die Idee dahinter: Soziopathen und besonders Menschen mit narzisstischer Persönlichkeitsstörung brauchen in der Regel Aufmerksamkeit, Drama und Macht, um ihre eigenen Minderwertigkeitsgefühle auszublenden. Wenn wir ihnen Zugang zu unseren Gefühlen geben, haben sie Kontrolle. Wenn wir ihnen Zugang zu falschen Gefühlen geben oder ihnen keine zeigen, holen wir uns die Kontrolle zurück, ohne dass sie es merken.

Strategien gegen Gaslighting

Wenn die Situation eskaliert ist und ein soziopathisches Gegenüber seine eigenen Ansichten der Wirklichkeit durchzusetzen versucht, bleiben wir konsequent bei uns selbst. Wir holen uns die Deutungshoheit über unser Leben zurück. Wir sagen: »Ich glaube dir nicht. Das ist nicht das, was passiert ist. Ich weiß, was ich gesehen/gefühlt/gehört habe, und ich werde davon nicht abweichen.«

Wir bleiben fest auf dem Boden unserer Tatsachen stehen, vertrauen unseren Sinnen und unserer Erinnerung und rücken nicht davon ab. Es ist wichtig, auch nach langen Prozessen oder langen Gesprächen unsere Wahrheit nicht infrage zu stellen, keine Details zu diskutieren (hat er erst geschlagen und dann geschrien oder umgekehrt?), sondern klar zu sagen: »Da war körperliche Gewalt. So war es ... Das hat es mit mir gemacht ...« Es hilft uns, klar zu bleiben, es hilft anderen, uns zu vertrauen, weil wir uns nicht in einer durch die Lügen des Ex-Partners verzerrten Realität verlieren.[12]

Was tun, wenn ich selbst soziopathische Züge habe?

Grundsätzlich ist es möglich, eine Persönlichkeitsstörung zu therapieren. Dabei zielt eine Therapie vor allem darauf ab, die Empathie des oder der Betroffenen zu stärken und das Selbstwertgefühl in gesunder Form aufzubauen – also die Möglichkeit zu entwickeln, sich unabhängig von der Bewunderung anderer als wertvoll zu empfinden und uns in andere besser einzufühlen.

Ein Mensch mit narzisstischer Struktur kann erkennen, wer er wirklich ist, und lernen, sein wahres Ich zu akzeptieren – auch wenn es ihn desillusioniert. Sowohl Gesprächstherapie als auch Gruppentherapie kommen infrage. Dies ist besonders empfehlenswert, wenn wir Kinder haben, da diese durch das mangelnde Einfühlungsvermögen und die fehlende emotionale Verfügbarkeit, die die soziopathische Störung begleiten, nicht die fürsorglichen Bezugspersonen bekommen, die sie für ihre Entwicklung brauchen.

Hab ich unser Leben ruiniert?

Lebenslange Effekte für Eltern und Kinder

Wenn wir in der Berichterstattung lesen, dass Kinder lebenslange Narben von Trennungen davontragen, dann fragen sich viele Eltern genau das: Habe ich es jetzt verbockt? War es das jetzt?

Eine sehr reichhaltige Quelle, um darauf Antworten zu finden, ist die bereits mehrfach erwähnte Studie von E. Mavis Hetherington, die für diese Studie 1400 Familien begleitet hat. Die beobachteten Familien wurden in regelmäßigen Abständen zu Interviews eingeladen und besucht, sodass das Team über 20 Jahre lang die Effekte der Trennung beobachten und untersuchen konnte. Andere Studien haben sich andere Fragen gestellt: Wer trennt sich, wann, wie gut kommen Männer und Frauen klar? Obwohl jede Trennung natürlich ein höchst individuelles Ereignis ist, ergeben sich aus den Untersuchungen doch einige interessante Ergebnisse.

Wir werfen in diesem Kapitel gleich einen Blick darauf.

Doch zuerst ein paar »kleinere« Erkenntnisse: Eine kleine Studie unter amerikanischen Studierenden[1] bestätigt, was auch andere Studien finden: Frauen trennen sich häufiger als Männer. Sie können in der Regel auch langfristig besser mit der Trennung umgehen. Das mag daran liegen, dass in dieser Studie die Trennung für Frauen den Stress in ihrem Leben reduzierte, während der Stress für die Männer stieg. Dem gegenüber steht, dass eine Beziehung offenbar für Männer in der Studie das Leben vereinfachte, bei den Frauen jedoch im Mittel eher Stress auslöste. Am meisten leiden

Männer, die von ihrer Frau verlassen wurden, meistens, weil es für sie unerwartet kam.[2]

Es gilt auch: Je besser wir verstehen, warum wir uns getrennt haben, desto weniger belastet uns die Trennung. Eine kleine Studie mit 160 jungen Erwachsenen im Alter von 20 bis 25 Jahren zeigte, dass ein Verständnis für die Gründe der Trennung dazu führt, dass es den Teilnehmenden mit sich und ihren Ex-Partnern besser ging. Wenn man die Freunde dieser Menschen befragte, sagten sie einige Jahre später aus, dass diese aus ihren Fehlern gelernt hatten und kompetenter in Beziehungen waren.[3]

Wir sehen also: Obwohl wir die Trennung unterschiedlich wahrnehmen, können wir unser Leben besser bewältigen, wenn wir verstehen, was tatsächlich passiert ist.

Die ersten 18 Monate – Zeit des Umbruchs

Vor, nach und während der Trennung arbeitet unser Stresssystem auf Hochtouren und Madame Amy ist sich sicher: »Es ist alles so furchtbar! Und es wird für immer so schwierig bleiben! Es könnte sogar noch schlimmer kommen! Wie soll das nur werden?« Dabei rennt sie im Erdgeschoss im Kreis herum, läuft Rillen in den Teppich und ringt die Hände. Wie können wir sie beruhigen? Eine Möglichkeit ist es, sie mit auf einen Spaziergang nach draußen zu nehmen. Nicht nur mal aus dem Fenster schauen, nicht nur vor die Tür – nein, wir gehen mal den Hügel rauf und schauen uns die ganze Landschaft an, die vor uns liegt. Komm mit! Du wirst überrascht sein.

Direkt vor der Tür sieht es noch ziemlich chaotisch aus. Irgendwer hat uns unser Leben vor die Füße gekippt und wir werden hier ziemlich viel aufräumen müssen. Wir kriegen Erinnerungen in die Hand – und Ängste –, die wir längst verschollen glaubten. Aber wir finden auch längst vergessene Schätze und bekommen Hilfe, mit der wir nicht gerechnet hatten.

Die ersten Monate nach einer Trennung zeigten sich bei den Familien in der Hetherington-Studie als die schwersten und gleichzeitig die wichtigsten. Interessanterweise sagten viele Frauen bei den Interviews, dass sie die Zeit direkt nach der Trennung als weniger schlimm empfanden als gedacht, und das berichten Frauen auch heute noch im Netz oder erzählten es mir in persönlichen Gesprächen: Sie trugen oft vorher schon die Last des Mental Load und der Kindererziehung, sodass für sie jetzt die Arbeit dieselbe ist, aber ohne den ständigen Streit und die tägliche Enttäuschung, dass der oder die Ex nicht hilft.

Für die Trennung heißt das konkret: Familien, bei denen die Care-Arbeit gerechter aufgeteilt war, haben oft nach der Trennung weniger Konflikte, was die Betreuung der Kinder angeht. Alle Beteiligten haben schon Übung. Bei anderen fangen wir jetzt bei null an – was nicht negativ sein muss. Manche Kinder sehen ihren Vater nach der Trennung deutlich mehr als vorher, weil er plötzlich zum Beispiel ganze Wochenenden mit ihnen verbringt.

In Beziehungen, in denen die Care-Arbeit gleichmäßig verteilt war, was zahlenmäßig derzeit noch der kleinere Anteil der Beziehungen ist, sehen sich Frauen plötzlich mit einer Arbeitslast konfrontiert, die sie vorher mit jemandem geteilt haben, und geraten oft erst mal ins Chaos und die totale Überlastung, bis sich alles neu eingespielt hat.

Und für alleinerziehende Väter gilt das natürlich vice versa. Na ja, fast: Sie sind zwar theoretisch mit den gleichen Herausforderungen konfrontiert wie die Mütter – plötzlich massiv ansteigende Arbeitslast, Mental Load, Vereinbarkeit von Beruf und Familie –, aber ihre gesellschaftliche Position ist viel stärker: Sie bekommen eher Unterstützung von der eigenen Familie, von Nachbarinnen, Verwandten oder Freunden, die ihnen oft ungefragt mit Haushalt und Kinderbetreuung helfen.

»Trennung ohne Drama«-Tipp

Die kluge Führungskraft sagt: Ja, vor allem das erste Jahr ist hart – oft fehlt es an Geld, eventuell schlagen Gerichtsverfahren zusätzlich zu Buche, das alles kostet uns Zeit und Nerven. Dies führt dazu, dass unsere Erziehungsleistung als Eltern merklich absinkt – das ist normal. Wir sind müde und gestresst, wir sind vielleicht nachlässiger, als wir sonst wären, reizbarer, machen mehr Fehler, die Kinder sind unausgeglichen und bringen uns ständig an den Rand des Nervenzusammenbruches, wir haben das Gefühl, das Chaos nehme nie ein Ende. Es ist wichtig, dass wir uns jetzt selbst an die Hand nehmen und uns sagen: Das ist normal. Das geht vorbei.

Wir dürfen jetzt sehr nachsichtig mit uns sein und, wo immer es geht, fünfe gerade sein lassen. Lieber mal den Kobold von der Leine lassen und was Verrücktes machen – Pizza! Abendfilm statt Streit! Wir schlafen auf dem Balkon! – und Spaß haben, statt allzu ernst und pädagogisch zu sein. Wir dürfen uns Hilfe holen, wo immer es geht, und uns vor allem um unsere Kinder und uns selbst kümmern. Es bleibt nicht immer so. Es fühlt sich zwar so an, aber es wird schon in einigen Monaten besser werden, wenn alle in der neuen Situation angekommen sind. Schauen wir nach vorne!

Zwei Jahre nach der Trennung

Jetzt haben die meisten Trennungsfamilien schon etwas Übung – das Chaos vor unserem Haus ist einer halbherzigen Ordnung gewichen, die wir immer mal wieder umstrukturieren, die aber jetzt zumindest Raum zum Durchatmen lässt. An der Zwei-Jahres-Grenze geht es auch unseren Trennungskindern im Schnitt schon deutlich besser. Wie gut sich die Kinder erholen, hängt von einigen Faktoren ab.

Eine Trennung wird von Kindern dann gut verkraftet – sie können sogar resistenter und stärker werden–, wenn die Eltern gut miteinander umgehen. Die Kinder lernen, dass das Leben sich ändern kann, ohne dass die Welt untergeht. Sie lernen, Konflikte zu bewältigen und sich neu zu organisieren.

Auch dann, wenn Kinder von einer hochkonflikthaften Beziehung nach der Trennung in ein friedliches Zuhause wechseln, sehen wir, dass es ihnen besser geht. Ein alleinerziehender Erwachsener, der für sie da ist, ist offenbar deutlich besser als zwei ständig streitende Eltern. Wenn Kinder hingegen aus einer – wenn auch nur vermeintlich – ruhigen Ehe in eine unverständliche, vielleicht gewaltvolle Trennungssituation katapultiert wurden, waren sie in Hetheringtons Studie verschreckt und war ihr Urvertrauen nachhaltig erschüttert.

Besonders junge Kinder sehen sich bei einer Trennung Veränderungen gegenüber, die sie erst einmal verkraften müssen. Wie gut das gelingt, hängt vor allem von dem Elternteil ab, das die Hauptsorge des Kindes übernommen hat: »Ein engagierter, kompetenter sorgeberechtigter Elternteil ist der wirksamste Puffer, den ein Kleinkind gegen den Stress nach einer Trennung haben kann«, fasst Hetherington zusammen, während »ein reizbarer, strafender, gefühlloser oder unbeteiligter Elternteil das Kind einem großen Risiko aussetzt, Probleme zu entwickeln«.[4]

Für viele Kinder heißt eine Trennung, dass sie von einem vorhersehbaren, geordneten und oft materiell relativ sicheren Alltag in finanzielle Engpässe, Chaos und Unvorhersehbarkeit wechseln – und das bedeutet Stress. Kinder können in den ersten 24 Monaten nach der Trennung ängstlich oder aggressiv werden, sie hören nicht mehr, sind widerspenstig oder extrem anhänglich, machen

Rückschritte in ihrer Entwicklung oder streiten mit Freunden und Eltern. Manche wollen nicht mehr in den Kindergarten oder die Schule, sie machen nachts ins Bett, sie geraten in Konflikte mit Mitschülern oder werden unheimlich anhänglich – sie haben Sorge, dass, wenn ein Elternteil geht, der zweite auch gehen könnte. Kurz: Die Kinder stehen unter Stress.

»Trennung ohne Drama«-Tipp
Die kluge Führungskraft sagt: Die Madame Amy unserer Kinder ist ständig aktiv und der Bodyguard setzt das System andauernd wegen vermeintlicher Gefahren in den Alarmmodus. Wenn wir jetzt unsererseits eine gestresste Madame Amy reagieren lassen, haben wir zwei Systeme im Ausnahmezustand – das kann nicht funktionieren. So zeigt sich auch, dass Kinder, deren Eltern Ruhe bewahren, Routinen beibehalten und Nachsicht walten lassen, besser durch diese Zeit kommen, als wenn wir uns ständig im Ausnahmezustand und Chaos befinden.

Besonders (aber nicht nur) Jungen tragen ein erhöhtes Risiko, in einer Trennungssituation vermehrt aggressives Verhalten zu zeigen. Das gestresste Kind kann sich nicht mehr ausreichend regulieren und so ins soziale Abseits geraten. Dann ist es besonders wichtig, dass wir dem Kind Halt geben – was heißt, dass wir ihm eine Grenze setzen und Orientierung anbieten (»Du darfst deine Wut nicht an deiner Schwester auslassen und auch nicht an mir«) und gleichzeitig immer deutlich machen, dass es bei uns in Sicherheit ist (»Ich sehe, dass du gerade eine schwere Zeit hast, wir kriegen das hin«).

Wenn Kinder in dieser Weise unterstützt werden, gibt sich das schwierige Verhalten im Schnitt zwei Jahre nach der Trennung.

Dann ist es wichtig, dass das soziale Umfeld dem gesundeten kleinen Menschen eine Chance gibt, sich wieder von seiner guten Seite zu zeigen. Wir Eltern sollten darauf achten, dass das Kind nicht sozial ausgegrenzt wird, oder – wenn das nicht möglich ist, weil schon zu viel Geschirr zerschlagen wurde – es in ein unbelastetes soziales Umfeld (neue Schule, neuer Kindergarten) bringen, in dem es sich in einer neuen Rolle finden kann.

Beständigkeit im Alltag

Wir Eltern können viel dafür tun, dass unsere Kinder diese Monate gut bewältigen. Wann immer wir eine Veränderung vermeiden können, sollten wir sie vermeiden – auch die ganz kleinen Dinge. Kein neuer Schrank, kein neues Essen, keine radikal neue Frisur, wenn irgend möglich kein Umzug und wenn doch, dann möglichst kein(e) neue(r) Kindergarten, Schule oder Hort.

Wenn all das nicht möglich ist, sollte die Routine zu Hause möglichst die gleiche bleiben: Uhrzeiten, Mahlzeiten, Spielzeiten, Spielzeug, aber auch so kleine Dinge wie Lieder, Gebete, Geschichten. Auch wenn wir das dringende Bedürfnis nach Auszeiten haben – jetzt ist der ungünstigste Zeitpunkt dafür. Wenn wir dringend mal durchatmen müssen, sollten die Kinder mindestens bei einer vertrauten, engen Bezugsperson sein, aber nicht beliebig bei Freunden, während wir ein ganzes Wochenende weg sind.

Um unsere Elternkompetenzen steht es im ersten Jahr nach der Trennung nicht zum Besten, aber nach etwa zwölf Monaten wurde es auch in der Hetherington-Studie bei fast allen Familien besser und sie fingen an, sich zu erholen. Wichtig dabei: Wenn wir uns schuldig fühlen – was Mütter öfter tun als Väter –, kann das dazu führen, dass wir unserem Trennungskind nicht genug Grenzen setzen. Wir haben ein schlechtes Gewissen und lassen mehr durchgehen, als gut für uns und unser Kind ist. Oder wir sind einfach zu schwach, zu erschöpft, zu müde für den Konflikt. Diese Abkürzung bringt uns nur Ärger ein, und wenn wir merken, dass wir auf dem falschen Weg sind, ist immer noch Zeit, etwas zu ändern. Das andere Pendant ist die Mutter, die ständig schimpft, nörgelt, motzt und schreit. Auch dies bringt uns eher weiter weg von unseren Kindern als zu ihnen hin.

Wenn wir gestresst sind in dieser Phase, verbringen wir eher weniger positive Zeit mit den Kindern, agieren reizbar, strafend, unberechenbar und sprunghaft in unseren Regeln, die mal gelten, mal nicht gelten. Das ist völlig verständlich – wir sind müde, erschöpft, alleine, verzweifelt, von Selbstzweifeln und schlechtem Gewissen geplagt, haben finanzielle Sorgen und fragen uns, ob wir je wieder eine:n Partner:in finden. Wenn wir uns über ein Kind ärgern, motzen wir es an, statt ihm ruhig zu erklären, warum wir etwas so nicht wollen. Wenn es sich an uns klammert, ertragen wir es kaum, weil wir ohnehin keine Me-Time mehr haben. Wenn es nicht alleine schlafen will, verlieren wir die Nerven, weil wir endlich Feierabend brauchen, unser Kind aber Angst hat, dass wir vielleicht gleich nicht mehr da sein könnten.

»Trennung ohne Drama«-Tipp

Die kluge Führungskraft sagt: Mütter geraten schneller mit ihren Söhnen als mit Töchtern in Teufelskreisläufe aus Nörgeln, Strafen, inkonsistenten Forderungen und leeren Drohungen, auf die der Junge dann eher mit Eskalation reagiert. Hier kann tatsächlich eine Verhaltenstherapie helfen, die der Mutter zeigt, wie sie andere Kommunikationswege zu ihrem Kind findet. In Hetheringtons Studie zeigte sich, dass frisch getrennte Mütter weniger Konflikte mit ihren Töchtern haben. Und zwar nicht, weil diese sich besser verhalten würden als die Söhne, sondern weil sie von der Mutter mehr Unterstützung bekommen und deshalb weniger um die Erfüllung ihrer Bedürfnisse kämpfen müssen.[5]

Das heißt im Umkehrschluss: Wenn wir uns gut um unsere Kinder kümmern, geht es ihnen und auch uns besser. Wenn unsere gute Führungskraft bei einer Tasse Tee Madame Amy beruhigen kann, dann können wir beide, Erwachsene:r und Kind, unseren Bodyguard weiter chillen lassen und uns im Dachgeschoss vernünftig begegnen. Allerdings muss damit die erwachsene Person anfangen. Viele Eltern sagen mir: »Wenn das Kind nur *einmal* hören würde, dann wäre ja alles gut!« Aber das Kind kann den Prozess nicht anfangen. Wir müssen ruhig werden, ausatmen, bedacht reagieren und das Kind beruhigen, erst dann können wir oben gemeinsam Tee trinken.

Deutlich wird in allen Berichten, dass zwei Jahre nach der Trennung in den allermeisten Fällen irgendeine Form von Ruhe eingekehrt ist. Was vorher noch so heiß gekocht wurde, wird jetzt nicht mehr heiß serviert. Die Wogen haben sich in aller Regel geglättet und die Familie ist stabil auf einem neuen Niveau angekommen.

Sechs Jahre nach der Trennung

Da immer wieder Horrorgeschichten über die »langfristigen Folgen« einer Trennung für uns und die Kinder kursieren, schauen wir doch jetzt mal auf die lange Sicht. Sechs Jahre nach der Trennung hatten die Familien in Hetheringtons Langzeitstudie wieder Ordnung im Haus – alle wissen, wo ihr Platz ist, und der Laden läuft wieder ruhig (eine Ausnahme sind hochkonflikthafte Trennungen, bei denen sich Gerichtsprozesse oft über viele Jahre hinziehen).

Wie gut die Kinder sechs Jahre nach der Trennung dastehen, hängt wie auch bei den Erwachsenen von Risiko- und Schutzfaktoren ab. Dabei zeigt sich in der Hetherington-Studie, dass es vor allem um ihre alltäglichen Stressoren und Ressourcen geht, die die Kinder stärken oder schwächen. Grundsätzlich zeigt sich, dass »die Wolke aus Angst und Depression, die über den Kindern im ersten Jahr hing, in der Regel sehr viel kleiner oder ganz verpufft war«, wie Hetherington schreibt.[6] Drei Viertel der Kinder ihrer Studie zeigten ein Verhalten innerhalb der normalen Bereiche, ganz wie Kinder aus nicht getrennten Familien. Sie hatten verschiedene Wege gefunden, sich mit der Situation zu arrangieren. Allerdings war eines deutlich: Der Elternteil, mit dem die Kinder lebten, hatte den größten Einfluss auf ihr Wohlbefinden. Erst im Alter von etwa zehn Jahren wuchs der Einfluss von Geschwistern, Freunden, Lehrkräften und Trainer:innen.

Während manche Eltern schon zwei Jahre nach der Trennung einen neuen Partner haben, ist es sechs Jahre nach der Trennung bei mehr als der Hälfte der Studienteilnehmenden der Fall. Manche Frauen sagen in Hetheringtons Studie, dass sie vor allem jemanden suchen, der die finanzielle und alltägliche Last des Familienlebens mit ihnen teilt – die Suche nach dem:der Traumpartner:in ist vorbei. Aber selbst die, die es romantischer sehen, versuchen in ihrer nächsten Beziehung das Alte wiedergutzumachen, ihre Wunden zu heilen, neu anzufangen und eine bessere Beziehung oder Familie aufzubauen. Andere bleiben emotional auf Distanz, selbst wenn sie eine neue Beziehung eingehen: Sie trauen niemandem, gehen davon aus, dass sie auf sich selbst gestellt sind, sie fühlen sich nicht wert, von jemandem wirklich geliebt zu werden, und sehen in Beziehungen am Ende eine Quelle von Schmerz und Verrat.

Wir tun also gut daran, unsere Beziehung aufzuarbeiten, damit wir nicht die alten Wunden und Überzeugungen mit in eine neue Partnerschaft tragen oder als Bürde durch unser Single-Leben schleppen.

Elf Jahre nach der Trennung

Nach so langer Zeit nach der Trennung zeigte sich in der Untersuchung von Hetherington, dass die Eltern am besten zurechtkamen, die aus ihrer beendeten Beziehung gelernt hatten.[7] Es gibt so viele Fehler, die man machen kann – machen wir nicht dieselben zweimal, die Auswahl ist groß genug.

Besonders dann, wenn wir eine neue Partnerschaft eingegangen sind, braucht diese viel Aufmerksamkeit und Zeit. Die Idee »jetzt läuft es endlich wieder« funktioniert häufig nicht. Wir brauchen Zeit als neue Patchworkfamilie – Rituale, eine gemeinsam geschaute Fernsehserie, gemeinsame Essen, gemeinsame Feste – und wir brauchen Zeit als Paar, vielleicht sogar noch dringender als in der alten Beziehung, weil die Situation jetzt noch komplexer ist.

Elf Jahre nach der Trennung zeigt sich, dass die Beziehungen am besten laufen, die »vorsichtig träumen«.[8] Damit ist gemeint, dass unrealistische Heilserwartungen (»Mit diesem Mann wird alles gut«) in der Regel ins Desaster führen. Besser funktioniert offenbar eine realistische Idee davon, was eine neue Beziehung leisten kann und was nicht. Die normalen Auf und Abs einer Beziehung fühlen sich dann einfach nicht so dramatisch an.

Paare, die zwar offen über ihre Wünsche und Bedenken bezüglich einer neuen Beziehung gesprochen hatten, die aber gleichzeitig nicht zu negativ an die Sache herangingen, kamen am besten zurecht. Zu viel Angst und Sorge, zu viel Negativität, Stress und Forderungen sind Killer für jede Beziehung. Dazu gehört auch, dass wir uns unsere:n neue:n Partner:in immer wieder als neuen Menschen vorstellen: Auch wenn Impulse, Erinnerungen oder Ängste aus der alten Beziehung in uns auftauchen, haben sie nicht unbedingt etwas mit dieser Person zu tun.

Wenn wir bisher keine neue Partnerschaft eingehen wollten oder konnten, sind wir im Idealfall kompetente Singles: Wir haben ein Netzwerk aus Freunden und Bekannten, einen Job, der uns etwas bedeutet, und kommen gut zurecht. Die wenigsten knabbern jetzt noch an der Trennung, unsere persönlichen Themen sind längst wieder in den Vordergrund gerückt – und das ist auch gut so.

20 Jahre nach der Trennung – Hoffnung auf ein Happy End

Wer hat eine Chance auf ein Happy End, emotional und finanziell? Hetherington stellt fest, dass es zwei Sorten von Menschen gibt, die 20 Jahre später gut aus einer Trennung herausgewachsen sind. Die einen nehmen die Trennung als Wendepunkt, um vorhandene Stärken zu entwickeln, die sie vorher nicht genutzt oder nicht gesehen hatten. Andere wurden durch die schiere Not der Krise in völlig neue Sphären katapultiert, in denen sie Fähigkeiten entwickelten, die sie vorher nicht hatten.[9]

Manche brauchten dafür mehrere Anläufe – mehrere Jobs, mehrere Firmengründungen und mehrere Zwischenbeziehungen –, aber sie kamen am Ende dort an, wo sie sich sicher und gut fühlten. Kompetente Singles hatten ein persönliches und berufliches Netzwerk, das ihr Leben bereicherte. Wer eine Beziehungen hatte, bei dem war diese durch Respekt, Freundschaft und gegenseitige Unterstützung geprägt, sie waren durch das Dick und Dünn einer Patchwork-Familie gegangen, jetzt waren die Kinder größtenteils aus dem Haus und die Eltern genossen die Entspannung und Gelassenheit einer vertrauten Partnerschaft, die ihnen Raum für Gemeinsamkeiten und Eigenraum bot.

Frauen verkrafteten in der Langzeitstudie Trennungen deutlich besser als Männer – und jede fünfte von ihnen steht 20 Jahre nach einer Trennung stärker, wohlhabender und glücklicher da als zuvor. »Wenn man die Entwicklung eines Lebens nach einer Trennung zwei Jahrzehnte später betrachtet, spielen Geld und Bildung sicherlich eine Rolle, aber persönliche Eigenschaften wie Entschlossenheit, Reife, Einfallsreichtum, Ehrgeiz, Selbstdisziplin und die Fähigkeit, Entbehrungen und Opfer zu ertragen, sind weitaus wichtiger«, schlussfolgert Hetherington. Viele der Mütter, die dazu bereit waren, hatten nicht nur ein sicheres Leben, sondern auch »gut erzogene, erfolgreiche Kinder«.[10]

Insgesamt waren 20 Jahre nach der Trennung die Menschen am glücklichsten, die liebevolle, enge Beziehungen in ihrem Leben hatten – enge Freunde, enge Familienbande. Wer jetzt eine langfristige, befriedigende Beziehung eingegangen war, dem ging es seelisch, finanziell und sogar gesundheitlich besser als dem Rest und er hatte weniger Sorgen um das Altwerden.

Single-Frauen ging es besonders gut, wenn sie einen Kreis aus anderen Frauen um sich hatten, die als Ratgeberin, Reisepartnerin oder beste Freundin fungierten. Hetherington bezeichnet sie als »kompetente Singles«, die 20 Jahre nach der Trennung einer befriedigenden Arbeit nachgingen, sich sozial engagierten und sich zwar gegen einen neuen Partner, aber für stabile soziale Beziehungen entschieden hatten. Und dann gibt es auch die Singles wider Willen, Frauen, die einfach keine Zeit für eine neue Partnerschaft haben oder nicht den passenden Partner finden. In der Hetherington-Studie machten sie einen sehr kleinen Anteil aus.

Viele Männer suchten sich nach der Trennung sehr schnell eine neue Partnerin, oft heirateten sie auch wieder. Eine große Gruppe von ihnen veränderte nichts oder nur wenig und auch bei ihnen blieben die Probleme dieselben wie in der ersten Ehe. Wenn Männer 20 Jahre nach der Trennung immer noch Single waren, stieg ihr Risiko für Probleme mit Alkohol, psychischen Problemen und ihrer Gesundheit. Auch hier galt: Wer ein Netzwerk aus guten Freunden und eine gute Beziehung zu seinen Kindern hatte, war besser dran als diejenigen, die den Kontakt verloren hatten.

Was ist langfristig für die Kinder das Beste?

Sowohl ein Single-Leben als auch eine neue Beziehung der Eltern kann für Kinder hilfreich sein, wenn sich ihnen ein stabiles Entwicklungsumfeld mit zugewandten, liebevollen Erwachsenen bietet.

Kinder litten am meisten unter ständig wechselnden Bezugspersonen, also wenn ihre Eltern nach der Trennung mehrere Beziehungen eingingen, sodass die Menschen in ihrem Leben ständig wechselten. Eltern und Kinder waren mit solchen Situationen gleichermaßen unglücklich.[11]

Manche Trennungseltern waren auch noch Jahre nach der Trennung sehr mit sich und ihren Emotionen, Wünschen und Bedürfnissen beschäftigt, für ihre Kinder war nicht viel Platz. Selbst wenn es den Eltern damit gut ging und sie finanziell und emotional stabil waren, schadeten sie ihren Kindern, die sich oft nicht gesehen fühlten, mehr Sicherheit gebraucht hätten und als Jugendliche ihrerseits Schwierigkeiten zeigten, soziale Beziehungen aufrechtzuerhalten.

Der Schulerfolg der Kinder, ihre eigene Bindungs- und Beziehungsfähigkeit sowie ihr Blick auf das Leben waren weniger durch die Tatsache geprägt, dass ihre Eltern sich getrennt hatten, sondern viel stärker dadurch, wie die Trennung abgelaufen war und wie gut sie danach begleitet wurden. Auf lange Sicht war die Trennung nicht der eine, wichtige Faktor in ihrem Leben, sondern die Frage, ob sie mindestens einen einfühlsamen, engagierten Elternteil hatten.

Für Männer wie Frauen galt: Wer erneut geheiratet hatte, sah sich 20 Jahre nach der ersten Trennung oft bereits der zweiten gegenüber. In der Regel brauchte in der Studie eine Patchwork-Familie etwa sieben Jahre, um sich zu finden – je jünger die Kinder bei der zweiten Heirat waren, desto schneller ging es. Erreichten die Kinder die Adoleszenz und bewegten sich langsam von zu Hause weg, sank der Druck auf die Ehe deutlich und die Stabilität stieg. Sechs von zehn Beziehungen schafften es nie bis hierher, aber wem es gelang, der war auf einem guten Weg.

Die Paare hatten aus den Fehlern der ersten Beziehung gelernt, sie kamen einander entgegen und verhandelten auf Augenhöhe, achteten auf die Bedürfnisse des anderen und lösten die lösbaren Probleme, ohne sich auf die unlösbaren zu fokussieren. Sie sahen Beziehung als Arbeit und investierten Zeit und Energie in das »Wir«.

Für alle, die erfolgreichen wie die unglücklichen, die neu verheirateten und die Singles, galt: Die dramatische Trennung vom anderen Elternteil ihrer Kinder war nur noch eine ferne Erinnerung und hatte mit ihrem aktuellen Leben nichts mehr zu tun.

Wenn wir uns also fragen, was die Trennung für unser Leben und unsere Kinder bedeutet, könnte eine Antwort lauten: Weniger, als wir denken. Es kommt viel mehr darauf an, wie wir mit unseren Kindern und unserem Leben umgehen, wie wir uns entwickeln, wie wir mit unserem Ex-Partner klarkommen und was wir aus der Trennung lernen. Die Trennung an sich stellt keine Weichen fürs Leben. Unser Umgang damit ist entscheidend.

Das Leben geht weiter

Willkommen in der Post-Trennungssituation

Viele Alleinerziehende sagen mir, dass sie einfach nicht wissen, wie sie ihren Alltag bewältigen sollen. Der Druck ist enorm, die Zeit knapp, die Kinder bedürftig. Wir sollen Vollzeit arbeiten (wegen der Rente) und wollen uns gut um unsere Kinder kümmern (wegen der Entwicklung) und nebenbei vielleicht noch einen neuen Freundeskreis aufbauen? Es ist einfach viel. Ich weiß das. Ich war dort.

Grundsätzlich gilt: Wir brauchen Hilfe. Und diese Hilfe klopft nicht von selbst an unsere Tür und fragt, ob sie mal die Kinder nehmen soll. Die gute Nachricht ist: Ein Dorf zu bauen ist nicht so schwer, wie man meinen könnte, und es gibt uns ungeahnte Energie, wenn wir Kontakt zu positiven Menschen haben.

Als Erstes können wir uns fragen: Was brauche ich? Was steckt hinter dem, was ich brauche? Setzen wir uns hin und schreiben auf: Was wünsche ich mir gerade am meisten? Babysitting, um Zeit für mich zu haben? Gespräche, um meine Traurigkeit zu bewältigen? Freunde, die mir zustimmen und immer da sind? Welche Träume und Illusionen haben wir – zum Beispiel, dass Freundschaften keine Konflikte mit sich bringen, dass Menschen uns gleich sind und alles verstehen und gutheißen? Das klappt nicht. Ein Dorf ist kein Mama-Ersatz. Können wir das aushalten? Oder brauchen wir vielleicht erst mal jemanden, der uns bedingungslos annimmt, unsere Traurigkeit aushält und auch vor unserer Verzweiflung nicht zurückschreckt? Dann könnte es ein, dass wir eher eine Reha, eine Therapie, eine

Kur oder einen Coach, eine Therapeutin brauchen, um überhaupt die Kraft für Beziehungen zu anderen Menschen zu entwickeln.

Hilfe von Profis: Kinderbetreuung, Beratung, Coaching

Frage auf jeden Fall in deiner Umgebung herum und melde dich auch beim Verband alleinerziehender Mütter und Väter (VAMV.de) und bei der SelbstHilfeInitiative Alleinerziehender (SHIA-berlin.de) oder kirchlichen Trägern. Auch Beratungsstellen der Caritas oder pro familia haben oft sehr gut geschultes Personal, das sich mit den lokalen Hilfen gut auskennt (Suche: »Sozialberatung« und deinen eigenen Ort). Dort findest du Coaching, Beratung und gegebenenfalls auch Tipps für gute Therapien.

Auch das Jugendamt kann dich in Fragen zu finanziellen Hilfen und Unterhalt beraten. Es ist ohnehin gut, hierhin frühzeitig gute Kontakte zu knüpfen, wer weiß, ob du sie später noch mal brauchst. Wenn es zum Beispiel zum Streit um das Sorgerecht kommt, kann es von Vorteil sein, wenn die Menschen auf dem Amt schon zu deinem Unterstützerkreis gehören und wissen, dass du dich frühzeitig gekümmert hast. Manchmal sind Gruppen in sozialen Medien eine Hilfe – manchmal nicht. Probiere aus, wo du dich wohlfühlst, und höre gut in dich hinein.

Wie wir uns ein Dorf aufbauen

Eine Trennung ist als Erstes einmal eins: eine Krise. Laut Duden meint dieses Wort eine »schwierige Lage, Situation, Zeit, die den Höhe- und Wendepunkt einer gefährlichen Entwicklung darstellt«. Mehr noch als vorher brauchst du als Elternteil also jetzt ein Dorf, das dich unterstützt – frei nach dem Motto: »Es braucht ein ganzes Dorf, um ein Kind zu erziehen.« Du wirst sehen: Die meisten Menschen helfen gerne!

Doch ein Dorf braucht Kraft. Es heißt, dass ich mit Menschen in Kontakt gehen muss, dass ich mich öffnen muss. Es heißt, dass ich mich verbindlich und zuverlässig zeige, dass ich Hilfe anbieten und auch anderen zuhören kann. Ich kann Babysitting bekommen – aber ich muss es auch geben. Ein Dorf funktioniert nur, wenn ich etwas gebe. Wenn ich gerade nichts zu geben habe, dann muss ich erst mal meinen Akku auffüllen.

Ein Dorf braucht auch von mir die Fähigkeit, mich abzugrenzen: Wann wird es mir zu nah, zu eng, zu viel? Bin ich im Retter- oder Opfermodus? Beides kann auf Dauer nicht funktionieren.

Erst wenn wir all das geklärt haben, können wir loslegen. Hier die wichtigsten Schritte ins Dorf.[1]

Finde die offiziellen Systeme: Vereine, Versammlungen, Elternabende, WhatsApp-Gruppen, in denen sich Menschen um uns herum organisieren.

Zeige Präsenz: Kommen wir früher, bleiben wir länger, seien wir vorbereitet.

Bieten wir Hilfe an: Tun wir für andere alles, was uns leichtfällt. Du kannst gut schreiben? Schreib das Protokoll! Du kannst recherchieren? Finde etwas heraus! Du kannst programmieren? Kümmere dich um die Website! Wir räumen auf, bauen auf und ab, wir kümmern uns unaufgefordert.

Essen verbindet: Wir bringen Essen mit, backen Plätzchen und Kuchen, bringen zum Naturspielplatz Kakao und Rohkost für alle mit – und essen nicht nur bei den anderen mit.

Bindung zählt: Wir hören mehr zu, als wir erzählen (dies ist besonders in der ersten Zeit wirklich schwer), nehmen den anderen immer ernst, fragen nach, drehen uns nicht nur um uns selbst.

Frage um Hilfe: Wir fangen bei uns selbst an, und zwar damit, dass wir mitdenken und Unterstützung anbieten. Erst dann fragen wir um Hilfe, und zwar um kleine, begrenzte Dinge (fünf Minuten Zeit, eine Adresse, einen Tipp für gebrauchte Kinderklamotten) – und erwidere den Gefallen zeitnah.

Verstehe deine Welt: Wenn uns die Kultur der anderen nicht vertraut ist, weil wir zum Beispiel nach der Trennung umgezogen sind, suchen wir eine Person, der wir vertrauen, die uns die sozialen Codes erklärt, die uns mitnimmt.

Etabliere Rituale: Wir treffen uns immer sonntags im Wald, wir essen mittwochs gemeinsam zu Mittag, wir picknicken Donnerstagnachmittag im Park.

Eltern sagen mir immer wieder: Nicola, das kann ich nicht leisten. Das ist okay. Wenn das alles für uns nicht geht, dann ist ein »Dorf« jetzt nicht der richtige Weg, sondern wir brauchen erst etwas anderes.

Wenn wir uns gar nicht stabilisieren, einbringen oder öffnen können, wenn wir überhaupt keine Energie und Kraft haben, dann brauchen wir erst mal eine Pause, Hilfe, Zuwendung oder wir lassen uns von Profis beraten. Es könnte mehr als nur »unter Druck sein« dahinterliegen. Ein Burn-out oder eine Erschöpfungsdepression ist bei Eltern nicht ungewöhnlich, da hilft kein Dorf, sondern in erster Linie medizinische oder psychologische Unterstützung.

Neue Partnerschaft und Patchwork

Nach einer Trennung steht für viele eine neue Partnerschaft an – das kann der Trennungsgrund sein oder es wird erst Jahre später ein Thema. Hier ein paar Dinge, wie wir uns, den Kindern und unserer:unserem neuen Partner:in helfen können, die neue Familie gut zu starten.

Hetherington sagt nach Auswertung ihrer Langzeitstudie ganz klar: »Rechnen Sie mit Problemen« – Kinder und neue Partner zu einem Ganzen zusammenzubringen, kann turbulent und aufreibend sein. Familien, die sich hier durcharbeiten und nicht aufgeben, erzielen die besten Ergebnisse.

Das Wichtigste: Wir können niemals von den Kindern verlangen, eine:n neue:n Partner:in zu lieben oder als väterliche oder mütterliche Autorität zu akzeptieren. Wir können Respekt und höfliches Verhalten erwarten, mehr nicht.

Jede Studie zeigt uns: Kinder brauchen Zeit. Viel Zeit. Jede Patchwork-Familie braucht etwa 24 Monate, um sich überhaupt zu finden. Jeder muss in neue Rollen schlüpfen, sie ausprobieren, verwerfen, es neu versuchen. Eine Patchwork-Familie bildet sich leichter, wenn die Kinder noch im Kindergarten- oder Grundschulalter sind. Danach fällt es ihnen schwerer, die neue Situation zu akzeptieren: Da ist plötzlich jemand mit beim Abendessen, obwohl man alleine mit Mama chillen oder ihr etwas anvertrauen wollte.

Teenager akzeptieren neue Partner:innen vor allem dann, wenn diese die finanzielle Situation beruhigen können, die Mutter gut unterstützen, sodass sie mehr Kapazitäten für die Kinder hat und glücklicher ist, und wenn der neue Mensch so den Kindern ein Freund oder Kumpel werden kann.

Für eine neu in die Familie kommende weibliche Person (Jesper Juul nennt sie Bonusmutter) hat sich bewährt, dass sie mit Geduld und Feinfühligkeit eine Bindung zu den Kindern aufbaut. Dies gelingt umso besser, je mehr sie vom Vater unterstützt wird und je weniger die Kindesmutter sie als Rivalin sieht, sondern als Zugewinn. Dennoch haben Bonusmütter es deutlich schwerer – oft wird von ihnen erwartet, die Kinder wie ihre eigenen aufzuziehen, ohne dass sie die entsprechende Unterstützung bekommen und ohne dass die Kinder dies wollen. Dies führte in der Langzeitstudie häufig zu Frust und Rückzug der Frau.[2]

Keine Frage, dass Stiefeltern, die die Kinder autoritär herumkommandierten, bestraften oder gar missbrauchten, von den Kindern massiv abgelehnt wurden – Töchter verließen als Teenager deutlich früher das Haus, Söhne gingen in den direkten Konflikt.

Bis ins zehnte Lebensjahr sind die Kinder deutlich offener gegenüber einem Stiefelternteil als später. In der frühen Adoleszenz, also mit zehn bis 14 Jahren, ist ein Stiefelternteil nach Studienlage am schwierigsten zu integrieren. Jungs gewöhnen sich leichter an einen neuen Partner als Mädchen in dieser Phase – diese sehen ihre Bindung zur Mutter gefährdet, wenn jemand »dazwischenkommt«, wo sie vorher alleine waren.

Fünf Jahre nach seiner Heirat sagte ein Teilnehmer von Hetheringtons Studie, dass er sich nie als Teil einer richtigen Familie gefühlt hat, als er mit seiner neuen Frau verheiratet war. »Es gab die Ehe, die aus Miranda und mir bestand, und Eltern-Kind-Beziehungen, das waren Miranda und ihre Kinder. Irgendwie haben sie nie zueinandergefunden. Ich teile dieselbe Adresse mit den Kindern, aber wir leben so weit voneinander entfernt, wir könnten genauso gut auf verschiedenen Planeten leben.«[3]

Erst Kinder jenseits der 14, 15 Jahre waren in der Studie eher froh, dass jemand die Mutter oder den Vater entlastet, und konnten das Positive in einer neuen Beziehung sehen – wenn es eine gesunde Beziehung war, die der Familie guttut.

Hetherington zieht aus ihrer Studie den Rat: »Achten Sie auf den Zeitpunkt für eine neue Ehe: Der beste Moment ist vor dem zehnten oder nach dem 16. Lebensjahr des Kindes. Paare, die dazwischen heiraten, sind häufig auf Kollisionskurs mit der entwicklungspsychologischen Agenda des Teenagers.«[4]

Wir können bewusst eine neue Identität für diese Familie aufbauen, denn ihr fehlt die gemeinsame Geschichte. Dabei können diese Strategien helfen:

* regelmäßige Routinen etablieren,
* gemeinsam essen,
* abends vorlesen,
* eine Serie gemeinsam schauen,
* gemeinsam in die Kirche, zum Singen oder zu Kursen gehen,
* gemeinsame Ausflüge oder Reisen,
* zusammen Musik hören, Musik machen, Konzerte besuchen,
* Feste mit der größeren Familie: Geburtstage, Weihnachten, Kommunion etc.,
* Akzeptanz des anderen Elternteils bei gemeinsamen Anlässen,
* gemeinsame Spiele oder Running Gags.

Ich möchte allen getrennten Eltern mit dem Wunsch nach einer neuen Liebe einen Mut machenden Satz der Forscherin E. Mavis Hetherington mitgeben, die Tausende von Gesprächen mit getrennten Eltern geführt hat:

»Lassen Sie sich nicht einschüchtern von den hohen Scheidungsraten zweiter Ehen. Eine neue Beziehung kann die Tür zu einem wundervollen Leben öffnen. Ich habe es Hunderte Male gesehen.«[5]

Und wenn das alles nicht klappt oder wir gar keine neue Beziehung wollen? Dann können wir auch als kompetente Singles im Kreis von lieben Menschen ein wunderbares, starkes, inspirierendes Leben führen und unsere Kinder wunderbar groß werden lassen.

Am Ende: ohne Drama

Ist es also möglich, sich ohne Drama zu trennen? Wir haben gesehen, dass es nicht einfach ist, dass es nicht nur von uns selbst abhängt und dass es Konstellationen gibt, in denen es uns unglaublich herausfordern kann. Jede Trennung ist anders, jede Familie ist einzigartig.

Gleichzeitig hoffe ich, dass die Werkzeuge in diesem Buch dir helfen, so gut wie möglich durch deine persönliche Trennung zu kommen. Denn was immer passiert: Eine Trennung definiert weder, wer du bist, noch, wer du sein wirst.

Eine Trennung definiert auch nicht das Leben, das deine Kinder ab jetzt führen. Eine Trennung ist das, was jetzt passiert, es ist Teil dieses Lebens, Teil deiner Erfahrung. Wir können uns ganz viel Hilfe holen und uns dafür einsetzen, dass es eine Erfahrung wird, die uns und unsere Kinder stärker macht – und vielleicht sogar die Beziehung zu dem Menschen, von dem wir uns getrennt haben, reifen lässt.

Jede Trennung ist auch ein Neuanfang – wohin auch immer. »Wohlan, mein Herz, nimm Abschied und gesunde!«, ruft uns Rainer Maria Rilke in seinem Gedicht »Stufen« zu. Also hören wir den Ruf des Lebens und begeben uns auf die Reise, die vor uns liegt. Lasst uns Teil der Veränderung sein.

Danksagung

Zum Abschluss dieses Buches will ich ein paar Menschen aus tiefstem Herzen danken. Denn nicht nur hätte es dieses Buch ohne euch nie gegeben, auch mein eigenes Leben würde ohne euch völlig anders aussehen.

Als Erstes danke ich meinen Eltern, denn sie haben mich durch den größten Liebeskummer meines Lebens begleitet und mich und meine Kinder in den dunkelsten Stunden aufgenommen und beschützt. Ich danke meiner Schwester Jelena und ihrer Freundin Anna, die in einer Zeit an meiner Seite standen, in der ich kaum noch meinen eigenen Namen wusste. Und ich danke der klugen Ariane von der Heyden-Karas, von der ich mehr über Sachlichkeit und Coolness gelernt habe als von irgendjemand sonst.

Ohne die Ausdauer von Carmen Kölz vom Beltz Verlag und die Geduld meiner wunderbaren Lektorin Silke Foos – sie ist außerdem Diplom-Psychologin, Kindertherapeutin und Familienberaterin – gäbe es dieses Buch nicht. Wie immer verdankt dieses Buch besonders Silke ganz vieles, was an Klarheit, Diversität, klugen Gedanken und liebevoller Nachsicht darin steckt.

Ich danke auch und vor allem meinen vielen Gesprächspartner:innen, die mir einen Blick in ihre Welt erlaubt und mich so viel gelehrt haben: die engagierte Anne Dittmann, die starke Sonja Howard und die kämpferischen MIAs, die sachliche Karola Rosenberg, der unvergessliche Barry Hewlett und der erfahrene Professor Dr. Uwe Tewes. Ich danke allen Forschenden, die so viel Arbeit in die großen Fragen stecken, und allen Studienteilnehmenden, dass sie es uns ermöglichen, diese Welt ein wenig besser zu verstehen.

Ich danke meinem Team, das mir immer wieder den Rücken frei hält, wenn ich »Was, noch ein Buch??« schreibe. Ohne euch wäre alles nichts. Ich danke Kai, der mir oft die Hand gehalten und den Rücken gestärkt hat, wenn dieses Buch mich aufgewühlt, bewegt oder wütend gemacht hat.

Nicht zuletzt danke ich meinen Kindern, die mit mir durch die ach so menschliche Erfahrung unseres Lebens gehen, immer im Vertrauen, das alles gut wird. Von euch habe ich gelernt, was es heißt, neu anzufangen und in jedem Gänseblümchen den Gruß eines neuen Tages zu erblicken.

Danke.

Anmerkungen und Quellen

Erst mal tief durchatmen!

1. Interview mit Sonja Howard am 20.03.2023, mit Barry Hewlett und Prof. Dr. Uwe Tewes am 23.02. 2023, mit Anne Dittmann am 24.02.2023, mit Karola Rosenberg am 25.03.2023, dem Verein MIA e.V. i.G. am 24.05.2023.

Frisch getrennt? Hände weg von Google!

1. Koch, Claus: »Eltern getrennt, Familie kaputt. Psychologe: Kinder überstehen Scheidung nur unter einer Bedingung glücklich«, *Focus online*, 19.07.2020, https://www.focus.de/familie/eltern/familie-heute/scheidungskinder-psychologe-erklaert-wie-sie-wieder-gluecklich-werden_id_11075050.html, Abruf 04.04.2023.
2. Sickert, Teresa: »Meine größte Angst ist, dass mir das auch passiert – Wenn Scheidungskinder erwachsen sind«, Deutschlandfunk Kultur, 02.10.2017, https://www.deutschlandfunkkultur.de/wenn-scheidungskinder-erwachsen-sind-meine-groesste-angst-100.html, Abruf 16.01.2023.
3. Förster, Mario: »Scheidungskinder, diese Spätfolgen sind zu erwarten!«, *netpapa.de*, 10.01.2023, https://www.netpapa.de/trennung/scheidungskinder-spaetfolgen/, Abruf 04.04.2023.
4. März, Oliver: »Scheidungskinder: Das sind die Spätfolgen einer elterlichen Trennung«, *Focus online*, 16.08.2018, https://praxistipps.focus.de/scheidungskinder-das-sind-die-spaetfolgen-einer-elterlichen-trennung_113012, Abruf 04.04.2023.
5. Förster, a.a.O.
6. Podbregar, Nadja: »Scheidungskinder: Infektiöse Spätfolgen«, wissenschaft.de, 06.06.2017, https://www.wissenschaft.de/gesundheit-medizin/scheidungskinder-infektioese-spaetfolgen/, Abruf 19.01.2023.
7. https://www.focus.de/familie/eltern/familie-heute/scheidungskinder-psychologe-erklaert-wie-sie-wieder-gluecklich-werden_id_11075050.html, Abruf 04.04.2023.
8. 1972 begannen E. Mavis Hetherington und Kollegen mit der 20 Jahre dauernden Longitudinal Study of Divorce and Remarriage. Hetherington verfolgte 450 Familien, deren Kinder bei der Trennung vier Jahre alt waren und in Vir-

ginia lebten. Heute sind diese Kinder erwachsen und einige wurden ebenfalls geschieden oder haben wieder geheiratet. So konnte Hetherington die Auswirkungen von Scheidung und Wiederverheiratung über mehrere Generationen hinweg untersuchen. Auf der Grundlage dieser Daten wurden auch zahlreiche Folgestudien durchgeführt und Hetherington hat über 200 Artikel und 13 Bücher zum Thema veröffentlicht. Das hier zitierte: E. Mavis Hetherington & John Kelly: *For better or for worse – divorce reconsidered*, W. W. Norton & Company, 2002 (Übersetzung durch die Verfasserin.).

9. Wem das Wort »artgerecht« noch nichts sagt: Es bezeichnet meinen Ansatz, auf Familien, Individuen und insbesondere Kinder aus der Perspektive der Evolution, der Biologie und der Wissenschaft zu blicken. Forschung wie persönliche Erfahrung unzähliger Eltern belegen, dass wir wissen sollten, was die Natur der Gattung Mensch schon vor vielen Jahrtausenden mit auf den Weg gegeben hat. So können wir unseren Alltag – besonders als Familie – deutlich besser bewältigen und sind frei von Moden und Ideologien. Wir kommen sowieso nicht drum herum, denn wir haben die Biologie unserer Steinzeit-Körper immer dabei.
10. Hetherington, a. a. O., S. 8.
11. Hierzu lesenswert: Dittmann, Anne: *solo, selbst und ständig. Was Alleinerziehende wirklich brauchen. Ein Wut- und Mutmachbuch*, Kösel-Verlag, 2023.
12. Dieses Modell hat meine Lektorin Silke Foos schon während der Ehe von ihrer Finanzberaterin Manuela Kindshuber gelernt – und ist ihr dafür unglaublich dankbar.
13. Bundesministerium für Familie, Senioren, Frauen und Jugend (BMFSFJ), Familienleistungen: Unterhaltsvorschuss, https://www.bmfsfj.de/bmfsfj/themen/familie/familienleistungen/unterhaltsvorschuss/unterhaltsvorschuss-73558, Abruf 10.02.2023.
    Mehr zum Thema Geld und Tipps in: Dittmann, Anne: *solo, selbst und ständig. Was Alleinerziehende wirklich brauchen. Ein Wut- und Mutmachbuch*, Kösel-Verlag, 2023.

Die »Trennung ohne Drama«-Methode

1. Siegel, Daniel & Payne Bryson, Tina: *Achtsame Kommunikation mit Kindern*, Arbor Verlag, 2013.
2. Vgl. Lee, Richard Borshay: *The !Kung San. Men, Women and Work in a Foraging Society*, Cambridge University Press, 1979, S. 250 ff.
3. Vgl. Knutson, B. et al.: »Predictors of purchases«. *Neuron* 2007, Jan 4;53(1), S. 147–156; sowie Diekhof, E. K. & Gruber, O.: »When desire collides with reason: functional interactions between anteroventral prefrontal cortex and nucleus accumbens underlie the human ability to resist impulsive desires«. *J Neurosci. 2010 Jan 27*;30(4): S. 1488–1493.

4. Easwaran, Karella: *Das Geheimnis ausgeglichener Mütter*, Kösel-Verlag, 2020.
5. Hetherington, a.a.O., S. 74.
6. Widmer, Alexandra: *Stark und alleinerziehend*, Kösel-Verlag, 2022.
7. Chen, C.; Chen, C.; Moyzis, R. et al. (2011): »Contributions of Dopamine-Related Genes and Environmental Factors to Highly Sensitive Personality: A Multi-Step Neuronal System-Level Approach«. *PLoS ONE* 6(7): e21636.
8. Konrad, Sandra; Yorck Herzberg, Philipp: »Psychometric Properties and Validation of a German High Sensitive Person Scale (HSPS-G)«, *European Journal of Psychological Assessment 2019* 35:3, S. 364–378.
9. Duncan, M.J. et al.: »The effect of green exercise on blood pressure, heart rate and mood state in primary school children«. *Int J Environ Res Public Health*, 02.04.2014; 11(4), S. 3678–88.
10. Mehr dazu in Schmidt, Nicola: »Große Gefühle: Liebeskummer. Vom Wert eines gebrochenen Herzens«, *Süddeutsche Zeitung* 06.06.2011, https://www.sueddeutsche.de/wissen/gemischte-gefuehle-liebeskummer-der-wert-eines-gebrochenen-herzens-1.989760-2, Abruf 11.05.2023.
11. Ebd.
12. vgl. Hetherington, S. 57, und Booth, A. & Amato, P.: Divorce and Psychological Stress. *Journal of Health and Social Behavior*, 32(4) 396–407, 1991
13. Vgl. Goldberg, S.: »Social competence in infancy: A model of parent-infant interaction«. *Merrill-Palmer Quarterly*, 23(3), 1977, S. 163–177; sowie Murphy, L. & Moriarty, A.: *Vulnerability, coping and growth from infancy to adolescence*. Yale University Press, 1976.

Und die Kinder?

1. Hetherington, a.a.O., S. 25.
2. Vgl. Schmidt, Nicola: *Der Elternkompass*, GU, 2019, S. 170f.
3. Vgl. Gottman, John & Schwartz Gottman, Julie: *8 Gespräche, die jedes Paar führen sollte*, Ullstein Verlag, 2022, S. 204.
4. Hetherington, a.a.O.
5. Hetherington, a.a.O., S. 31.
6. Also die Überlastung mit zu vielen unterschiedlichen Aufgaben in der Familie, die ständig im Kopf behalten werden müssen und nicht mit dem oder der Partner:in geteilt werden können.
7. Dittmann, Anne: *solo, selbst und ständig. Was Alleinerziehende wirklich brauchen. Ein Wut- und Mutmachbuch*, Kösel-Verlag, 2023.
8. Rosenfeld, M.J.: »Who Wants the Breakup? Gender and Breakup in Heterosexual Couples«. In: Alwin, D.; Felmlee, D.; Kreager, D. (eds.): *Social Networks and the Life Course. Frontiers in Sociology and Social Research*, Vol 2. Springer, 2018.

9. Dittmann, A.: a.a.O., S. 33.
10. Zykunov, Alexandra: *Wir sind doch alle längst gleichberechtigt. 25 Bullshitsätze und wie wir sie endlich zerlegen*, Ullstein, 2022, S. 42.
11. A.a.O., S. 43.
12. A.a.O., S. 44.
13. Vgl. Borshay Lee, Richard: *The !Kung San. Men, Women and Work in a Foraging Society*, Cambridge University Press, 1979.
14. Vgl. Sahlins, Marshall: *Stone Age Economics*, Aldine de Gruyter, 1972, S. 17.; Suzman, James: *Sie nannten es Arbeit. Eine andere Geschichte der Menschheit*, C.H. Beck, 2021.
15. Aus Berichten von Workshopteilnehmenden der Autorin.
16. Vgl. Blaffer Hrdy, Sarah: *Mutter Natur. Die weibliche Seele der Evolution*. Berlin Verlag, 2000.
17. Alles Folgende: Interview mit Barry Hewlett am 23.02.2023 sowie Hewlett, B.S.; Macfarlan, S.J.: »Fathers' roles in hunter-gatherer and other small-scale cultures«. In M.E. Lamb (Ed.): *The role of the father in child development* (S. 413–434). John Wiley & Sons Inc., 2010, S. 417 ff.
18. Hewlett, B.S. & Macfarlan, S.J.: a.a.O., S. 413–434.
19. Zahlen vom Verband alleinerziehender Mütter und Väter, VAMV, 2020.
20. *Alleinerziehend. Tipps und Informationen*, VAMV, 24. überarbeitete Auflage, 2020.
21. Vgl. Hammer, Wolfgang: *Familienrecht in Deutschland*, veröffentlicht 2022, S.16 ff.
22. Vgl. Solter, Aletha: *Spielen schafft Nähe – Nähe löst Konflikte*, Kösel-Verlag, 2015.
23. https://www.starkundalleinerziehend.de/allgemeines/saetze-getrennte-eltern; Abruf 04.04.2023.
24. Vgl. Juul, Jesper: *Pubertät. Wenn Erziehen nicht mehr geht. Gelassen durch stürmische Zeiten*, Kösel-Verlag, 2010.

Ich kann nicht mehr, ich will nicht mehr!

1. Booth, A. & Amato, P.: Divorce and Psychological Stress. *Journal of Health and Social Behavior, 1991,* 32(4), S. 396–407.
2. Kotter, John P.: *Leading Change: Wie Sie Ihr Unternehmen in acht Schritten erfolgreich verändern*. Vahlen, 2011.
3. A.a.O.
4. Mir ist klar, dass das Modell des Change-Management derzeit noch in der empirischen Validierung ist und nicht uneingeschränkt anwendbar auf alle Arten von Veränderungsprozessen. Ich biete hier eine »Übersetzung« ins Familienumfeld an, die einige typische Hindernisse und Schwachstellen im Umgang mit Trennungen offenlegen kann und Denkanstöße bietet.

5. Hetherington, a. a. O., S. 40.
6. Hetherington, a. a. O., S. 44.
7. Charf, Dami: Wir haben alle ein gebrochenes Herz – über die Liebe, https://www.youtube.com/watch?v=Gczkgcor86Y, Abruf 12.05.2023.
8. Kahler, Taibi: *Process Therapy Model. Die sechs Persönlichkeitstypen und ihre Anpassungsformen*. Kahler Communication, KCG, Weilheim, 2008.
9. Kardefelt-Winther, Daniel (2014): »A Conceptual and Methodological Critique of Internet Addiction Research: Towards a Model of Compensatory Internet Use«. *Computers in Human Behavior, 31*, S. 351–354.
10. Madelyn Brown: »Does Social Media Cause Depression?« *Psychcentral.de*, 07.03.2022, https://psychcentral.com/depression/does-social-media-cause-depression#effects-of-social-media, Abruf 16.02.2023.
11. Scott, H.; Biello, S. M.; Woods, H. C.: »Social Media use and adolescent sleep patterns: cross-sectional findings from the UK millennium cohort study«. *BMJ Open*. 2019 Oct 22;9(9):e031161.
12. Perlis, R. H. et al.: »Association Between Social Media Use and Self-reported Symptoms of Depression in US Adults«. *JAMA Netw Open, 2021* Nov 1;4(11):e2136113.
13. O'Donnell, Erin: »Social Media Use and Adult Depression«, *harvardmagazin.com*, April 2022, https://www.harvardmagazine.com/2022/03/right-now-social-media-adult-depression, Abruf 01.06.2023.
14. Hetherington, a. a. O., S. 126.
15. Vgl. die bewegenden Geschichten gesammelt von Inke Hummel, Julia Theeg, *Wir erwachsenen Trennungskinder*, erschienen im Beltz Verlag 2023.
16. Amato, P.; Meyers, C.; Emery, R. (2009): »Changes in Nonresident Father-Child Contact From 1976 to 2002«. *Family Relations – FAM RELAT. 58*. 41–53. S. 1741–3729.
17. Westphal, S. K.; Poortman, A.-R.; Lippe, T.: »Non-resident Father-Child Contact across Divorce Cohorts: The Role of Father Involvement during Marriage.« *European Sociological Review 30* (2014): S. 444–456.
18. Haux, T. & Platt, L.: »Fathers' Involvement with Their Children Before and After Separation.« *European Journal of Population 37* (2020): 151–177.
19. Hetherington, a. a. O., S. 120.
20. Ebd.
21. Cheadle, J.; Amato, P. & King, V.: (2010). Patterns of Non-Resident Father Contact. *Demography. 47.* 205–25. 10.1353/dem.0.0084
22. Ebd.
23. Hetherington, a. a. O., S. 117 ff.
24. Hetherington, a. a. O., S. 115 f.

Lass uns das klären

1. The Gottman Institute: Blame, Resentment, and Negative Sentiment Override, https://www.gottman.com/blog/blame-resentment-and-negative-sentiment-override, Abruf 01.06.2023.
2. So lange feuert unser Mandelkern unter Stress, danach beruhigt sich das System, wenn ich keinen weiteren Stress-Impuls sende. Vgl. Hanson, Rick: *Das Gehirn eines Buddha*, Arbor-Verlag, 2010.
3. Voss, Chris: *Never Split the difference. Negotiating as if your life depended on it*, Penguin Random House UK, 2016, S. 47.
4. Die Wege, empathisch »Nein« zu sagen, sind adaptiert aus: Schmidt, Nicola: *Erziehen ohne Schimpfen*, Gräfe und Unzer Verlag, 2019, S. 80 ff. Dort steht, wie man diese Strategien Kindern gegenüber anwendet.

Dieses Wochenende sind sie bei mir!

1. Mehr zu der extremen Ausformung dieser Haltung in der antifeministischen Männerbewegung: Beck, D.; Gesterkamp, T. et al.: *Antifeminismus auf dem Weg durch die Institutionen. Strategien und maskulistische Netzwerke.* E-Paper Gunda Werner Institut, Heinrich Böll Stiftung, 2021; https://www.boell.de/de/2021/10/04/antifeminismus-auf-dem-weg-durch-die-institutionen, Abruf 02.06.2023.
2. Vgl. Dittmann, Anne: *solo, selbst und ständig. Was Alleinerziehende wirklich brauchen. Ein Wut- und Mutmachbuch,* Kösel-Verlag, 2023, S. 70 f.
3. Gemeinsame Erklärung Deutscher Kinderschutzbund, Deutsche Liga für das Kind und VAMV: Wechselmodell als gesetzlich zu verankerndes Leitmodell ungeeignet, Berlin, 20.10.2017, https://www.vamv.de/fileadmin/user_upload/bund/dokumente/Pressemitteilungen/PM_2017/PM_Gemeinsame-Erklaerung-Wechselmodell_20102017.pdf, 10.03.2021; Pruett, M. K.; Ebling, R.; & Insabella, G. (2004): Critical aspects of parenting plans for young children. *Family Court Review, 42*, S. 39–59.
4. 19. Deutscher Bundestag, 20. Plenarsitzung, Tagesordnungspunkt: Familienrechtliches Wechselmodell als Regelfall, Rednerin: Keul, Katja, B90/Grüne Partei: Bündnis 90/Die Grünen, Datum: 15.03.2018, Plenarprotokoll: UVID:7210274.
5. Gemeinsame Erklärung Deutscher Kinderschutzbund, Deutsche Liga für das Kind und VAMV: Wechselmodell als gesetzlich zu verankerndes Leitmodell ungeeignet, Berlin, 20.10.2017, https://www.vamv.de/fileadmin/user_upload/bund/dokumente/Pressemitteilungen/PM_2017/PM_Gemeinsame-Erklaerung-Wechselmodell_20102017.pdf, 21.03.2023.
6. Dittmann, a. a. O., S. 91.

7. Für einen Erfahrungsbericht siehe https://spurengefluester.de/das-nestmodell-nach-der-trennung, Abruf 27.03.2023.
8. Hammer, Wolfgang: *Familienrecht in Deutschland. Eine Bestandsaufnahme.* 2022, S. 2. https://www.familienrecht-in-deutschland.de/ Abruf 25.05.2023
9. Salgo, Ludwig, Familienrechtsexperte an der Universität Frankfurt, im Interview mit WISO, Sendung vom 12.12.2022, https://www.zdf.de/verbraucher/wiso/maengel-im-familienrecht-102.html Abruf 12.06.2023.
10. Vgl. Fthenakis, Wassilios E.; Niesel, Renate & Kunze, Hans-Rainer: *Ehescheidung: Konsequenzen für Eltern und Kinder.* Urban und Schwarzenberg, München, 1982.
11. Hammer, a. a. O.
12. Bundesministerium der Justiz, Gesetz über das Verfahren in Familiensachen und in den Angelegenheiten der freiwilligen Gerichtsbarkeit (FamFG), § 90 Anwendung unmittelbaren Zwanges.
13. Hammer, a. a. O., S. 17 ff.
14. https://www.unicef.de/informieren/ueber-uns/fuer-kinderrechte/un-kinder rechtskonvention, Abruf 02.06.2023.
15. Bundesministerium für wirtschaftliche Entwicklung und Zusammenarbeit (BMZ), Kinder- und Jugendrechte: Schutz vor allen Formen der Gewalt, https://www.bmz.de/de/themen/kinderrechte/schutz-vor-allen-formen-der-gewalt, Abruf 02.06.2023.
16. https://www.gesetze-im-internet.de/bgb/__1631.html, Abruf 02.06.2023.
17. Bundesministerium für Familie, Senioren, Frauen und Jugend (BMFSFJ), Verhütung und Bekämpfung von Gewalt gegen Frauen und häuslicher Gewalt. Erster Bericht des Expertenausschusses (GREVIO) zur Umsetzung des Übereinkommens des Europarats vom 11. Mai 2011 (Istanbul-Konvention) in Deutschland, Broschüre, 2018. S. 72.
18. Womit ich nicht sagen will, dass Eltern, die nicht emotional verfügbar sind, ihre Kinder nicht lieben – aber sie können es dem Kind nicht angemessen zeigen und allein darauf kommt es für die Kinder an.
19. Wurster, H. E.; Sarche, M.; Trucksess, C.; Morse, B.; Biringen, Z.: »Parents' adverse childhood experiences and parent-child emotional availability in an American Indian community: Relations with young children's social-emotional development«. *Dev Psychopathol. 2020* May;32(2):425–436.

Ich geh zum Anwalt!

1. Kanzlei »Trennung mit Kind«, Krefeld: https://www.rechtsanwalt-sorgerecht.de, Abruf 10.03.2023.
2. Hetherington, E. M. (1989): »Coping with Family Transitions: Winners, Losers, and Survivors«. *Child Development*, 60(1), S. 1–14.

3. Bundesministerium der Justiz, Broschüre: Beratungshilfe und Prozesskostenhilfe, https://www.bmj.de/SharedDocs/Publikationen/DE/Beratungs_PKH.pdf, Abruf 12.05.2023.
4. Bundesministerium der Justiz, Broschüre: Beratungshilfe und Prozesskostenhilfe, https://www.bmj.de/SharedDocs/Publikationen/DE/Beratungs_PKH.pdf, Abruf 12.05.2023.
5. Das Formular findest du auf bmj.de, unter Publikationen/Formulare; https://www.bmj.de/SharedDocs/Downloads/DE/Service/Formulare/Erklaerung_Verhaeltnisse_Prozess_oder_Verfahrenskostenhilfe.pdf, Abruf 12.05.2023.
6. Das könnte der Fall sein, wenn zum Beispiel das OLG die Entscheidung des Amtsgerichts wegen eines befangenen Gutachters aufhebt.

Wir sehen uns vor Gericht

1. Schennach, Stefan: *Equality and shared parental responsibility: the role of fathers*, Committee on Social Affairs, Health and Sustainable Development, 2015, S. 2.
2. Hammer, a. a. O., S.15.
3. https://whitelilyrev.de, Abruf 26.05.2023.
4. Twitter- und Instagram-Account des Vereins MIA – Mütterinitiative für Alleinerziehende e.V. i.G.: https://twitter.com/diemias_ sowie https://www.instagram.com/white_lily_rev/, Abruf 26.05.2023. Auf diesem Instagram-Account findet man auch Kurzberichte von Betroffenen zu konkreten Erfahrungen mit verschiedenen örtlichen Familiengerichten.
5. https://www.verfahrensbeistand-bag.de/aktuelles.htm sowie E-Mail-Interview mit Verfahrensbeiständin Lucia Waid.
6. https://www.verfahrensbeistand-bag.de/aktuelles.htm sowie E-Mail-Interview mit Verfahrensbeiständin Lucia Waid.
7. »In Ermangelung einer derartigen Ermächtigungsgrundlage kann niemand gezwungen werden, sich körperlich oder psychiatrisch/psychologisch untersuchen zu lassen und zu diesem Zweck bei einem Sachverständigen zu erscheinen. Daher kann eine Untersuchung der Kindeseltern vom Gericht durch den Sachverständigen/Gutachter auch nicht erzwungen werden.« Bundesverfassungsgericht vom 02.04.2009, 1 BvR 683/09 = FamRZ 2009, Seite 944 f.
8. Nach § 163 Abs. 1 FamFG Satz 1.
9. Ich danke Prof. Dr. Uwe Tewes für das ausführliche Gespräch dazu! Eine hilfreiche Handreichung finden Eltern hier: Uwe Tewes: *Psychologie im Familienrecht – zum Nutzen oder Schaden des Kindes?*, Springer Verlag, 2016.
10. Nach § 1631 BGB, Art 1 und 2 GG sowie nach FamFG § 90.
11. BVerfG, Beschl. vom 28.02.2012, 1 BvR 3116/11, nachzulesen unter der Verfahrensnummer auf https://www.bundesverfassungsgericht.de.

12. Vgl. Mareike Fuchs und Christoph Lütgert: *Drama: Jugendamt-Willkür um einen Jungen*, NDR online 17.04.2018. https://www.ndr.de/nachrichten/hamburg/Drama-Jugendamt-Willkuer-um-einen-Jungen,jugendamtwillkuer100.html, Abruf 01.06.2023.
13. Vgl. Katrin Kampling: *Zu enge Mutter-Kind-Bindung? Staat nimmt Kinder weg*, NDR Fernsehen 11.01.2022, https://www.ndr.de/fernsehen/sendungen/panorama3/Zu-enge-Mutter-Kind-Bindung-Staat-nimmt-Kinder-weg,kinder1804.html, Abruf 01.06.2023.
14. Diese vermeintliche »Diagnose« wurde im deutschsprachigen Raum maßgeblich durch den nach zahlreichen Medienberichten hochumstrittenen Kinder- und Jugendpsychiater Michael Winterhoff verbreitet. Der Autor von Bestsellern wie *Warum unsere Kinder Tyrannen werden* hat seine Praxis mittlerweile geschlossen.
15. https://whitelilyrev.de, Abruf 26.05.2023.
16. FamFG.§ 37.
17. Zeitschrift für Kindschaftsrecht und Jugendhilfe, 2012, Heft 2, S. 71–74; Leitsätze der Redaktion zum Beschluss des OLG Köln vom 05.10.2011 (4 UF 148/11), online im Volltext unter: https://openjur.de/u/451456.html, Abruf 26.05.2023. Danke an Prof. Dr. Uwe Tewes für die Übermittlung.
18. Brandenburgisches Oberlandesgericht, 1. Senat für Familiensachen, Beschluss vom 22. Juli 2010, Az. 9 WF 95/10.
19. Dallam, S. J. (1998): »Dr. Richard A. Gardner: A review of his theories and opinions on atypical sexuality, pedophilia, and treatment issues«. Treating Abuse Today, 8(1), S. 15–23, http://www.leadershipcouncil.org/1/res/dallam/2.html, Abruf 01.06.2023.
20. Emery, R. E. (2005): »Parental Alienation Syndrome: Proponents bear the burden of proof« (PDF). *Family Court Review 43* (1): S. 8–13.
21. Pepiton, M. Brianna; Alvis, Lindsey J.; Allen, Kenneth; Logid, Gregory (2012): »Is Parental Alienation Disorder a Valid Concept? Not According to Scientific Evidence. A Review of Parental Alienation, DSM-5 and ICD-11 by William Bernet«. *Journal of Child Sexual Abuse*. 21 (12): 244–253.
22. Jaffe, P. G.; Crooks, C. V.; Bala, N. (2006): Making Appropriate Parenting Arrangements in Family Violence Cases: Applying the Literature to Identify Promising Practices (PDF). Government of Canada, Department of Justice; sowie Fortin, Jane: Children's Rights and the Developing Law. Cambridge University Press 2003, S. 263.
23. Gardner, R. A. (1991): Sex abuse hysteria: Salem witch trials revisited, Cresskill, NJ, https://de.wikipedia.org/wiki/Richard_A._Gardner#Innerfamiliäre_Pädophilie, Abruf 21.03.2023.
24. Myers, J. E. B.: »Allegations of Child Sexual Abuse in Custody and Visitation

Litigation: Recommendations for Improved Fact Finding and Child Protection«. In: *Journal of Family Law. 28*, Nr. 104, 1990, S. 21.

25. Meier, Joan S. (2020): »U.S. child custody outcomes in cases involving parental alienation and abuse allegations: what do the data show?« *Journal of Social Welfare and Family Law, 42* (1): 92–105.
26. Gutowski, E.R., Goodman, L.A.: Coercive Control in the Courtroom: The Legal Abuse Scale (LAS). *J Fam Viol 38*, S. 527–542 (2023). Danke an MIA e.V. i.G. für die Übermittlung.
27. Hammer, a.a.O., S. 3.
28. Instagram: rechtsanwaeltin.Rosenberg, Zitate aus dem Familiengericht. Post vom 08.03.2023, https://www.instagram.com/p/CphbaxOsRxX/, Abruf 01.06.2023.

Ich habe Angst!

1. Vgl. Marie von Kuck: »Ihre Angst spielt hier keine Rolle«, Hörspielfeature Deutschlandfunk 2022, https://www.hoerspielundfeature.de/ihre-angst-spielt-hier-keine-rolle-100.html, Abruf 02.06.2023.
2. Barnett, Adrienne: *Domestic abuse and private law children cases. A literature review.* Brunel University London. Ministry of Justice Analytical Series 2020.
3. A.a.O., S. 19–20.
4. Keller, Gabriele & Backhaus, Maike: »Plötzlich bist du das Problem«, https://correctiv.org/aktuelles/haeusliche-gewalt/2023/03/24/haeusliche-gewalt-den-gerichten-ausgeliefert-missbrauch-gerichte-justiz-kinder-frauen-manipulation, Abruf 01.06.2023.
5. Bala, Nicholas & Schuman, John: »Allegations of Sexual Abuse When Parents Have Separated«. *Canadian Family Law Quarterly 17/2000*, S. 191–241.
6. https://www.deutschlandfunkkultur.de/femizide-in-deutschland-getoetet-weil-sie-frauen-sind-100.html, Abruf 04.04.2023.
7. BMFSFJ, Verhütung und Bekämpfung von Gewalt gegen Frauen und häuslicher Gewalt. Gesetz zu dem Übereinkommen des Europarats vom 11. Mai 2011 (Istanbul-Konvention), Bundesgesetzblatt Jahrgang 2017 Teil II Nr. 19, ausgegeben zu Bonn am 26. Juli 2017, S. 19.
8. Keller, Backhaus, a.a.O.
9. Telefonat mit MIA e.V. i.G. am 24.05.2023.
10. Nach dem *Diagnostic and Statistical Manual of Mental Disorders*, Fifth Edition (DSM-5), 2013. (Übersetzung für dieses Kapitel durch die Verfasserin.)
11. Das Konzept stammt von Skylar (Pseudonym), https://lifesavingdivorce.com/grayrock.
12. Vgl. Arabi, Shahida: *Becoming the Narcissist's Nightmare: How to Devalue and*

Discard the Narcissist While Supplying Yourself, SCW Archer Publishing, 2016, S. 15.

Hab ich unser Leben ruiniert?

1. Diedrick, Patricia (1991): »Gender Differences in Divorce Adjustment«, *Journal of Divorce & Remarriage, 14:3–4*, S. 33–46.
2. Helgeson, V. S. (1994): »Long-distance romantic relationships: Sex differences in adjustment and breakup«. *Personality and Social Psychology Bulletin, 20(3)*, S. 254–265.
3. Kansky, J., & Allen, J. P. (2018): »Making sense and moving on: The potential for individual and interpersonal growth following emerging adult breakups«. *Emerging Adulthood, 6(3)*, S. 172–190.
4. Hetherington, a. a. O., S. 112.
5. Hetherington, a. a. O., S. 117.
6. Hetherington, a. a. O., S. 125.
7. Siehe auch die eingangs erwähnte Studie von Kansky, J.; Allen, J. P.: »Making sense and moving on: The potential for individual and interpersonal growth following emerging adult breakups«. *Emerging Adulthood, 6(3)* 2018, S.172–190.
8. Hetherington, a. a. O., S. 179.
9. Hetherington, a. a. O., S. 265.
10. Hetherington, a. a. O., S. 255.
11. Hetherington, a. a. O., S. 269.

Das Leben geht weiter

1. Wir haben einen Online-Kurs, in dem du all das üben kannst unter https://www.artgerecht-projekt.de/online-kurs-bau-dir-dein-dorf/.
2. Hetherington, a. a. O., S. 193.
3. Hetherington, a. a. O., S. 198.
4. Hetherington, a. a. O., S. 202.
5. Hetherington, a. a.O., S. 180.

Die Autorin

Nicola Schmidt ist zweifache Mutter, Bestsellerautorin, hat einen Master in Sozialwissenschaften, ist ausgebildete Wissenschaftsjournalistin und Coachin sowie Gründerin und Geschäftsführerin des »artgerecht«-Projektes. Mit vielen Fortbildungen rund um Emotionelle Erste Hilfe und Infant Mental Health hat sie sich in den vergangenen zehn Jahren auf das Thema mentale Gesundheit bei Babys und Kleinkindern spezialisiert. Sie gibt ihr Wissen in Camps, Ausbildungskursen und Workshops an Eltern sowie medizinisches und pädagogisches Fachpersonal weiter. Weitere Informationen unter: www.nicolaschmidt.de und www.artgerecht-projekt.de.

Komm ins Dorf!